青年法学学术著作
资助出版项目

青年法学学术著作
资助出版项目

法治评估与

法治大数据

Rule of Law Assessment and
Rule of Law Big Data

孟涛 著

法律出版社
LAW PRESS·CHINA

青年法学学术著作出版基金
资助出版说明

法律出版社作为全国规模最大的法律专业出版机构，一直秉承“为人民传播法律”的理念，与学术界共同推动法学研究的繁荣与发展。2018年5月，法律出版社设立青年法学学术著作出版基金，用于资助法学学术著作出版和奖励优秀法学图书，旨在支持优秀法学学术著作出版，扶持具有较大潜力的青年学者。

经过法律出版社学术委员会委员推荐、专家匿名评审和法律出版社编辑委员会评审，共有7部作品获得法律出版社首届(2018年)青年法学学术出版基金资助。

期待更多年轻法律人的优秀学术作品！

法律出版社

2019年5月

序　一

孟涛博士的著作《法治评估与法治大数据》即将出版,让我作序。这是一本全面论述中外法治评估的理论及其实践的专著,有着很高的学术价值。我想利用这个机会,就法治评估的基础理论问题谈一下自己的意见,与大家交流。

法治评估的基础理论,涉及两个问题:一是法治理论,即什么样的法治理论适于作法治评估的基础;二是法治的评价方法,即运用何种方法、能较好地达到法治评估的目的。二者相互关联,没有对法治全面深刻的认识,对法治的评价必然是片面的、浅薄的,而且会迷失方向;没有恰当的评价方法,也不可能达到对法治的全面把握,甚至会以偏概全,把法治评估引向歧途。

一、作为法治评估基础的法治理论

对法治的评价,首先要明确什么是法治?法治不是一个单向度的概念,而是多向度的。法治体现在法律运行的整个过程中,它的各个环节是相互联系的一个整体。法治既具有普遍性,又具有特殊性。法治多元性决定法治评估的多向度;法治评估的范围,决定着法治评估必须考虑法治的方方面面。法治的普遍性与特殊性,决定着法治评估的普遍性和特殊性;普遍性决定着各国法治具有统一性方面,各个国家法治虽然产生于不同的历史、社会和文化背景,但是作为法治必然具有普遍性一面;法治特殊性是由各国法治产生背景的差异决定的,在法治评估的时候必须注意各国法治的不同表现形式,不能简单地用一种类型的法治为标准去评判另一种类型的法治。一个国家法治的优越与否,归根结底决定于法治是否适合于该社会的经济、社会和文化发展。

（一）法治的多元性和整体性

法治不是一个单向度的概念,强调规则之治、控制滥用权力、保障基本权利、维持社会秩序与安全等,都是法治所追求的目标。法治状况的评价必然是多向度的。法治作为一个原则,体现在一个国家法律运行的整个过程之中,体现在立法、执法、司法、守法等一系列的环节。对法治的评估,既可在整体上进行,也可在各个环节上进行。虽然每一个环节都与法治相关,但是法治并不等于这些环节本身,而是其中所体现的基本原则和精神。

在立法中,法治所体现的基本原则是立法是否按规则、讲程序,立法权是否滥用,立法是否公开透明、可接近,立法的一致性,立法是否民主,是否及时反映社会的变化。在执法上,法治要求行政权的设立和行使要有法律根据,不得滥用行政权力、严格执法,行政公开透明、及时高效。在司法上,法治要求司法权威,杜绝司法腐败、司法公正、依法独立,不受任何机关、社会组织或个人的非法干预,司法便利、可接近、有效率。在守法中,法治强调规则意识、守法的平等性、普遍性,反对特权意识,关注特殊群体的保护。

（二）法治的普遍性和特殊性

法治是一个既具有普遍性又具有特殊性的概念,普遍性是不同国家和地区法治的共同性,特殊性是不同国家或地区法治受到不同的社会历史条件、不同社会结构制约的特征。法治的普遍性必须从所有国家法律治理的模式中,寻找最大公约数。很难想象,各种不同社会发展背景的国家或地区的法治都是按照同一模式建立起来的。我们既不能过分强调法治的普遍性,也不能过分强调法治的特殊性而否定普遍性。

就法治普遍性而言,无论是各国的实践还是就学者的观点,规则之治、法律的平等实施、良法之治等确实具有普遍性,它们是法治的最大公约数。但是这些特征在不同社会条件下所表现的内涵、强弱差别很大,受到一定社会条件的制约。

1. 规则之治的普遍性与特殊性

规则之治是法治首当其冲的特点,法治重在讲规则,按规则办事。从起源上,任何规则都源于没有规则的个别性处理、自由裁量,只是在个别性处理反复出现的情况下,才产生规则。规则之治的优点在于,第一,保证处理同类问题能够在规则的框架内。第二,经济。由于规则的出现,不必每出现一个问题都要重新处理一次,只要按照规则办事即可,从而大大节约了解决问题的成本。第三,可预期。由于规则的存在,人们可以了解从事某种行为所可能带来的后果,从而使人们对自己行为的利弊得失可能作出预判。

就法治和社会的关系而言,作为法治的规则之治适用于正常的、稳定的和可预期的社会,即适用于一个有规则可循的社会,而不适用于一个非正常的、迅速变化的、不可预期的风险社会。一个经常变动的社会,很难有规则可循,即使有规则,也不得不朝令夕改,规则的权威、法治的权威很难确立起来。“规则之治”对于稳定社会更有意义,而对于迅速变化社会,应该分两种情况:一种是处在动乱、战乱中的社会,结束动乱、战乱,恢复或建立法律秩序是当务之急;另一种则是处在变革中的社会,从旧的体制向新的体制过渡,要求它们实现法治是社会转型的目标,但不是马上就能做到的事。如果不做这样的区分,把所有这些社会都放在一个平面上,认为法治只有一个模式,显然是不恰当的。

2. 平等实施的普遍性与特殊性

法治不仅意味着规则之治,更重要的是这些法律能够得到有效实施。

所谓平等实施包括主体的平等、空间的平等和时间的平等。但是,平等实施不是绝对的,有时又以差别对待为补充。法治的最终目标在于公正,如果平等实施带来更大的不公正,就需要用差别对待的原则加以补充。

首先,主体差别对待。不同的人不同对待恰恰也是现代法治的一个重要特征。对女性、穷人、少数族群、残疾人等弱势群体的特殊对待,是当代世界各国所面临的突出问题。差别对待原则在有关就业、招生、劳动和社会保障、个人所得税、社会责任等法律领域是最基本的原则。法律平等实施的意义不仅是形式上的平等,而且在于努力实现实质上的平等。

其次,空间差别对待。不同地区的情况千差万别,国家在法律上对经济、文化落后的地区给予特殊的对待,不使不同地区之间的差别进一步扩大,也是当今世界不少国家经常采取的法律政策。在中国,西部地区、老少边穷地区、东北老工业基地、少数民族地区的特殊发展战略,正是建立在不同地区不同对待的原则基础上的。

最后,时间差别对待。社会形势是发展变化的,同样的违法犯罪,在不同时间的社会危害程度不同,因此在法律所规定的幅度内,有时会处理轻一些、有时会重一些,这是世界各国在适用法律时的通例。否则,法律适用难以达到最佳的社会效果。比如,暴恐活动严重危害了人民的生命财产安全,在一定时期内对它们的严打措施,就属于差别对待的原则。

平等适用需要有人力、物力、财力等一系列条件的保证,否则在物质保证不足的前提下,只能是不平等的适用、有选择的适用。法治的物质保障固然重要,但是在许多情况下,法治的水平如何并不完全决定于物质力量的充足与否。全面推进依法治国,不能仅仅着眼于以国家意志和国家强制力为后盾的立法、执法、司法建设,还必须强调精神层面的建设,离开广大人民群众的内心拥护和真诚信仰,法律的权威不可能真正树立起来。

在比较不同国家、不同地区的法治发展水平时,不能简单用正规的法律资源的多寡为依据。治理效果指标应该远远重于法治资源指标。如果治理效果不佳,法治资源再多,也说明不了任何问题。

3. 良法之治的普遍性与特殊性

法治不仅仅意味着规则之治和法律的平等实施,良法是法治的前提,也是法治评估的重要指标。什么是良法?一个法律是否良好,显然是一种评价的标准。就对良法的评价标准而言,主要包括三种:第一种是科学评价,即法律是否科学,评价的标准是真与假;第二种是现实评价,即法律是否符合现实,评价的标准是符合现实还是不符合现实;第三种是价值评价,即法律是否符合某种价值观念、意识形态或历史传统。

法治评估,无论是科学评价、现实评价还是价值评价,都取决于是否达成共识。就科学评价而言,一种标准是否科学往往引起很多争议,如关于转基因产品的争论。就现实评价而言,一项标准是否符合现实,往往也是众说纷纭,尤其是当现实既包含着保守的成分也包含着改革的基因时。其实,科学评价和现实评价都包含着评价者的价值偏好,所谓达成共识就是在各种价值偏好中求得最大公约数。就价值评价而言,所引起的争议比科学评价、现实评价更大,因为价值评价恰恰是从某种价值立场出发对法治状况所作出的评价。

(三)不同的法治模式

就当代政治制度而言,社会主义制度、资本主义制度和伊斯兰制度是三个影响范围最大的政治制度。在世界范围内对这些国家法律的评价,必然会涉及意识形态、历史传统和社会制度问题,在什么是良法的问题上很难达成一致的意见。但是,必须承认一国人民选择什么样的社会制度各有各的道理,完全是一国人民自己的事。另外,不同政治制度又有共同性,就控制权力滥用而言,任何制度都不允许权力为所欲为。权力能够得到有效的控制,就是“良法之治”。

这里我们有必要回顾一下亚里士多德对政体的分类。亚里士多德在《政治学》中把雅典城邦国家政体分为三类:一类是君主政体,一类是贵族政体，一类是民主政体。虽然这三类政体各自有不同的理念，但是亚里士多德的贡献并不仅仅在于对这三类政体的评价，而在于他把这三个政体都分为正宗政体和变态政体，君主政体的变态政体是僭主政体，贵族政体的变态政体是寡头政体，民主政体的变态政体是平民政体，并指出每一种政体都有转向它的反面的可能性。

法治模式比较的任务在于对各种政治制度分门别类，承认每种政治法律制度都存在正宗的和变态的，有正宗的资本主义、社会主义和伊斯兰主义，也有变态的资本主义、社会主义和伊斯兰主义，有权力能够得到制约的资本主义、社会主义和伊斯兰主义，也有实行专制、权力得不到有效制约的资本主义、社会主义和伊斯兰主义。

一般地说，不同政治制度的差别不在于权力是否能得到控制，而在于控制权力的方式。在资本主义条件下表现为立法、行政和司法，执政党和在野党，中央和地方的分权，但在各类权力之间不平衡、一权独大时，权力就得不到控制。在伊斯兰制度下，表现为神权对政权的制约，所有世俗法律必须遵循伊斯兰教义；如果神权变成不受任何控制的权力，神权对政权的监督毫无疑义。在社会主义条件下，则表现为执政党对政权的监督和依法执政。

就中国情况而言，中国正在建设法治国家，法治被称为“良法善治”，良法是善治的前提。任何社会都不可能是铁板一块，而是利益、价值多元的，但是必须要有最低限度的共识。在我国，这种最低限度的共识应体现在宪法中，把宪法作为凝结共识的基础。

总之，被人们看作法治的基本构成要素的规则之治、平等实施、良法之治，实际上都受到社会条件的制约。规则之治要考虑社会稳定性程度，不能把稳定社会与迅速变迁社会的法治混为一谈，用稳定社会的法治为标准衡量迅速变迁社会的法治，而需要把这两类法治类型化；平等实施要考虑社会资源的充分性，不能把资源充分与短缺的社会的法治混为一谈，用资源充分社会的法治为标准衡量资源短缺社会的法治，而需要把它们类型化，特别关注资源相对短缺社会寻找什么替代性的解决纠纷机制,低成本、高效率地解决问题;良法之治要考虑政治制度和价值标准的差异,不能把不同政治制度国家的法治混为一谈。

当然,法治不是一个只有特殊性而没有普遍性的概念,但问题在于什么是普遍性,普遍性建立在什么基础之上。如果以规则为中心,建立在某种特殊的法律制度基础上,甚至认为离开这种制度就不可能谈法治,这必然导致某类国家或制度中心论。如果我们换一个视角,以问题为中心,“把权力关进制度的笼子里”是无论什么样的社会结构、处在什么发展时期的世界各国所面临的普遍问题。一个坚持法治的国家,不能允许滥用权力。不同社会结构的国家或地区之间法治的差别,并不在于对权力的控制,而在于对权力控制的方式。恰恰由于社会结构的差别,它们在控制权力滥用上所采取的方式、制度和机制是不同的。这里的共同性不是建立在这种或那种制度的基础上,而是建立在问题的基础上。

二、法治的评价方法

建立法治的评价体系,从评价技术方法的层面要解决如何对待法治评估中经常遇到的评价标准,即规范标准、价值标准和社会标准之间的关系问题;如何看待定性分析和定量分析;如何看待法治评价中的客观指标和主观指标;如何看待法治指标的意义,即肯定性指标、否定性指标、中性指标和模糊性指标;如何看待对法治建设评估中的投入指标和产出指标的问题。法治评估一定要做到指标设计科学、全面、合理,通过评价方法和技术标准的改进,使法治评估可操作。

(一)法治评价的标准:规范标准、价值标准和社会标准

对法治的评价可以从三个方面进行,即规范标准、价值标准和社会标准。

在法学理论中,规范标准源于规范法学传统,最典型的代表就是凯尔森

的纯粹法学理论，主张从合法性的观点出发评价一个国家的法律体系。在这个体系中，判断合法性的标准只能是法律，不能以法律规范之外的任何其他规范为标准。从规范的标准出发，评价一个国家的法治主要着眼于法治中的合法性、统一性因素，强调法治的各个环节之间的相互联系和统一，强调法治的整体性，强调法治的规范基础，强调法律体系的各个部分之间不能出现矛盾。规范标准实际是法治评估的内部视角。

价值标准源于形形色色强调各种价值观念的哲学。与规范标准不同，价值标准不是从法律体系内部的视角，而是从法律体系之外的视角，即“更高的法”的视角来看待法治。价值标准强调法律与道德、正义观念有着必然的联系，在评判法律、法治时，价值标准从法律是否符合道德、符合正义出发。价值标准特点在于追求一种更高的目标，用更高的标准看待和要求现实的法律，并以此为标准变革法律。但是价值标准也引起很大争论，道德价值观念是多元的、可变的。

社会标准源于社会学。如果说规范法学评判法治的标准是规范自身，价值哲学评判法治的标准是法律之外的道德因素，那么社会学评判法治的标准也在法律之外，但这个标准不是某种价值理想，而是社会效果。从社会标准看，评判一个国家法律、法治的标准在于社会本身，即法律是否与社会现实脱节，法律是否能在社会生活中得到实施，立法者的目标是否能在社会中实现，抽象的正义观念在多大程度与社会现实相符。

应当指出，规范标准、价值标准和社会标准并不是完全对立的，而是评价法治的三个不同视角，各有各的作用范围。一个完善的法治评估指标，应该是规范标准、价值标准和社会标准的统一。但是，归根结底还要看法治解决社会问题的程度、满足社会需要的程度。

（二）法治评价中的定性分析与定量分析

对法治的评价像对任何复杂事物的评价一样，既可以作定性分析，也可以作定量分析。

定性分析在法治评价中具有十分重要的意义。第一,对法治评价的时候首先要对研究对象即法治的性质、构成进行研究,这是法治评价的基础。没有对法治的定性分析,法治的定量分析就没有基础,如果定性分析有误,在此基础上作出的定量分析是无意义的。实际上,关于法治的多维性、整体性、普遍性、特殊性的分析,对法治之法的辨析都属于定性分析的范围。党的十八届四中全会《中共中央关于全面推进依法治国若干重大问题的决定》就是在宏观层面对法治建设目标的定性分析。

第二,在法治的某些构成因素很难找到客观数据支撑、不宜于定量分析的情况下,只有靠定性分析。比如,对司法机关、行政机关、公安机关公信力的评价,对不同职业群体法治信仰的评价,相当大的程度是靠研究者或被访问对象的定性分析。尤其是在法治的许多方面缺乏足够数据,或者这些数据究竟代表什么含义不清,或者已发布的数据有问题、造假、不真实的情况下,定性分析的地位是不可取代的。

法治评价的定量分析把研究对象即与法治有着密切关系的各种法律现象转变为可以量度、计算、比较的数据、符号,如各类立法的数量、法律立改废的数量和比例、公众和专家参与立法的数量和比率,法官的数量、受教育程度、从事法律职业的年限、违纪违法的数量和比率等,各类诉讼的受理量、结案量、调解结案比率、审判结案比率、服判息诉率等,都是可以量化的指标,属于定量分析的范畴。

法治评价的定量分析与定性分析不是对立的,而是互补的。对法治的评价首先有赖于定性分析,将研究对象按照其结构分解为若干要素,这是定量分析的前提,在此基础上再看被分解的要素是否能够通过量的数据表现出来。如果能,即可进入定量分析;如果仍然不能,可以将它们继续分解,看是否能进行定量分析或者寻找其他办法把定性分析数量化。比如,对社会安全的评价可以通过犯罪率和安全感两个方面测评。犯罪率可以通过客观数据表现出来,把它们转化为一定的等级,即可量化;安全感是人们对社会安全的感觉,是定性的评价,但是它又可以通过安全评价的一定等级表现出来,把这样的等级转化成数字化的形式。然后,分别计算出它们各自的得分,乘以权重,最后就可以计算出社会安全指标的总得分。

(三)法治评估中的客观指标和主观指标

客观指标依赖于客观数据,如诉讼率、犯罪率、离婚率等,所谓客观,是指不以研究者的主观意愿为转移,也不以被调查对象的主观感受为转移,是客观实在的。但是,有时客观指标未必真实可信,由于与研究者本身的利益相关,与被评估的对象利益相关,政绩考核与官员的仕途、升迁有直接关系,必须防止数据造假的情况。

主观指标依赖于被访者的主观感受,如安全感、法治信仰程度、司法公信力等。但有时主观指标未必不可信,许多情况下主观指标经常成为矫正客观指标失真的有效手段,特别是当人们对某一现象的主观感受占到一个相当大的比例时,如某地所公布因贪腐受到法律制裁的官员很少,但官员的公信力却很低,就说明这里所发布的客观指标有问题。

法治评估应该把客观指标与主观指标结合起来。以立法的公众参与为例,可以通过客观指标即公开征求意见的立法草案的比例和主观指标即公众对立法公众参与的难易程度两个分指标显示。在作立法评估时,我们会发现一个矛盾的现象,尽管公开征求意见的立法草案比率很高,甚至全部草案都公开征求意见,但是公众参与感仍然很差,甚至认为公众参与立法很困难。因此,需要通过主观指标即公众对立法公众参与的难易度来衡量立法公众参与指标。

(四)法治评估中的肯定性指标、否定性指标、中性指标和模糊指标

肯定性指标,是指对社会与法治发展具有积极意义的指标,它们数值的增加代表社会和法治的进步,如立法公开性提高、司法可接近性增加、执法透明度增强、法官职业道德水平的提高等,这些指标数值的增加是人们所希望达到的目标。

否定性指标,是指对社会与法治发展具有消积意义的指标,它们数值的增加代表社会和法治的不良状态。如立法不符合实际程度、司法腐败程度、行政不作为程度等,这些指标数值的增加是人们不希望看到的。

中性指标评价的结果对社会和法治的发展很难说有积极或消极意义,或者在一定范围内有积极意义,在一定范围内有消极意义。比如立法数量,在一定范围内有积极意义,如在法制不健全的情况下,立法数量的增加说明法治向着好的方向进展;但立法数量太多,"法令滋彰",事事立法则未必有积极意义。诉讼数量的增加也是这样。

还有些指标究竟对社会和法治发展具有积极还是消极的意义,则是模糊的,需要深入研究。如犯罪率、离婚率都具有双重意义。是否犯罪率越低越好、是否犯罪率为零就是最佳状态,是值得思考的。犯罪率为零表明国家的控制程度达到了最高。一个控制程度极高的社会,缺乏自由度,这并不是人们所希望的状态。离婚率也是如此,是否离婚率越低越好、离婚率为零是最佳状态?也是很值得思考的。

(五)法治建设的投入指标和产出指标

法治指标可以作为衡量法治建设的工具,按照经济学的投入产出原理,某项法治建设评估可以分为投入指标和产出指标。

投入指标指某项法治建设或工程的总投入,如严打非法证件的活动,该项活动的投入包括警力投入、巡逻次数;产出指标主要看查处非法证件的数量。但在研究产出指标时,应作全面分析。除了违法案件的发生数量之外,还要看投入产出之比。一般来说,投入越多,产出越可能达到希望的目标。但是如果投入太多,即使达到了预期目标,但是成本太大不划算。另外,除了看眼前的产出指标外,还要看长远效果,看长远的产出指标。

无论通过主观指标还是客观指标的评估,都必须注意指标体系设计的科学性。所谓科学的法治评估,意味着法治评估选择什么指标的恰当性,各项指标的含义和关系、权重的合理性,使法治评估反映法治建设的实际,反映法治建设的总体布局。对法治评估来讲,必须牢记法治建设本身要符合社会发展的水平和社会结构的特点。正像习近平同志所说的,“围绕中国特色社会主义事业总体布局,体现推进各领域改革发展对提高法治水平的要求,而不是就法治谈法治”。也就是说,把一个国家法治的发展水平和社会发展水平、社会结构的特点密切联系起来,应该成为中国法治评估的指导思想。

*

2019 年 5 月 30 日于世纪城

* 中国人民大学法学院教授。

序　二

早就想动自己手写这样一本总结法治评估的著作，然而总是忙来忙去，抽不出时间。读到孟涛写的这本书有点喜出望外。认识孟涛是在一次博士后论文开题会上，当时对他的印象较为深刻，他常若有所思，不像一般的博士那样夸夸其谈。后来听说他毕业后去了中国人民大学，再后来在不同的会议上见到他，知晓他在做实证分析和量化研究，江山代有人才出。这本书是孟涛关于实证研究的专著，重点谈了法治评估的内容和方法，既放眼世界，也回望中国，有兴趣的人可以一读。

法治评估从无到有，在中国呈现了大发展的局面，除了专门从事此类评估学者的不懈努力，还有赖于法治评估最终进入了中国国家治理的话语体系，这也对构建中国哲学社会科学，特别是法学话语体系提出了很高的要求。

如何构建中国哲学社会科学的话语体系一直是一件令人头疼的事情。中国学者到国外交流，总是夸夸其谈中国的特殊治理能力和治理手段，往往游离于话语体系之外，以至于交流不畅通，观点难以得到认同，中国哲学社会科学研究话语权阙如，不仅在国外，在国内也是如此。由于前提问题，一些人用有色眼镜看中国,“这是一个没有法治的国家”,这个断言很值得分析。有特色的法治和普适的法治常常被作为对立的事物相比较,二者其实并不存在对立关系。普适是指一些基本的原则具有共同性,如保障人权、司法公正、廉洁政府、构建美好社会等。如果我们关注到中国的法治建设,会发现这些普适的价值贯穿其中,但表现得比较含蓄,不具备形式意义上的普适性。回望中国文化,中国文化的特征之一是“和”,在《辞源》里“和”有“调”“顺”“谐”“合”等多种含义,贯穿于中国几千年历史之中,是中国文化的核心概念。虽然在发展进程中,“不和”的情况也时常出现,“不和”与“和”交织在一起,构成中华文化5000年历史。“和”代表一种理想,如理想社会、大同社会、和谐社会等,其也必须体现为对人民利益的关怀和基本保障,否则天下大乱,不和亦。“和”是中国社会文化的支撑和发展的目标。

法治是现代社会运行的秩序支撑,这一点中西方无出左右,分歧在法治的具体解释和运行方式上,在这种意义上并不存在康德的“二律背反”。改革开放40年来,中国特色的社会主义实践令世人瞩目,无论是立法、执政、司法和社会法治建设,成就可圈可点,可歌可泣。道路千万条,发展第一条,发展的推进需要制度规范,发展的目标需要评估、发展的矛盾需要解决、发展的成效需要共享。制度建设、纠纷化解、成果共享都需要在法治的框架下推进。经济发展的成效更容易发现和更容易感知,法治虽然是实实在在地通过各种制度各个机构推进的,但它与人的感知关系密切,法治的感知和感受是一个潜移默化的过程,制度建设尚可期许,鲜活的经验难以描述。马克思说,哲学家们只是用不同的方式解释世界,而问题在于改变世界,毕竟改变人是最难的一件事情。中国建成了社会主义法律体系,各级政府实行行政审批改革“放管服”,司法改革如火如荼,普法运动全面推进,但是在多大的程度上改变了人的行为不得而知。由于法治经验总结更多局限于定性,缺乏深入细致量化的研究,缺少数据支撑,大多数人是用西方法治理论描述中国法治实践,缺乏解读中国实践的法治理论和方法,缺少与国际社会沟通和能接受的概念和表达方式,无法与国际社会甚至国内社会沟通,有伟大的实践,无相关的理论,丧失话语权是必然的。可喜的是,确有这么一小部分人在这条崎岖小路上蜿蜒前行,从学术上为法治建设添砖加瓦,提供言之有据的定论,为构建中国的法治话语体系努力,孟涛就是其中一员。他的这本书可以使我们管窥法治量化研究的现状、世界局势、作用,毕竟,理论需要实践的验证,实践是检验真理的唯一标准。

量化评估是法学研究的新范式。法学研究总是说自己有不同的研究方法,理论分析、规范分析、实证量化研究方法。一些量化实证研究是案例分析,不是评估意义上的研究。案例分析非常必要,能够以小见大,从一滴水反射出太阳的光芒,但缺乏从宏观上分析发展走势的视角,常囿于具体情境而不能自拔。上述几种方法都是案头分析方法,定性这些是研究的特征,数在其中没有什么位置。法学是一门应用实践学科,需要“走出去”到基层到一线,案头分析显然不能完全掌握世界的真实面貌。

法治量化评估为法学研究打开了一扇新的窗口,是我们意识到原来研究还可以这样做,这样做还挺有说服力。国际上早就存在法治量化评估,如风行世界的“全球治理指标”“世界正义工程”“世界自由度报告”等。国内量化评估研究自一开始就呈现种类多方法异的局面,以不同的形式推动了中国法治的发展。党的十八届三中全会提出“建立科学的法治建设指标体系和考核标准”,十八届四中全会提出,“把法治建设作为衡量各级领导班子和领导干部实绩重要内容,纳入政绩考核指标体系”。这两个决定推动了国内量化评估和量化评估研究的发展,学界逐渐形成了中国自己的法治评估模型和理论。但如孟涛在书里指出的那样,国际、国内的量化评估存在这样那样的问题,指标欠科学、理论分析不足等。第一,很多法治指数欠缺概念化这一步,法治的内涵是什么?由于没有对“法治”进行界定,评估的“法治”内涵狭窄或过宽,导致评估内容有争议。第二,法治指数的指标体系存在遗漏和不协调。如国际法治指数往往局限于司法,国内法治指数容易遗漏权利保障,此外跟不上改革的步伐,缺少非常重要的“党内法规”和“监察监督”评估内容。第三,国内有些法治指数评估的不是“法治”,而是“法治建设”。第四,指数的具体量化存在争议,如指标之间权重分配不均。法治指数评估适用比较和排名,评估的地方越多,数据的利用价值也越高。孟涛的观察和分析确实有一定道理。

现今阶段,量化评估虽然呈燎原之势,但依然是初级阶段,面临一些难以逾越的问题。如评估的依据是什么,评估的主体是谁,评估的方法如何区分,评估的结果如何运用,等等。这些问题看起来都是操作层面的问题,但细想也是理论层面的问题,在法治领域,实践与理论本来就难舍难分。法治评估是理论联系实际的路径,是法学研究推动社会发展和进步的最佳路径。法学研究不仅在书斋中,还需要深入现实才能取得真正的进步。法学研究不应是以各种方式演绎和推导理论或法条是否正确,需要分析真实的世界中存在的问题,提出解决问题的方法。

日常工作中,人们常说要加强基础理论研究,这种把现实问题研究与基础理论研究割裂、对立起来是不正确的,正确的方法是理论联系实际、实践验证理论,而不是凭空进行基础理论研究,发明理论学说,构建空中楼阁。与传统研究范式不一样,法治评估对中国法学研究而言,是用理论分析世界的一种新视角,不仅要求分析者要有敏锐的观察力和想象力,还需要研究者有较强的逻辑分析和思辨能力,二者缺一不可。没有前者,研究有可能会闭门造车,沉湎于思辨的空间自我陶醉;没有后者,则会泥足于数字沼泽,只见树木不见森林。因此,单纯强调基础理论研究或强调现实问题研究都不可取,不是犯教条主义的错误就是犯经验主义的错误。长期以来,这两种研究范式势同水火,互相贬低,是法学研究的通病,不打通之间的联系,研究大约也只会原地踏步,低水平重复,是不会进步的。实证经验研究可以赋予我们独特性和创新性,拓展我们研究的时空,理论研究使我们在逻辑思维的海洋中徜徉,深化我们研究的知识内容。定性和定量研究相结合共同证实或证伪各种“哥德巴赫猜想”。在这个意义上，法学研究的学者们真的需要携手共进，而不是互相鄙视，共同为创新法学研究方法，构建完善的法学学术体系做出努力。可以预见的是，如孟涛这样的新一代学者，具有完整的知识训练，辅之以肥沃的田野经验，势必为法学研究带来清新和沐之风。

法治评估是依法治国的新抓手。法治评估试图测量法治的状况，改变法治理论的抽象形态，使之变得生动、丰富和可感知。回到世俗层面，数在中国人的生活中较为奇特，数在中国人的日常生活中非常重要，人们对每一个涉及自己利益的东西都会锱铢必较，越是接近生活层面，越是如此，士大夫阶层表现得不为五斗米折腰气节例外，之外，很难见到中国人在社会治理中有数的理念。

2012 年党的十八大提出了全面依法治国，加快建设社会主义法治国家的战略目标，确认法治是治国理政的基本方式，使国家治理体系和治理能力现代化；明确提出 2020 年法治建设五大阶段性目标，即依法治国方略全面落实、法治政府基本建成、司法公信力不断提高、人权得到切实尊重和保障、国家的各项工作法治化。党的十八大提出了提升国家治理体系和治理能力的目标，提出了各种建设的时间表。对于各级政府而言，这些要求是一种新的治理维度，有一个痛苦的适应过程。长期以来，中国在社会治理中体系建设从来不甘人后，各种理论体系观点漫天狂舞，但其落地情况却无人问津。这是因为无论是决策还是执行中，数据都是一个特别边缘化的东西。我们的干部习惯于定性思维，他们提出各种宏伟目标和体系，以文件贯彻文件，以会议贯彻会议，文件和会议要求的实际效果如何无人关心，即便存在检查和监督，大多也流于形式。于是，在中国真是有一个非常奇怪的现象，体系一经提出，目标似乎就已达到，这确实比较荒谬。

法治评估显然能为完善国家治理体系和提高国家治理能力有所裨益。国家治理体系是国家制度体系，涵盖经济、政治、文化、社会、生态文明和党的建设等领域的法规制度设定和安排，形成科学的治理体系是国家治理体系现代化的重要目标。在完善治理体系方面,可以通过立法前评估和立法后评估,使治理体系更加完善、科学,体现人民的意志,避免与宪法相冲突的恶法、劣法出台。国家治理能力是一个国家运用国家制度管理各方面事务的能力,体现的是执行力问题。长期以来,国家的各项建设总体推进较好,但国家治理能力不强、治理能力粗放,善于做大事,精细化不够的问题也比较突出。干大事集中体现了社会主义的优越性,但现实中民众身边的小事关怀不够不仅与党的执政宗旨不相符合,而且是政民关系紧张的直接原因。法治评估可以精确度量治理体系落实到位的程度,了解民众对法治建设的需求,发现法治建设中的短板,提出法治建设努力的方向,提高为人民服务的能力,在一定程度上提高国家的治理能力,使公权力机构在社会治理中不再盲目乐观或妄自菲薄。

量化评估也是年轻学者发挥才能的新天地。法学是一门应用学科,理论与实践相结合是基本要求。走出书斋,到基层去、到农村去,不仅可以丰富法学工作者既定的知识内容,还可以调整固化的知识结构,在实践中,发现新的天地、新的内容、新的实践、得出新的结论。10 年来,我们对此有深刻的感受,我和我的同事们一直在基层摸爬滚打,学到了很多书本中无法获取的知识,认识了很多色彩各异的人群,工人、农民、法官、律师、公务员、教师……他们的喜怒哀乐、悲欢离合大大深化了我们对国家、社会和民族的认识,从而自觉不自觉地远离了单线思维的行列,以一种更全面、更宽容的视角看待这个不完善的世界。年轻学者充满朝气,知识新锐,更应该在实践的天空中自由翱翔,丰富自己的知识,淬炼自己的人格,应召国家的呼唤、服务人民的需求,在更广阔的学术视野中分析问题和理解世界。

在这个过程中,年轻学者可以飞速成长。法治评估报告需要评估者具备很高的写作技能和专业技术,定量和定性都不可或缺。孟涛自己的亲身体会是,定量报告的核心内容是数据的展示,文字围绕着数据而展开,判断法治的状况。定性报告的主体内容是文字,不能有太多的个人主观色彩,需要充分介绍评估的背景、资料收集和评估的过程，使读者接受评估者的观察和结论，保障评估结果的真实性。这是参与过法治评估的人才能得出的直接感受。既要避免陷于定量研究的数字泥淖中难以自拔，也要注意在定性研究中不要无厘头自说自话。

我们的努力与党和国家的法治事业同心同向同步同行，努力是会有回报的。希望有更多的青年学子朝着这个方向砥砺前行，接力创新，参与对社会主义法治话语体系的创建，创新法学研究方法，投身依法治国的洪流，提升自己的学术水平、拓展学术研究的空间。党的十九大开启了建设社会主义国家的新征程，全面依法治国成为国家战略目标的重中之重，中国法学界迎来了发展的大好时机，我们需要确定新坐标，谋求新作为，年轻学子正逢其时，他们的努力如何，我们的国家法治建设就将如何。

是为序。

 *

2019 年 5 月 10 日

---

* 中国社会科学院法学研究所研究员。

序　三

法治是人类一项伟大的发明！法治，让激烈冲突的各方脱下战袍、穿上礼服；放下刀枪剑戟，拿起法条案例，把战场上的刀兵相见变成法庭上的唇枪舌剑。法治，能够维持我们有秩序的生活，保障我们基本的稳定、自由和尊严。新中国成立以来，尤其是改革开放以来，中国开始了伟大的法治建设事业，至今已经走过了40年的历程。一代圣贤孔子曾说“四十不惑”，中国法治已经进入了“不惑”阶段。要实现“不惑”，需要经过充分的智识积累，需要众多法学家的不懈贡献。让我感到欣慰的是，在做出重大贡献的法学家中，有不少就来自中国人民大学法学院。

我曾在毕业致辞中说过，在我的心目中，一流的法学院，一定是贡献思想资源和分析框架的法学院。人大法学院前辈的先生们，包括新中国第一代和第二代的法学家们，他们一直都在朝着贡献一流思想资源和分析框架的方向努力，并且已经有了可喜的进展。以1979年开始的全国范围内“法治与人治”的大讨论，人大法学院的第一代法学家就积极参与，为法治理念的确立和传播做出了巨大贡献。20世纪90年代以来，人大法学院的第二代法学家们，在中国的立法、执法、司法、守法等法治的各个领域,都做出了重要贡献。如今,法学院年轻一代的学者们,也正在朝着这个目标继续前行。人大法学院优秀青年学者孟涛的这本书,就是这一学术努力的体现。

本书分为两部分,第一部分是法治评估的理论思想和分析方法,第二部分是各种法治大数据及其相关应用。这两个部分都令我耳目一新。法治研究,给我们的印象一般都比较抽象,是价值层面的研究。最近这些年兴起的法治评估研究,则改变了传统的法治研究范式,以社会科学研究方法、特别是定量方法来研究法治,这在法治的研究历史中是革命性的。在我印象中,孟涛及其所在的人大法学院法治评估团队,从 2012 年就开始了法治评估研究,对于法治评估理论基础的奠定和研究方法的创新都做出了突出贡献,形成了法治研究领域的"人大学派",研究成果在国际上都产生了影响。孟涛是我国法治评估理论与实践的推动者之一,他关于法治评估的研究论文,有着很高的引证率,产生了较大影响。

本书的第一部分,对国内外法治评估的起源与发展进行了详细的梳理,对于法治评估的基本理论和研究方法进行了精确论述,可谓法治评估研究的集大成者。本书第二部分是法治大数据,这让我尤其感兴趣。如今,以信息技术为代表的新一轮科技革命,正在对人类、对法治带来前所未有的机遇和挑战。为了回应信息技术革命对于法治的影响,人大法学院集中优质资源,成立了未来法治研究院,法治大数据研究就是未来法治研究院的重要研究内容。孟涛是未来法治研究院的成员,之前已经学习了统计学方法,能够获取数据、分析数据、运用数据。本书第二部分用数据来描述世界法治、中国法治、地方法治、经济法治(营商环境),对于读者了解国内外的法治状况有很大的帮助,对于未来法治建设也有明确的指导作用。本书通过对法治数据的分析,提出了一些引人思考的新问题,对一些流行的法治思想和法治理论进行了检验,提出了别具一格的法治理论,可谓是新意盎然。

作为中国法治研究的重镇,人大法学院有着"学术立院"的优良传统,学术研究既赓续优良传统,又不断推陈出新、引领思想进步和时代发展。孟涛的这本书也体现了这一点,不仅传承了人大法学院法治研究的传统,而且放眼国际、引领了新兴的法治研究潮流。对于未来的法治定量研究和法治大数据研究而言,本书将是必不可少的参考书。我很乐意向大家推荐这本书,同时也祝愿孟涛在未来的学术研究中取得更大的成就。

 *

2019 年 6 月 2 日

---

* 中国人民大学法学院院长,教授。

目录

引论　从0到1：法治评估研究的兴起／1

第一部分　法治评估

第一章　国际法治评估的发展与现状／11

一、国际法治评估的发展：种类与背景／13

（一）附属的法治评估／13

（二）独立的法治评估／16

二、国际法治评估的原理／19

三、国际法治评估的方法／22

（一）测量法治：定量评估／22

（二）评价法治：定性评估／38

第二章　中国法治评估的发展与现状／41

一、中国法治评估的诞生背景与类型／42

二、中国法治评估述评：原理、指标与方法／48

（一）基本原理／48

（二）评估指标／54

（三）评估方法／71

三、中国法治评估运动的未来展望／76

第三章　法治评估的理论类型及其逻辑／80

一、法治评估的理论类型／82

（一）基于评估主客体的标准：内部评估与外部评估／84

（二）基于评估方法的标准：定量评估与定性评估／85

（三）基于评估内容的标准：形式法治与实质法治／86

二、法治指数评估／90

三、法治绩效评估／96

四、法治定性评估／101

第四章　法治评估的再评估／104

一、法治评估的再评估方法／106

二、余杭法治指数的再评估／109

（一）信度和内部一致性的分析／109

（二）效度的分析／111

（三）误差的测算／112

（四）稳健性分析／113

三、全国法治政府评估的再评估／116

（一）信度和内部一致性的分析／117

（二）效度的分析／120

（三）稳健性分析／121

四、中国法治评估的改进探讨／128

第二部分　法治大数据

第五章　世界法治状况的大数据分析／137

一、世界正义工程的法治测量／138

二、世界法治状况的大数据 / 149
(一)东亚和太平洋地区 / 149
(二)东欧和中亚地区 / 150
(三)拉丁美洲和加勒比海地区 / 152
(四)欧盟、欧洲自由贸易区和北美地区 / 154
(五)中东和北非地区 / 155
(六)南亚地区 / 156
(七)撒哈拉以南非洲地区 / 158
三、趋势与问题 / 160

第六章 中国法治状况的大数据分析 / 163
一、国际评估中国法治的数据 / 164
(一)传统基金会的评估 / 164
(二)世界银行的评估 / 165
(三)世界正义工程的评估 / 166
二、中国法治状况的多维评估 / 170
(一)评估指标体系 / 170
(二)评估主体与评估过程 / 175
(三)计算方式 / 176
(四)依法治国的评估数据 / 177
(五)依规治党的评估数据 / 182
(六)法治效果与法治观念的评估数据 / 183
(七)余论 / 185

第七章 地方法治理论的大数据检验 / 186
一、地方法治理论的两种模式 / 188

(一)横向层面的地方法治理论/188
(二)纵向层面的地方法治理论/193
二、地方法治实证检验的方案与结果/198
(一)地方法治的指标体系/198
(二)评估主体与量化规则/201
(三)地方法治的测量结果/202
三、地方法治理论的检验与反思/208
(一)横向层面的地方法治理论的检验/208
(二)纵向层面的地方法治理论的检验/209
(三)地方法治理论的反思/211

第八章 营商环境评估的大数据分析/216
一、世界银行的营商环境评估/218
(一)评估指标/218
(二)评估方法/227
二、中国营商环境的大数据/228
(一)世界银行对于中国的评估/229
(二)世界银行对于中国30个城市的评估/229
(三)中国2018~2019年营商环境各项指标分值/233
三、营商环境建设的兴起/244
(一)经济转型的需要/244
(二)经济困境的倒逼/245
(三)国际竞争的刺激/246
(四)中国营商环境建设与评估的全面开展/247
四、营商环境建设与评估的启示/250
(一)营商环境建设对于中国法治建设的启示/250

（二）营商环境评估对于中国法治评估的启示／253

参考文献／259

后记　一段“另类”的学研生涯／275

引 论
从 0 到 1:法治评估研究的兴起

法治对于国家治理的重要性,早已得到世界各国的公认。[1] 20 世纪 80 年代中期以来,很多国家陆续开展了各种法治促进(rule-of-law promotion)运动,以提升本国的制度质量和治理水平。[2] 不过,法治促进与经济发展、科技进步等不一样,后者可以通过客观性的实物明确地表现出来,“看得见、摸得着”,法治本身则是一种极具主观色彩的思想产物,内涵模糊、难以把握,全世界甚至不存在一个公认的法治定义。[3] 在这一背景下,学术研究对于法治实践就有着至关重要的指导作用:如果学术研究对于法治理论的界定明确、合理,对于法治实践的揭示客观、全面,法治促进和法治建设运动就能有一个更好的

---

〔1〕 See Brian Z. Tamanaha, *On the Rule of Law: History, Politics, Theory*, Cambridge, Cambridge University Press, 2004, p. 3.

〔2〕 See Thomas Carothers, *Promoting the Rule of Law Abroad: The Problem of Knowledge*, Carnegie Endowment Working Paper No. 34, 2003. p. 5. available at http://carnegieendowment.org/files/wp34.pdf, last visited at 12/04/2019.

〔3〕 See Randall Peerenboom, "The Future of Rule of Law: Challenges and Prospects for the Field", *The Hague Journal on the Rule of Law*, No. 1, 2009, p. 7.

发展。

在人文社会科学领域,学术研究可以分为规范研究和实证研究,法治研究也可以据此分类。法治的规范研究致力于探索法治的“应然”,这是法治研究最早出现的形态,如今这类研究成果已经蔚为大观,一些法律名家的研究,如富勒(Lon L. Fuller)、拉兹(Joseph Raz)、德沃金(Ronald M. Dworkin)、菲尼斯(John Finnis)对于法治的研究,都属于这类研究。法治的实证研究探索法治的“实然”,是法律实证研究的一个分支。法律实证研究如今在国内外蓬勃兴起,研究对象既包括法律机构、法律职业、各种法律实践活动等现实的事物,也包括法律文化、法律意识等相对主观的事物。法治的实证研究属于比较困难的法律实证研究,这首先是因为法治没有直接的现实对应物,不容易直接进行观察;另外,法治的内涵非常宽广,包括立法、行政、司法和其他法律制度,是个“庞然大物”。由于这两个原因,法治的实证研究很难开展。

评估研究(Evaluation Research)作为一种特殊的实证研究方式,在法治促进运动的大背景下,成为法治实证研究的最佳方式,并且促成法治研究直接影响法治实践。评估研究始于20世纪,第二次世界大战之后,一些发达国家和国际组织出台了很多发展项目,如著名的“法律与发展”项目;此外,社会研究方法和统计方法也不断精进,[1]出现了著名的“社会指标”(social indicators)运动,这些使评估研究自20世纪60年代以后进入了繁盛时期,20世纪70年代成为社会科学研究的一个重要领域,20世纪80年代甚至“成为美国社会科学中最有活力的前沿阵地”。[2] 评估是确定事物特点和价值的

---

〔1〕 See Juan Carlos Botero, Joel Martinez, Alejandro Ponce and Christine Pratt, "The Rule of Law Measurement Revolution: Complementarity Between Official Statistics, Qualitative Assessments and Quantitative Indicators of the Rule of Law", in *Innovations in Rule of Law: A Compilation of Concise Essays*, The World Justice Project, 2012, p. 8.

〔2〕 [美]彼得·罗希、马克·李普希、霍华德·弗里曼:《评估:方法与技术》,邱泽奇等译,重庆大学出版社2007年版,第6~7页。

过程，[1]特别适合于研究法治这样价值色彩浓厚的事物。法治评估，就是评估研究与法治理论结合而成的产物。

法治评估研究首先出现在美国，源于美国企业界、政界和学术界对于国家制度质量的高度关注。[2] 第二次世界大战之后，国际投资迅速增长，被投资国的政治是否稳定、是否能保障外国投资者的财产、是否具备良好的商业环境等问题，成为跨国企业普遍关注的重要事项。为此，20 世纪 70 年代以来，一些私营企业开始收集、分析有关国家制度的信息，并进行整理、编制。例如，美国营商环境风险评估公司（Business Environment Risk Intelligence S. A.，BERI S. A.）1972 年开始编制营商环境风险情报（Business Environment Risk Intelligence，BERI），美国政治风险服务集团（The PRS Group）公司 1980 年开始编制国家风险国际指南（International Country Risk Guide，ICRG），并将这些信息出售给跨国公司，以评估世界各国的政治经济风险。这些事例，是最早出现的对各国制度质量进行量化评估的试验。[3] 除了企业投资，美国政府在第二次世界大战之后也制定了大量的对外援助项目，并成立了美国国际开发署（United States Agency for International Development，USAID）等联邦机构负责实施，援助不仅限于美元输出，还包括提升受援国的制度质量和治理水平。从事这些工作的美国政府官员，对于受援国的制度非常关心，对于外援的效果也非常关注，需要相应的研究成果以制定和调整相关政策。

在学术界，20 世纪 60 年代兴起的新制度经济学，特别重视产权、契约、法院、国家等法律制度，“法治”被认为是经济发展的必要先决条件。[4] 推

---

〔1〕 See Michael S. Scriven, *Evaluation Thesaurus*, 4th, London, SAGE Publications Inc., 1991, p. 1.

〔2〕 See Kevin E. Davis, Legal Indicators: The Power of Quantitative Measures of Law, *Annu. Rev. Law Soc. Sci* 10, 2014, p. 41.

〔3〕 See Katharina Pistor, "Re-construction of Private Indicators for Public Purposes", in Davis KEet al., *Governance by Indicators: Global Power Through Classification and Rankings*, Oxford, Oxford University Press, 2012, p. 167.

〔4〕 See Thomas Carothers, "The Rule of Law Revival", *Foreign Affairs* 77, 1998.

崇定量研究的经济学,需要数据分析来检验法律制度与经济发展的关系。20世纪90年代以后,这类研究开始出现,一些经济学家开始利用数据进行统计分析,以确定法治与社会经济发展之间是否存在因果关系。[1] 但是,当时关于法治的数据太少,主要就是BERI和ICRG数据,这两类数据的很多指标不能直接反映法律制度。从事相关研究的经济学家因此需要开展法治的量化评估。在实务界和理论界的共同努力下,1995年美国政府的一个智库——传统基金会(Heritage Foundation)的经济学家,以亚当·斯密的《国富论》为思想基础,创立"经济自由指数"(Index of Economic Freedom),下设了法治(Rule of Law)指标,这是世界上最早出现的法治指数。1996年世界银行学院(World Bank Institute)的经济学家丹尼尔·考夫曼(Daniel Kaufmann)等人开发出了影响更大的"全球治理指标"(Worldwide Governance Indicators,WGI,又称KKZ指标),里面专设了法治指标。之后,世界银行还开发了其他著名的法治指标,如当前中国政府高度重视的"营商环境"指标(ease of doing business index)。法治评估在国际上正式出现。

法治评估出现之后,在国际上的影响迅速上升,并且成为法经济学、法社会学研究的热点。除世界银行外,其他国际组织也着手或准备进行法治评估工作,如世界正义工程(World Justice Project,WJP)、全球廉正(Global Integrity)、贝塔斯曼基金会(Bertelsmann Foundation)、联合国等,其中世界银行和世界正义工程的评估结果影响尤其显著,受到很多国家政府和企业的重视。一些组织机构,如世界银行学院、美国律师协会、世界正义工程、荷兰海牙法律国际化研究所(Hague Institute for the Internationalisation of Law,HiiL)、纽约大学法学院、芝加哥大学法学院、威斯康星大学法学院、哥伦比亚

[1] See Adam Przeworski and Fernando Limongi, "Political Regimes and Economic Growth," *Journal of Economic Perspectives* 7, 1993, p. 3. Paolo Mauro, "Corruption and Growth," *The Quarterly Journal of Economics* CV, 1995, p. 3.

大学法学院，成为法治评估研究的重镇。[1] 法治评估研究甚至开始改变传统的法治理论研究风格：两位丹麦学者基于评估研究的方法，对法治的概念界定、测量方式、内在属性和产生原因进行了系统而深入的研究，并且进行了大量的统计分析，令人耳目一新。[2]

中国的法治评估研究几乎与国外同步开展。20 世纪 90 年代中期，中国人民大学的一些学者就开始研究法律指标，尝试通过法律指标来衡量中国法律制度的发展水平。[3] 1996 年朱景文教授去美国法社会学的重镇威斯康星大学法学院访学，对于当时美国兴起的法律指标研究印象深刻，回国后就持续推动中国的法律指标研究和法治评估工作。2002 年之后，一批来自法学界、管理学界、社会学界和实务界的专家学者分别承担了"城市法治环境评价""上海法治建设指标体系""世界城市的法治指标"等研究课题，[4] 中国的法治评估运动开始萌芽。此后，香港法治指数、余杭法治指数、中国法律发展指标、政府透明度评估、中国法治政府评估报告也相继出现，中国的法治评估研究开始了"星星之火可以燎原"的阶段，并且开始直接影响法治实践。2013 年党的十八届三中全会提出"建立科学的法治建设指标体系和考核标准"，使法治评估上升为一种重要的治理方式。此后，各省、直辖市、自治区和市、县及其相关部门，纷纷出台各种法治评估方案，中国进入法治评估大发展的时期，法治评估也成为中国法学界的热门话题。当前，中国

---

[1] 从当前的研究状况来看，纽约大学法学院研究法治评估的学者最多，成果也最丰富，代表人物有萨利·安格尔·梅丽（Sally Engle Merry，著名法社会学家、法人类学家，曾担任美国法律与社会协会主席、政治与法律人类学协会主席）、凯文·戴维斯（Kevin E. Davis，法经济学家）等。

[2] See Jørgen Møller and Svend-Erik Skaaning, *The Rule of Law: Definitions, Measures, Patterns and Causes*, UK. Palgrave Macmillan, 2014.

[3] 参见朱景文：《现代西方法社会学》，法律出版社 1994 年版，第 43 ~ 45 页；朱景文：《测量法治——中国法治指标研究》，法律出版社 2018 年版，序言，第 3 ~ 4 页。

[4] 相关研究成果，参见城市法治环境评价体系与方法研究课题组：《构建城市法治环境评价指标体系的设想》，载《中国人民公安大学学报》2002 年第 5 期；仇立平：《上海法治建设指标体系的理论和构想》，载《社会》2003 年第 8 期；张志铭等：《世界城市的法治化治理——以纽约市和东京市为参照系》，上海人民出版社 2005 年版。

法治评估的热度,超过世界上任何一个国家。

中国法治评估的研究,不仅对于中国的法治建设实践产生了直接的影响,而且积累了大量的实证材料,特别是丰富的数据材料。如今,中国社会科学院法学研究所、中国人民大学、中国政法大学已经成为中国法治数据的主要生产基地,每年都通过大规模的社会调查,收集第一手材料和第一手数据,并且以“法治蓝皮书”“中国法律发展报告”“中国法治政府评估报告”等各种形式发布研究成果,共同缔造了中国的“法治大数据”。这些数据,为世人了解中国法治的整体状况和各个领域的具体情况,提供了精确而详细的第一手资料,不仅推动了中国法学界的定量研究,而且为推动中国法学与经济学、社会学、政治学等其他社会科学的交叉研究奠定了基础。

法治的评估研究,从诞生到现在,仅有不到 20 年的时间,已经度过了“打基础”的阶段,开启了燎原之势的大发展。10 多年前,笔者刚读研的时候,开始研究法律指标,亲身参与了中国人民大学法学院“中国法律发展报告”的整个研究过程和一些地方的法治评估工作,目睹了国内外法治评估研究从萌芽到壮大的整体发展,亲身体会了法治评估研究对于中国法治建设实践的重大影响,也曾为法治评估研究添砖加瓦。本书是在之前研究的基础上深化而来的,它记录了国内外法治评估诞生以来的发展历程,提炼了法治评估的各种类型、基本原理和主要方法,并且特别强调了“评估的再评估”及其应用,这些构成了本书第一部分的内容。国内外法治评估研究产生了大量的数据,很多数据还处于“养在深闺人未识”的状态,本书将介绍、公开一些基础性的法治数据,并利用相关法治数据检验一些流行的法治理论,这些构成了本书第二部分的内容——法治大数据。除了第七章涉及诸多理论分析和争鸣、理论色彩比较浓以外,这一部分尽可能“用数据说话”。

近年来,有一本风靡国内外的畅销书《从 0 到 1:开启商业与未来的秘密》,是硅谷著名投资人彼得·蒂尔(Peter Thiel)和斯坦福大学法律博士(J.

D.）布莱克·马斯特斯（Blake Masters）联合撰写的。[1] 该书提出一个引人共鸣的观点：创新，是从0到1、从无到有的过程，是最艰难的一步，是一种垂直进步、一种创造性跃迁；从1到N，则是复制，是一种水平进步、一种大规模推广。如果借用这个理论，那么，法治评估已经开始了"从1到N"的大发展；本书一方面记录了国内外法治评估"从0到1"的过程，另一方面也反映了笔者致力于"从0到1"的创新性研究，至于这些记录是否完整、研究是否成功，则请读者诸君指正。

---

[1] 参见［美］彼得·蒂尔、布莱克·马斯特斯：《从0到1：开启商业与未来的秘密》，高玉芳译，中信出版社2015年版。

第一部分

法治评估

第一章
国际法治评估的发展与现状

法治评估及其主要产物——法治指数，最早出现于国外。如今，国内已经出现了一些研究"世界法治指数"的文献，但主要是围绕世界银行的全球治理指标和世界正义工程法治指数(Rule of Law Index)而展开。[1] 事实上，国际法治评估颇为复杂，既有专门的法治评估，如世界正义工程法治指数，也有数百种法律指标分散在各种经济、社会或政治指标中，如国家风险国际指南中著名的"法律与秩序"(Law and Order)指标，这些法律指标有时也被当作"法治指标"使用，[2]尽管其使用需要慎重，

---

[1] 典型的文献有：钱弘道等：《法治评估的实验——余杭案例》，法律出版社2013年版，第35～42页；张保生、郑飞：《世界法治指数对中国法治评估的借鉴意义》，载《法制与社会发展》2013年第6期；鲁楠：《世界法治指数的缘起与流变》，载《环球法律评论》2014年第4期；周尚君主编：《法治定量：法治指数及其中国应用》，中国法制出版社2018年版；张琼：《法治评估的技术路径与价值偏差——从对"世界正义工程"法治指数的审视切入》，载《环球法律评论》2018年第3期。

[2] See Kevin E. Davis, "Legal Indicators: The Power of Quantitative Measures of Law", *Annu. Rev. Law Soc. Sci* 10, 2014, p. 37.

不能轻易转化为法治指标。[1] 大名鼎鼎的世界银行营商环境指标,绝大多数都是典型的法律指标,如“执行合同”“办理破产”等。如果把国际上所有的法治指标和法律指标评估都纳入研究范畴,至少需要好几本书才能完成,并且,这些分散的法律指标往往与治理、民主、投资、自由、透明、转型等指数关系密切。限于篇幅和主题,本章将研究针对“Rule of Law”的国际评估。至于本质上也属于法治指标的世界银行营商环境指标,笔者将在本书最后一章专门研究。

由于国际领域各类指标评估众多,相互之间又有着千丝万缕的联系,澄清国际法治评估“从0到1”的发展过程殊为不易。幸好有一些文献,为笔者的研究提供了线索。世界银行全球治理指标的方法论文献,明确给出了它的“法治指数”所参照的各个数据源。[2] 世界正义工程为了开发自己的法治指数,曾与海牙法律国际化研究所联合开展了为期两年的研究,召集了全世界最主要的指数设计者和研究专家,专门探讨“法治测量”的理论问题。[3] 美国得克萨斯大学奥斯汀分校法学院也举办了专门的法治测量会议。[4] 此外,纽约大学法学院凯文·戴维斯(Kevin E. Davis)教授、哥伦比亚大学法学院卡塔琳娜·皮斯托(Katharina Pistor)教授、芝加哥大学法学院汤姆·金斯伯格(Tom Ginsburg)教授和弗吉尼亚大学法学院米拉·弗雷斯格(Mila Versteeg)助理教授的研究成果,也分别从不同角度研究了国际法治

---

[1] See Katharina Pistor, “Re-construction of Private Indicators for Public Purposes”, in Davis KE et al., *Governance by Indicators: Global Power Through Classification and Rankings*. Oxford, Oxford University Press, 2012, pp. 169 – 177. 例如,亚洲开发银行的国家政策与制度评估也测量“法治”,但是仅仅将“法治”等同于“财产权”,过于狭窄,不应该等同于完整意义上的法治指数。

[2] See Daniel Kaufmann, Aart Kraay, Massimo Mastruzzi, “Governance Matters Ⅷ: Aggregate and Individual Governance Indicators for 1996 – 2008”, *Policy Research Working Paper* 4978, 2009, pp. 77 – 78.

[3] See *Hague Journal on the Rule of Law*, Vol. 3 Issue 2, September 2011.

[4] 会议信息,参见 https://law.utexas.edu/conferences/measuring/about.php. last visited at 15/04/2019。

评估的诞生过程。[1]

在展开论述之前，需要补充一个说明。本章依赖的外文文献全部来自英语，这会引起质疑：非英语国家就没有国际法治评估吗？当然有。后面论述的贝塔斯曼转型指数，就是德国的非政府组织和学术机构联合发布的。本章论述的是“国际法治评估”，也就是跨国性的法治评估，如一个国家评估另一个国家、一个组织评估多个国家，一个国家内部评估本国法治的事例不在本书的论述之内。实施国际法治评估的组织或机构，确实不限于英语国家，但是其评估文献都有英文版。因此，依赖英文文献不会妨碍我们把握国际法治评估的整体状况，更何况国际法治评估绝大多数是由英语国家发起或组织的。下面将按照发展历程—评估理论—评估方法的脉络进行论述。

一、国际法治评估的发展：种类与背景

从各种文献资料来看，迄今为止，国际上一共有 9 例对于“Rule of Law”的直接评估，可以分为两大类型：附属的法治评估和独立的法治评估。前者依附于“治理”“民主”“自由”“廉正”“转型”等理念之下接受测量，后者则是独立的测量或评估。以下将按照各类法治评估出现的时间顺序进行阐述。

（一）附属的法治评估

从目前公开的材料来看，此类法治指数最早出现于美国。1995 年美国传统基金会创立了“经济自由指数”，下设了“法治”指标，评估了 101 个国家。最初的法治指标由两个指标组成：“财产权”（property rights）和“政府廉正”（government integrity）。此后，该指数每年发布一次，评估的国家数量不

---

〔1〕 See Kevin E. Davis, “What can the Rule of Law Variable Tell Us About Rule of Law Reforms?”, *Michigan Journal of International Law* 26, 2004, p. 141; Katharina Pistor, “Re-construction of Private Indicators for Public Purposes”, in Davis KE et al., *Governance by Indicators: Global Power Through Classification and Rankings*, Oxford, Oxford University Press, 2012; Mila Versteeg and Tom Ginsburg, “Measuring the Rule of Law: A Comparison of Indicators”, *Law & Social Inquiry* 42, 2017.

断扩大,指标体系也不断调整。1997 年《华尔街日报》(*The Wall Street Journal*)也加入该指数的编制。截至本书完稿之日,该指数已经发布了 25 个年度评估报告,最新的报告就是 2019 年的,一共评估了 186 个国家,对 180 个国家进行了排名。最新版的"经济自由指数"由 4 个指标组成:法治、政府规模(Government Size)、监管效率(Regulatory Efficiency)、开放市场(Open Markets)。"经济自由指数"在国际上影响很大,世界银行、美国政府的两个主要对外援助机构——国际开发署和千年挑战公司(the Millennium Challenge Corporation)都以该指数作为经济援助的参考,众多跨国公司和投资机构也将其作为投资参考依据,新加坡、波兰、爱沙尼亚、智利、突尼斯、加纳、墨西哥、新西兰等众多国家将其作为经济政策的重要指南。[1]

同样是 1995 年,国际著名投资家沃尔芬森(James Wolfensohn)出任世界银行第九任行长,他一改世行不关注借款国治理质量的传统,极力主张关注借款国的治理问题。[2] 1996 年世界银行学院 3 位经济学家开发出了"全球治理指标"(WGI,又称 KKZ 指标),展开了规模更大、测量范围更宽的治理评估研究。该指标下设 6 个分指标:呼声与责任(Voice and Accountability)、政治稳定与没有暴力/恐怖主义(Political Stability and Absence of Violence/Terrorism)、政府效能(Government Effectiveness)、监管质量(Regulatory Quality)、法治、腐败的控制(Control of Corruption)。迄今为止,全球治理指标中的"法治"得到测量的年份分别是 1996 年、1998 年、2000 年、2002 ~ 2018 年;被测量的国家,已从 1996 年的 171 个增加到 2018 年的 215 个。[3] 与传统基金会的"经济自由指数"相比,全球治理指标对于

---

〔1〕 See Terry Miller et al. ,2019 *Index of Economic Freedom*:25*th Anniversary Edition*,The Heritage Foundation,2019,Preface.

〔2〕 参见[美]克里斯蒂纳·阿尔恩特、查尔斯·欧曼:《政府治理指标》,杨永恒译,清华大学出版社 2007 年版,第 3 页。

〔3〕 截至本书完稿为止,2019 年的测量数据尚未发布,历年数据可以在世界银行数据库的 World Governance Indicators 中查到。

实务领域和学术研究的影响更大,堪称最具知名度和影响力的治理指标。

除此以外,其他 3 家非政府组织也分别推出了此类法治指数,自由之家(Freedom House)甚至发布了两种法治指数。它的第一类法治指数附随在"世界自由"(Freedom in the World)指数之下——该指数出现于 1972 年,由社会学家雷蒙德·加斯蒂尔(Raymond Gastil)所设计。2003 年世界自由指数下设了独立的"法治"指标。在最新的 2019 年报告中,世界自由指数测量了 209 个国家和地区,测量的内容有两大类:政治权利和公民自由。其中,政治权利包含三类:选举程序、政治多元和参与、政府的运行;公民自由包含四类:表达与信仰自由、结社权利、法治、个体自治与个人权利。世界自由指数评估的是公民享有的各种自由权利,不评估政府的绩效;为了弥补这个缺陷,2004 年自由之家又推出了"十字路口上的国家"(Countries at the Crossroads)指数,专门评估正在转型的发展中国家政府在民主治理领域的绩效,评估内容具体为:责任制与公共呼声、公民自由、法治、反腐败与透明度。该类评估始于 2004 年,评估是间断性的,目前可以查到的最新资料是 2012 年的,评估的国家最初有 30 个,目前是 35 个。该指数的制定,咨询了著名民主研究专家拉里·戴蒙德(Larry Diamond)等人的意见。

2003 年德国非政府组织贝塔斯曼基金会与慕尼黑大学应用政策研究中心联合推出了贝塔斯曼转型指数(Bertelsmann Transformation Index,BTI)。贝塔斯曼转型指数把"转型"界定为一种综合性的、政治控制的社会变迁,是威权体制向以法治为基础的民主和以社会正义为中心原则的市场经济的转型。[1] 贝塔斯曼转型指数由状态指数(the Status Index)和管理指数(the Management Index)组成。状态指数测量民主与市场经济的发展程度,又分为政治转型指数和社会经济转型指数,共计 12 个分指数,法治指数属于政治转型下属的 5 个分指数之一;管理指数评估政治领导的绩效、能力和责任,共

[1] See Bertelsmann Stiftung, *BTI 2014—Codebook for Country Assessments*, Gütersloh: Bertelsmann Stiftung, 2014. p. 5.

计5个分指数。被评估的“转型国家”,基于如下3个标准来选取:没有完全实现稳固的民主与市场经济制度;人口在200万以上(个别国家例外);被公认为主权国家。贝塔斯曼转型指数每隔一年发布一次,目前已更新到2018年;被测量的国家在2003年有116个,目前已增加到129个。

2006年美国非政府组织“全球廉正”,在其推出的“廉正指数”(Integrity Indicators)中,也设立了“法治”一项。“廉正指数”测量的是腐败和治理问题,但是与透明国际(Transparency International)等其他国际组织的腐败测量不同,它测量的是“腐败的对立面”,具体包括:公民和商人接近政府的机会、监督政府行为的能力、寻求救济和主张改善治理的能力。2006年该指数测量了43个国家,测量指标有六类:市民社会、政府信息与传媒;选举;政府责任;行政机构与公共服务;监督与监管机制;反腐败机制与法治。[1] 2007年该指数测量了55个国家,2008年测量了58个,之后测量的国家数量逐渐递减:2009年38个,2010年36个,2011年33个,2012年2个(柬埔寨与所罗门群岛),2013年3个(瓦努阿图、印度尼西亚与东帝汶)。2011年之后国家数量急剧减少的原因,是该组织正在更新方法论,调整评估方案。2012年全球廉正与非洲的莫·易卜拉欣(Mo Ibrahim)基金会开展了为期5年的合作,编制非洲廉正指标(Africa Integrity Indicators, AII),评估54个非洲国家的社会、经济、政治和反腐败机制。[2] 从此,全球廉正只评估非洲国家,如今,这一评估仍在继续。

(二)独立的法治评估

这类评估目前有三种。第一种就是著名的世界正义工程法治指数。2006年美国著名律师、担任过美国律师协会(American Bar Association, ABA)主席的诺伊康(William H. Neukom)发起了名为“世界正义工程”的项

---

〔1〕 See 2006 Global Integrity Country Assessments and Global Integrity Index: *Methodology White Paper*. p. 1.

〔2〕 See https://www.globalintegrity.org/resource/aii2-data-csv/. last visited at 29/04/2019.

目，以促进全世界范围内的法治。2008 年 7 月世界正义工程发布了第一个法治指标体系，并在阿根廷、澳大利亚、哥伦比亚、西班牙、瑞典和美国的大城市中进行了测试。这一指标体系参考了世界银行的全球治理指标和"营商环境"(Doing Business)指标、透明国际的腐败感知指数(Corruption Perceptions Index)、自由之家的世界自由指数、美国律师协会的法治倡议(Rule of Law Initiative, ROLI)、非洲易卜拉欣治理指数(Ibrahim Index of African Governance)和贝塔斯曼转型指数。[1] 2009 年，世界正义工程成为一个独立的、跨学科的非政府组织，承担推动法治研究、编制法治指数、促进全球合作的三大使命。截至本书完稿之日，世界正义工程已经发布了 10 个指数报告，被测量的国家从 6 个增加到当前的 126 个，其全球影响与日俱增。

国际法治评估事例的日益增长，引起了联合国的关注和亲身投入。2008 年 6 月联合国维和行动部、联合国人权事务高级专员办事处与联合国政治事务部、法律事务部、儿童基金、发展规划署、妇女发展基金、难民署、毒品和犯罪问题办公室、世界银行联合发起了联合国法治指标项目(The United Nations Rule of Law Indicators Project)，以辨认相关国家法治部门所面临的优势和挑战，协助相关国家的法治改革。该项目具体的设计任务，交给了阿尔特斯全球联盟(Altus Global Alliance)。[2] 2011 年这一指标体系正式发布。[3] 与上述所有国际法治评估不同的是，这一项目不用于国家之间的比较，而是供各个国家评估本国执法机构、司法体制和监狱体制的相关情况。

---

[1] See Mark David Agrast, Juan Carlos Botero, Alejandro Ponce-Rodríguez and Claudia Dumas, "The World Justice Project Rule of Law Index: Measuring Adherence to the Rule of Law around the World", Presented at the World Justice Forum, Vienna, Austria, 3 July 2008, p. 5.

[2] 阿尔特斯全球联盟成立于 2004 年，由美国维拉司法研究所、俄罗斯 INDEM 基金会、尼日利亚 CLEEN 基金会、印度发展与交流研究所、智利公共安全研究中心、巴西公共安全与公民权研究中心 6 个非政府组织和研究中心所组建，旨在从全球性的视角出发促进公共安全和正义。

[3] See The United Nations, *Rule of Law Indicators: Implementation Guide and Project Tools*, First Edition, 2011. See http://www. vera. org/publications/the-united-nations-rule-of-law-indicators. last visited at 28/04/2019.

该指标项目曾在海地、利比里亚和南苏丹进行试验。2013 年联合国还向世界各国发布了法治评估倡议报告。[1]

除国际组织的法治评估外,一个国家机构评估另一个国家法治状况的事件也有发生,典型的就是美国国际开发署和千年挑战公司的法治评估。国际开发署是美国对外援助政策最主要的执行机构,承担着推进民主与治理的使命,法治被认为是民主的一个核心维度。[2] 为了确定未来的援助重点和任务,美国国际开发署会评估被援助国的法治状况和援助成效。目前,能够公开查到美国国际开发署对摩洛哥、赞比亚、巴基斯坦、柬埔寨等多个国家的法治评估报告。以摩洛哥为例,法治评估分两个阶段进行,第一次是在 2008 年 10 月,第二次在 2009 年 11 月。[3] 该评估报告的重点内容是查找摩洛哥法治建设的薄弱环节,提出积极可行的改善对策。该报告认为,自摩洛哥国王穆罕默德六世 2000 年执政以来,在联合国、欧盟、世界银行、美国等国际机构和国家的援助下,摩洛哥的立法、司法和法官职业能力建设都有较大发展,但目前还面临着司法不独立、培训方法与课程落后、警察数量不足以及执法程序标准缺乏、法律服务有限、乡村地区家事审判法官不够专业、拘捕率过高、腐败严重七大问题,未来可以在短期(1 ~ 3 年)和长期(4 ~ 10 年)的时段内进行改善。[4] 千年挑战公司成立于 2004 年,是一个规模较小的独立国家机构,[5] 旨在对发展中国家进行经济援助,它凭借一个指标体系来挑选申请援助的国家,法治是其中的一个指标,不过,该公司使用的法治指标数据取自世界银行的全球治理指标数据库。

---

[1] See Report of the Secretary-General, *Measuring the Effectiveness of the Support Provided by the United Nations System for the Promotion of the Rule of Law in Conflict and Post-conflict Situations*, S/2013/341.

[2] 参见俞可平主编:《国家治理评估——中国与世界》,中央编译出版社 2009 年版,第 227 ~ 233 页。

[3] See USAID, *Morocco Rule of Law Assessment*, Final Report, September 2010.

[4] See USAID, *Morocco Rule of Law Assessment*, Final Report, September 2010. Executive Summary.

[5] See Panel Discussion, "Measuring the Rule of Law", *Sing. J. Legal Stud.* 331, 2012, pp. 338 – 343.

二、国际法治评估的原理

对于“评估”的表述，世界银行、世界正义工程和联合国采取了“measurement”，[1]“世界自由指数”“十字路口上的国家”和美国国际开发署采取了“evaluation”和“assessment”两种术语，传统基金会、“廉正指数”和“贝塔斯曼转型指数”采取了“assessment”。这些不同的术语，并不是随意使用的。从语义来看，“measurement”来自古法语，是以数字的形式展示某类事物或事件，在自然科学和社会科学领域应用广泛，有很强的客观色彩；“evaluation”同样源自古法语，是对某一客体之价值、意义的认定，通常借助某些标准而作出，主观特征突出，一般用于社会领域和各种人类活动，我国一般译为“评估”，其实译为“评价”可能更精确；“assessment”来自中古英语，意义最为宽广，可以同时包容“测量”和“评价”的主客观含义，可以将其译为通常意义上的“评估”。因此，从称呼上来看，国际法治评估可以分为三种类型：定量评估（法治测量）、定性评估（法治评价）和综合评估（法治评估）。

定量评估是以数据的形式、客观反映法治本质属性的评估方式，以实证主义为研究立场。定量评估的前提，是“法治”能够以变量（variable）的形式予以表现，法治概念首先必须是一个变量。所谓“变量”就是一个可以变化的概念。[2]“法治”属于可以变化的概念，因为法治概念的组成成分，如权利保障程度、法律实施程度等，都有不同的属性形式；不同国家、不同时期的法治也是不断变化的。对于不同的属性，可以用不同的数值来表示。通过分解法治的概念、确定各种具体的变量、赋予不同变量属性以不同的数值，即可实现法治的测量。这一套评估方法是标准化的，任何具有相关法治变

---

[1] 例如，世界正义工程法治指数的方法论文献就是以“测量法治”而非“评估法治”为标题。See Juan C. Botero and Alejandro Ponce, “Measuring the Rule of Law”, *The World Justice Project-Working Papers Series* No. 001, 2011.

[2] 有些概念所反映的现象是固定不变的，如官僚机构的理想类型，这类概念不能转换为变量。而“变量”所反映的现象可以不断变化，如婚姻状态、财产收入等。

量的国家,都可以纳入测量的范围。因此,这类评估可以进行大规模的运用和比较。实证主义的评估立场,要求评估者价值中立、数据必须准确反映客观事实,最终的评估数据必须具有信度(reliability)和效度(validity)。前者是指采取同样的方法对同一对象重复进行测量时,所得结果相一致的程度;后者是指测量方法能够准确测出所需测量的事物的程度。大规模的法治评估,如世界银行、世界正义工程、贝塔斯曼转型指数等都采取了定量评估的形式。

定性评估是一种主观化的、描述某类现象的价值意义或对其进行价值判断的评估方法,以诠释社会科学为研究立场。诠释社会科学认为人的行动和社会现象均有着内在的主观意涵,仅仅研究外在客观行为的实证主义范式,是无法全面把握人和社会的本质的,因此,社会科学研究还应该关注人的行动目的和主观意图,将社会视为一个复杂的意义系统来解释。[1] 相关的研究方法,就是通常意义上的定性或质性研究方法。法治的定性评估,就是考察法治的价值理念,如公平正义、安全、效益等在实践中的落实程度。由于仅凭统计调查无法理解、领悟被评估者的主观意图,因此评估者通常需要采取访谈、观察等方法进行领悟——这种方法的成本高昂,被评估对象的规模和数量因此会大受限制。并且,评估者也不是任何人都可以担当的,他必须能够充分理解被评估者的主观意图和背景,具有必备的社会阅历和专业素养,能够与被评估者有效沟通、获取足够的相关信息。最后,定性评估往往会提出相关的改进措施,所以被评估者的历史背景和特殊情形也需要予以掌握。

法治既可以被定量评估,也可以被定性评估,这是因为法治是一个内涵广泛的复杂概念,包含了各种不同的要素,既涉及政府、公民、纠纷解决等现

---

[1] 关于诠释社会科学的具体介绍,参见[美]劳伦斯·纽曼、拉里·克罗伊格:《社会工作研究方法:质性和定量方法的应用》,刘梦译,中国人民大学出版社2008年版,第93~99页。“qualitative”又译为“质性”。

实的层面,也包括正义、安全、权利等抽象的价值理念。定量评估针对法治的现实层面,定性评估则针对法治的理念层面。两者的区别可以概括为表1－1:

表1－1　定量评估与定性评估的区别

评估类型	定量评估(法治测量)	定性评估(法治评价)
法治概念	以清晰的变量形式表现	以价值原则形式表现
评估对象	众多,强调其共同性质	较少,强调其特定情境
评估方法	比较标准,方法在资料收集前就已经系统地确定	比较特别,通常由于研究背景和研究人员的不同而不同
评估过程	强调法治的各个变量及其数据的收集	强调评估者与被评估对象的互动和了解
评估内容	形式为统计分析,数据主要来自专家打分和公众调查	形式为主题分析,数据主要来自文件、观察和访谈记录等
评估结果	主要表现为数据,可辅以适量的文字说明,需要进行统计审查	主要以文字来阐述,可辅以适当的数据说明,无须统计审查

定量评估与定性评估并不冲突、可以构成一个互补关系,因此就出现了"综合性"的法治评估。这类评估同时采取数据和文字的表达形式,要么偏向定量、要么偏向定性。国家数量较多的综合评估偏向于定量,如传统基金会的指数、贝塔斯曼转型指数,评估100多个国家,有一套标准的评估方法体系,各种相关变量都得到了明确而具体的区分和界定,可以对各种不同的具体现实状态进行较为细致的测量打分,其定性评估报告在很大程度上是对评估数据的一个说明。国家数量较少的综合评估则偏向于定性,如"十字路口上的国家",评估的国家数量只有30多个。被评估的具体法治要素,如"正当程序"等,体现为较为笼统的问题形式,如"公民是否能由一个合格、独立而中立的审判法庭对其进行一场公平、公开而及时的审判",没有再进一步分解为各种更为具体的现象,如"刑事审判程序""民事审判程序"等。所以,从表面上看,定性评估的精确程度不如定量评估。但是,这类评估涉及的国家数量较少,每个国家都有一份较为详细的报告,可以提供不少无法用数据表达的事实细节,并且还有相应的"推荐改进措施",因而可以弥补定量

评估的不足。

采取哪一类评估，取决于评估者对于“法治”的理解和现实条件的制约——在人力、财力等有保障的情形下，就取决于对“法治”的理解。世界正义工程从实践效果的角度来理解法治，[1]因此采取了定量评估；美国国际开发署主要从价值的角度理解法治——法治包括“秩序与安全”、“合法性”(legitimacy)、“制约与平衡”、“公平”、“法律的有效执行”5个成分，[2]其中前4个都是典型的价值成分——因此采取了定性评估。

三、国际法治评估的方法

评估的方法极为繁多；常见的区分标准，如好/坏、敌/友、真/假、善/恶、美/丑、成本/收益等，都是典型的评估方法。法律本身就是一种评估工具，提供合法/非法的评估；法律本身也可以被评估，如著名的善法/恶法的评估。国际法治评估所采取的“测量”“评价”等方法，都是社会科学领域的评估方法。下面将分别阐述“法治测量”和“法治评价”的具体方法。由于综合性的“法治评估”实质上是定量和定性的融合，因此不再单独论述。

(一)测量法治：定量评估

测量的过程可以概括如下：第一，确定法治的概念，明确测量的具体对象；第二，对概念进行操作化界定(operational definition)，使其可以在实际情况下观察到变化的状态，这一界定的结果就是各种指标(indicator)；第三，确定评估主体，也就是“谁来评估”；第四，收集相关指标的数据，并依据相应的规则进行计算；第五，对数据结果进行统计审查。

1. 概念的确定

测量的第一步，就是使法治从一个抽象理念变成社会科学概念。一个好的社会科学概念，具有如下特征：协调、简约、实用、清晰，与其他概念界限

---

[1] See the World Justice Project, *WJP Rule of Law Index* 2014, p. 4.

[2] See USAID, *Morocco Rule of Law Assessment*, Final Report, September 2010, p. 5.

分明，易于测量。[1] 世界银行、联合国和世界正义工程等从事“测量”的组织，都给出了自己的法治概念。世界银行把法治界定为：“代理人(agents)信任、遵守社会规则的程度，以及合同执行的质量、财产权、警察、法院、犯罪与暴力行为发生的可能性”。[2] 这一概念太过简单，遭到了很多批判。比如，与其他概念高度相关，把合同执行与犯罪等不相关的概念混在一起，等等。[3] 此外，这种界定直接把警察、法院等纳入法治的概念，也是存在很大问题的：姑且不论某些小国有没有这类职业和机构，即使都存在，不同国家的警察、法院也承担着不同的职能。

联合国关于法治的定义，被认为是迄今为止最权威的界定。这一定义出现在 2004 年联合国秘书长的报告中：“对联合国而言，法治指的是这样一种治理原则：所有的人、机构和团体，无论是公共的还是私有的，包括国家自身，都必须对法律负责。而这种法律，是公开发布、平等实施、独立裁决的，并与国际人权规范和标准保持一致。法治概念还要求采取措施来保证下列原则得到遵守：法律至高无上、法律面前人人平等、对法律负责、公平适用法律、权力分立、参与决策、法律确定、避免恣意，以及程序和法律透明”。[4] 这一定义被广为引用，但仍嫌抽象。

世界正义工程的法治概念最贴近社会科学概念的要求。该定义由 100 多个国家的上千名专家反复推敲而成，内容如下：一个以规则为基础、由四个普适性原则支撑的系统；这四个原则分别是：(1)政府及其官员、代表负有法律责任；(2)法律明确、公开而稳定，保障人身安全和财产安全在内的基本

---

〔1〕 See Tom Ginsburg, “Pitfalls of Measuring the Rule of Law”, *Hague Journal on the Rule of Law* 3, 2011, pp. 270 - 271.

〔2〕 Daniel Kaufmann, Aart Kraay, Massimo Mastruzzi, “The Worldwide Governance Indicators: Methodology and Analytical Issues”, *Hague Journal on the Rule of Law* 3, 2011, p. 223.

〔3〕 See Tom Ginsburg, “Pitfalls of Measuring the Rule of Law”, *Hague Journal on the Rule of Law* 3, 2011, pp. 271 - 272.

〔4〕 Report of the Secretary-General: *The Rule of Law and Transitional Justice in Conflict and Post-conflict Societies*, S/2004/616, 23 august 2004, p. 6.

权利;(3)法律制定、实施与执行的程序是可接近的、公平而高效;(4)审判者、律师或代理人、司法官员提供接近正义的机会,他们人员充足,能干、独立而有德性,有着充分的资源,体现了他们所服务的共同体的构成。[1] 这一定义涉及法治的主体、机制和效果,追求摆脱法治的西方色彩,超越文化、国别、民族等具体制约因素,以获得全球范围内最广泛的认可。不过,至今全球仍然没有达成一个普适性的法治概念,甚至可能永远无法达成,因为法治思想本身模糊而多元。对于评估者而言,只要所界定的法治概念基于合理的法治思想、符合社会科学概念的界定要求,就可以认为该概念成立。

2. 评估指标

指标是最受中国学者重视的评估工具。所谓指标,是表征和传达研究对象某方面信息的概念载体,既可以表示数量特征,也可以表示品质特征。[2] 指标有很多分类,最重要的分类有三种。一是客观、主观指标,前者出现很早,直接反映某一客观事实,如犯罪率、律师数量、立法数量等;后者是在欧美国家民意研究的基础上发展起来的,反映人们对客观社会现象的感受,也称为感觉指标,幸福感、满意度、获得感等都属于此类指标。二是投入、过程、产出、效果指标,这四类指标顾名思义,分别反映社会系统运行的不同阶段,需要注意的是产出不等于效果,如议会的产出是法律,至于该法有没有社会效果则未必。三是聚合、非聚合指标,前者是众多指标的合成产物,如犯罪率就是所有犯罪统计数值的聚合,而故意伤害罪的数量就是非聚合指标。对于法治这样的抽象理念而言,法治指标是典型的聚合指标,仅凭少数几个指标来反映法治是以偏概全。下面我们将会看到,很多国际法治评估的指标都存在这个问题。

---

〔1〕 See Juan C. Botero and Alejandro Ponce, "Measuring the Rule of Law", *The World Justice Project-Working Papers Series* No. 001, 2011, p. 5.

〔2〕 参见伍业锋:《统计指标的概念、角色及其抽象》,载《暨南学报》(哲学社会科学版)2011 年第 5 期。

每一种国际法治评估的指标都不相同,可以将其归纳为4类,分别为:

(1)世界银行的法治指标。这类指标迥然不同于其他国际法治指标:它们为数众多,但相互之间形成不了一个逻辑有序的“体系”,之所以如此,根源在于其诞生方法:设计者在已有的其他国际指数——不限于法治指数,更多的是治理指数——数据源中,识别出与“法治”相关的指标,不管其相互之间有什么关系,如财产权、暴力犯罪、有组织犯罪、知识产权保护、对警察的信任度、对司法体制的信任度、法律与秩序、法院判决执行的程度、外国人受到法律平等对待、公民权利、法律执行,等等;设计者再根据这些相关指标,采取统计模型计算法治指数。全球治理指标中的法治指标的数量和来源时常会有变动。

(2)司法为主的法治指标。有4种附属性的国际法治评估指标属于这种类型。表1-2列举了它们的一级指标内容:

表1-2 四类国际法治评估指标的一级指标

指标名称	一级指标
世界自由〔1〕	是否存在独立的审判部门?法治普遍存在于民事和刑事领域吗?警察是否由文官直接控制?能否免遭警察恐吓、非法羁押、驱逐或拷打,无论是对支持派还是反对派而言?能否免受战争或叛乱?法律、警察及其实践,是否能保障各类群体受到同等的对待?
十字路口上的国家〔2〕	审判独立;法律在民事与刑事事务中的首要性;安全力量和军事力量对公民当局负责;财产权利的保护
贝塔斯曼转型指数〔3〕	权力分立的程度;审判独立的程度;滥用职权的公职人员,被追诉或惩罚的程度;公民权利被保障和救济的程度
全球廉正指数〔4〕	存在不服刑事判决的上诉机制吗?法院是否能独立运作?在判决腐败案件时,法官安全吗?公民可以平等接近司法吗?

〔1〕 See *Freedom in the World* 2014 Methodology.

〔2〕 See Countries at the Crossroads 2012, *Selected Data and Overview from Freedom House' s Annual Analysis of Democratic Governance*, September 2012.

〔3〕 See Bertelsmann Stiftung, *BTI* 2014 – *Codebook for Country Assessments*, Gütersloh, Bertelsmann Stiftung, 2014, pp. 20 – 21.

〔4〕 See The Global Integrity Report, 2011 *Methodology White Paper*. p. 6.

这些指标均是主观指标,涉及投入指标(如审判独立)、过程指标(如司法的运行)和效果指标(如权利的保障),均有二级指标。其中,全球廉正指数法治指标的二级指标饶有特色,它区分“法律指标”和“实践指标”。法律指标评估是否存在特定的法律文件、基本权利、政府机构和规则,答案只有“是”和“否”,回答前者得100分,后者得0分。实践指标评估执行过程、执行效果和公民接近等问题,相应的分值呈定序分布,2006年以前是0分、25分、50分、75分、100分,2007年以来是0分、50分、100分。[1] 法律指标的总分减去实践指标的总分,可以测出法律未能实施的程度。

上述四类指标深受英美法系传统法治思想的影响。法治术语的创始人戴雪从法院和权利保障的角度来界定法治,这种界定对后世的影响连绵不断。上述四类指标虽然各有差别,但总体上沿袭了这一传统。这种界定自有道理所在:法院作为正式的司法系统,是较为纯粹的法律实施场域;[2] 权利则是法治的实质核心要素;对这两者的评估,确实能够在很大程度上反映法治。但是,法治的现实运行体系和实施效果并不限于此,立法、行政也是重要的法治领域,履行司法功能的也不限于法院,戴雪的法治理论已经过时了。上述指标体系还存在一定的缺陷。

(3)综合性的法治指标。传统基金会和世界正义工程的法治指标,属于这种类型。

传统基金会的法治指标由三个一级指标组成,分别是:财产权指标,评估一个国家对私有财产权的法律保护程度和执行程度;司法效果指标,评估司法机关的效率和公平程度,尤其是处理财产纠纷时;政府廉正指标,用于分析政治腐败的形式,评估贿赂、勒索、裙带关系、任人唯亲、赞助、侵占公款

---

〔1〕 全球廉正提供了较为详细的评分标准,以指导具体分数的选择。

〔2〕 立法是政治博弈的场域,行政是法律和其他影响因素共同作用的场域,相比之下,唯有司法通过诉讼程序、法庭的空间布局、法官的服装、专门的法律术语等,人为营造了一个较为纯粹的法律运作空间。虽然美国的现实主义法学认为法官的判决受到心理、情绪等非法律因素的影响,但这不妨碍司法的相对纯粹性。

和贪污等行为的普遍程度。表1－3是该类指标的内容体系：

表1－3　传统基金会的法治指标

一级指标	二级指标
财产权(property rights)	实物产权(physical property rights)
	知识产权(intellectual property rights)
	投资者保护的力度(strength of investor protection)
	征收风险(risk of expropriation)
	土地管理质量(quality of land administration)
司法效果(judicial effectiveness)	审判独立(judicial independence)
	司法程序的质量(quality of the judicial process)
	获得有利司法判决的可能性(likelihood of obtaining favorable judicial decisions)
政府廉正(government integrity)	公众对政治家的信任(public trust in politicians)
	不定期的付款和贿赂(irregular payments and bribes)
	政府决策的透明度(transparency of government policymaking)
	没有腐败(absence of corruption)
	对腐败的看法(perceptions of corruption)
	政府和公务员的透明度(governmental and civil service transparency)

世界正义工程的因子体系,[1]是迄今为止最详细、评估领域最为宽广的法治指标体系,2008年至今先后演变出7个版本,每一个报告都基于新的版本。世界正义工程的因子体系分为4级,在迄今公布的唯一一个完整版本——2011年4.0版中,因子体系由9个因子、52个次级因子、76个三级因子、14个四级因子组成。[2] 目前的因子体系内容如表1－4所示:[3]

〔1〕 世界正义工程把指标称为“因子”(factor)。

〔2〕 See Juan C. Botero and Alejandro Ponce, “Measuring the Rule of Law”, *The World Justice Project-Working Papers Series* No. 001, 2011, pp. 39－54.

〔3〕 See the World Justice Project, *WJP Rule of Law Index* 2014, p. 8.

表1－4　世界正义工程的指标体系

一级指标	二级指标
有限的政府权力	政府权力被立法机关有效制约
	政府权力被司法机关有效制约
	政府权力被独立的审计审查机构有效制约
	政府官员的不法行为会受到制裁
	政府权力被非政府组织有效制约
	权力依法转移
没有腐败	行政部门的政府官员不以权谋私
	司法部门的政府官员不以权谋私
	军警部门的政府官员不以权谋私
	立法部门的政府官员不以权谋私
开放的政府	法律和政府数据公开
	知情权
	公众参与
	投诉机制
基本权利	平等对待和免受歧视
	生存权利与人身安全被有效保障
	法律正当程序与被告的权利
	言论与表达自由被有效保障
	信仰与宗教自由被有效保障
	不受任意干涉的隐私自由被有效保障
	集会与结社自由被有效保障
	基本的劳动权利被有效保障
秩序与安全	犯罪被有效控制
	民事冲突被有效限制
	人民无须诉诸暴力来修复个人怨恨

续表

一级指标	二级指标
有效的监管执行	政府规章被有效执行
	政府规章的执行与实施免受不当影响
	行政程序的实施免受无理的拖延
	正当程序在行政程序中受到尊重
	政府必须对征收的财产给予充分的补偿
民事司法	人民能够接近并利用民事司法
	民事司法免于歧视
	民事司法免于腐败
	民事司法免受政府的不当影响
	民事司法不会被无理拖延
	民事司法被有效执行
	ADR 是可接近的、公正的、有效的
刑事司法	犯罪调查体制是有效的
	犯罪审判体制及时而有效
	矫正体制对于减少犯罪行为是有效的
	刑事体制是公正的
	刑事体制不腐败
	刑事体制免受政府的不当影响
	法律正当程序与被告的权利
非正式司法	非正式司法及时而有效
	非正式司法是公正的、免受不当影响
	非正式司法尊重、保障基本权利

(4)联合国的法治指标体系。联合国的法治指标多达 135 个,但是评估领域有限,仅仅针对执法机构、审判机构和监狱机构,具体来说就是警察(41 个指标)、法院(51 个指标)和监狱(43 个指标)。联合国不打算将所有的指标得分合成为一个指数,各个指标评估的维度也各有不同,分别是:绩效(performance);廉正、透明与责任(integrity, transparency and accountability);

易受伤群体受到的对待(treatment of vulnerable groups);能力(capacity)。绩效是指机构提供的有效服务;易受伤群体是指未成年人、受害人、需要保护的孩子、难民、海归、无国籍人、精神病人;能力是指相关机构具备履行职责的必要人力资源、物质资源,以及有效使用这些资源的行政管理能力。[1] 相关指标分别属于投入指标(能力)、过程指标(廉正、透明与责任)和效果指标(易受伤害群体成员受到的对待、绩效)。此外,与其他国际法治指标基本依赖主观指标不同的是,联合国法治指标比较注重客观指标,共计 17 个指标属于客观指标,包括故意杀人罪的数量、女警官的比率、法官的任期等。[2] 指标的选取基于各种国际人权条约和国际刑事司法规范标准,以求适用于各个法系国家。

总体而言,国际法治评估指标都属于聚合指标,包括了主观、客观指标,投入、过程、产出、效果指标等多种类型。单一类型的指标,无法完成法治评估这样复杂而广泛的任务。国际法治指标以主观指标为主体,一方面,是因为客观数据不易获得,或者数据缺乏可信度;另一方面,是主观指标可以统一标准、便于跨国之间的比较。此外,主观指标可以反映客观指标无法测量的现象,如审判独立、言论自由程度等。主观指标与客观指标并非相互排斥,两者分别测量不同的领域、提供不同的信息。对于投入、过程、产出、效果指标而言,法治评估似乎更应倾向于效果指标,因为这样最客观、最公平、最少争议。很多国家都拥有丰富严密的法律规范和法律制度,但是实践效果反差极大:菲律宾和利比里亚移植了美国的法律和制度,但是在权力控制、人权保障等方面的实施效果却大相径庭。因此,法治评估应该尤其注重效果指标。

---

〔1〕 See The United Nations, *Rule of Law Indicators: Implementation Guide and Project Tools*, First Edition, 2011, p. 3.

〔2〕 Ibid., pp. 41 – 65.

3. 评估的主体

评估主体有专家和公众两大类——这里所说的“专家”，不限于学界，而是包括律师、法官等法律专业人士在内。对于法治这样涉及所有公民的抽象理念而言，评估主体的范围非常广泛，公众和专家都可以参与评估。国际法治评估的主体有两大类型：一是世界银行、自由之家、贝塔斯曼、全球廉正和美国国际开发署采取的专家评估；二是世界正义工程和联合国采取的“公众 + 专家”的评估。在国际法治评估中，专家是主要的评估主体。表 1 – 5 归纳了“专家”的构成和来源：

表 1 – 5　国际法治评估中的专家状况

法治评估机构	专家构成	专家来源
传统基金会	经济学家、记者	内部工作人员
世界银行	经济学家	世界银行学院
自由之家	政治学家、记者	内部工作人员、顾问委员会
贝塔斯曼	大学和研究机构人员、非政府组织人士	地区协调人、贝塔斯曼转型指数委员会委员或项目组成员推荐
全球廉正	政治学家、记者	推荐、自主联系
世界正义工程	律师、大学教师、研究人员、非政府组织成员、执业医生[1]	自主联系
联合国	政府官员、学者、非政府组织成员、国际组织专家	公开招募

专家评估与公众评估各有优缺点。专家评估的优势主要有三个。首先，成本较小，一个专家就可以评估一个国家，公众评估则至少需要上千人参与。例如，2019 年，世界正义工程评估了 126 个国家和地区，参与评估的专家一共 3800 人，入户调查的数量则高达 120,000 以上。[2] 其次，专家评

[1] 世界正义工程有一种针对公共卫生领域的专业调查，不仅包括法律领域的专家，而且包括公共卫生领域的专家和执业医生。

[2] See the World Justice Project, *WJP Rule of Law Index* 2019, p. 5.

估更容易进行跨国比较。[1] 专家所掌握的专业知识往往具有普适性,能够依据共同标准评估不同国家,而不同国家的民众却有着不同的价值观念,对于同一名词的理解和判断都会大相径庭,如对于"人权"的观点,有些国家人民的"权利感知"就异于其他国家的人民。最后,专家可以掌握某些特定的信息,如对于法院审判的评估,只有经常参加诉讼的法官、律师才了解更多情况,更有资格进行评估。不过,专家评估也有缺陷,最大的缺陷就是专家并非全才,不可能掌握法治的所有情况,而大规模的公众评估可以提供各方面的判断信息。

公众评估的优势主要有三个:一是能够集思广益、反映社会整体的意见,特别是法治效果最终感受者的意见。二是具有更大的实际影响力,民主国家的政府可以不理会专家的评估意见,但是不能对广大公众的意见置之不理。三是能够根据广大公众的意见预测他们的下一步行为,因为一个人的行动往往基于本人的主观判断。例如,如果公众认为腐败太严重,可能会更屈从这种"潜规则",因为不如此行动自己就会"吃亏",乌克兰就出现了这种情况。[2] 除此之外,公众评估的缺陷也很明显:一是成本高昂,对于统计调查方法的要求更严谨。世界正义工程受到比尔盖茨基金会等众多组织的赞助,具备一定财力,但是在被评估的国家中也只能选择 3 个城市、抽取 1000 份左右的样本。这满足不了统计调查的要求:如果调查的总体数量非常大(1000 万人以上),至少需要 2500 个左右的样本才能得出较为准确的结果。[3] 世界正义工程当然知道这一问题,但囿于财力有限、调查费用太大,迄今只能维持每个国家 3 个城市的调查规模。二是公众的评估能力比较有

---

〔1〕 参见[美]丹尼尔·考夫曼、阿尔特·克拉:《治理指标:我们在哪儿,我们应去向何方?》,庞娟、闫健摘译,载《国家行政学院学报》2008 年第 6 期。

〔2〕 See Tom Ginsburg, "Pitfalls of Measuring the Rule of Law", *Hague Journal on the Rule of Law* 3, 2011, pp. 278 – 279.

〔3〕 参见[美]劳伦斯·纽曼、拉里·克罗伊格:《社会工作研究方法:质性和定量方法的应用》,刘梦译,中国人民大学出版社 2008 年版,第 280 页。

限,对于专门法律机构的运行和服务状况,很多公众可能并不知情、没有亲身感受,仅凭道听途说或媒体言论而随意评判。对于这些缺陷,需要事先考虑公众的情况、制定有针对性的问卷。

4. 数据的收集与计算

这是测量过程最主要的环节。根据来源的不同,数据可以分为三类:[1]一是以调查为基础的数据,主要用于测量法治、民主、治理、自由等涉及人数众多的抽象价值;二是以标准为基础的数据,通过确立标准,根据相关信息判断该标准被实现的程度;三是以事件为基础的数据,主要是以一些特殊事件的统计为基础,如某一时间段内的犯罪事件数量、调解数量、政变数量等。国际法治评估所收集的数据主要是前两者。有些测量综合采用了这些方法,如联合国法治指标共 135 个,其中 78 个指标的数据来自专业人士的调查,24 个指标的数据来自公共调查,17 个指标的数据来自行政机构统计,16 个指标的数据来自文献审查。[2] 此外,世界银行全球治理指标运用的全部是第二手数据,采取了较为复杂的计算方法,提供了一种特殊的测量方式。下面依次予以阐述。

(1)以调查为基础的测量。世界正义工程采取了这种方法,其数据绝大多数来源于此。例如,2014 年世界正义工程法治指数依赖的变量数据一共有 541 种,只有 5 种数据以事件为基础,其余 536 种数据完全来自调查。世界正义工程的调查分为专业人士调查和公众调查,专门制定了一种面向公众的调查问卷,以及 4 种面向不同法律领域的专业调查问卷。问卷的问题有两类:基于经验的问题和基于感知的问题。前者要求答卷人根据自身的经验来回答,可以提供可靠的数据,但是适用范围有限。后者设置了一些虚拟

---

〔1〕 See University of Essex-Human Rights Centre, *Map-making and Analysis of the Main International Initiatives on Developing Indicators on Democracy and Good Governance*, 2003, pp. 4 – 5.

〔2〕 See The United Nations, *Rule of Law Indicators: Implementation Guide and Project Tools*, First Edition, 2011, pp. 10 – 11.

的情境，由答卷人结合自身的感知进行回答。这类回答提供的数据不够客观准确，但是对于一些几乎不可能进行客观测量的情形，如腐败程度、权利保障的程度等，该类问题可以提供一些低成本的替代性信息。公众调查委托各个国家权威的民意调查公司实施，由其在该国3个最大的城市随机抽样1000人左右进行调查。专业人士调查由世界正义工程指数组直接实施。为了避免利益冲突，被调查的专业人士不包括现任政府官员、法官和检察官。2014年世界正义工程法治指数报告一共收集了2423份有效专家问卷，每个国家平均24份专家问卷、每个专业领域平均6份专家问卷。[1]

(2)以标准为基础的测量。自由之家、贝塔斯曼、全球廉正均采用了这种方式。自由之家的两类法治指数，均是首先由内部职员根据标准打分，然后征询专家的建议进行修改调整而成。贝塔斯曼的评估首先由一个专家根据标准打分，结果交由另一个专家盲审，盲审结果由协调人通知第一位专家进行修改和调整，最后各地区的协调人集中审查各个地区的报告，以实现全球范围的可比性。全球廉正为每个国家组织了5～10位由著名记者、学者和研究者组成的评估团队，他们彼此独立工作、互不知悉，记者负责撰写报告、进行定性评估，学者根据标准打分，然后由“同行评审者”(至少3～5人，由本国专家和外国专家共同组成)对原始数据和报告进行盲审，提供修改、批判和补充意见。

(3)世界银行模式。全球治理指标依赖的数据完全来自其他国际机构，其法治指数的编制方法有五步。[2] 第一，找出法治的现存指标，将来自同一数据源的指标合成为一个指标。第二，运用不可观测成分模型(Unobserved Components Model)的统计学公式，以确定不同数据源的“代表性”问题及其

---

[1] See the World Justice Project, *WJP Rule of Law Index* 2014, p. 171.

[2] 详细编制方法，参见 Daniel Kaufmann, Aart Kraay, Massimo Mastruzzi, “The Worldwide Governance Indicators: Methodology and Analytical Issues”, *Hague Journal on the Rule of Law* 3, 2011, pp. 228–232；[美]克里斯蒂纳·阿尔恩特、查尔斯·欧曼：《政府治理指标》，杨永恒译，清华大学出版社2007年版，第36～48页、第93～98页。

权重,“代表性”问题是指所涵盖的国家数量是否足以代表不同的区域和不同的收入水平。例如,2004 年“法治”的 24 个数据源包含 10 个“代表性”和 14 个“非代表性”。第三,将“代表性”数据源根据权重进行加总,得出初步的法治指数。第四,用“非代表性”数据源对初步法治指数进行回归分析,得出“非代表性”数据源的误差方差的估计值。第五,根据各数据源的误差方差计算各自的新权重,据此进行加总,最后计算出新的综合指数。传统基金会也是全部采用二手数据,其指数利用了世界银行、国际货币基金组织、经济学人智库、世界贸易组织、世界正义工程、透明国际、德勤会计师事务所、普华永道会计师事务所等组织提供的统计数据,再通过数学模型进行处理和计算。

各类数据一旦收集完毕,既可以合成一个指数,也可以保留不动。世界银行、自由之家、贝塔斯曼采取了前者,全球廉正一开始也合成单一的数值,但是从 2010 年开始不再继续,理由在于:被评估的国家数量不断减少,2010 年只评估了 36 个国家,意义和影响不大;并且,一个总的指数很少能改变现状,有简单和大而化之的缺陷。[1] 在 2014 年之前的指数报告中,世界正义工程也不提供每一个国家的法治总分,只提供每个国家的因子和子因子的得分(“非正式司法”除外)。在 2014 年的指数报告中,世界正义工程改变了以前的做法,开始提供被调查国家的法治总分。[2] 联合国的指标体系也不聚合为一个总分,容许以个位数(1 ~ 4 分)和百分比的形式来表达数据结果——百分比用来反映某一特殊事件、行为或特征出现的频率。

如果聚合成一个指数,就面临着缺失值的插补、权重的分配、计算方法等基本问题。缺失值基本上出现在公众调查中,世界正义工程的处理方法是以无条件均值(unconditional mean)代替,后者是同一因子或子因子其他

---

〔1〕 See The Global Integrity Report,2010 *Methodology White Paper*,pp. 8 – 9.

〔2〕 See the World Justice Project,*WJP Rule of Law Index* 2014,pp. 14 – 15.

变量的均值。[1] 权重分配是一个棘手问题,具体的分配方法也较多,有两大类:一是根据理论重要程度的分配;二是根据统计方法,如主成分分析、因子分析、数据包络分析(Data Envelopment Analysis, DEA)、多元回归模型(multiple regression modle)、层次分析法(Analytic Hierarchy Process, AHP)、参与式方法(participatory methods,国内学者又称为"德尔菲法")等。统计学与社会学理论均指出:权重的配置,通常采取均等分配的方式,除非有确切的特别说明。[2] 除了全球治理指标的权重变化不一以外,其他法治指数都采取了权重均等的分配方法。指数的计算方法主要有两种:线性计算法和几何计算法。前者适用于存在互补关系的指标;后者适用于相互之间不可补偿、彼此独立的指标。[3] 目前国际法治指数的计算,均采取了线性计算法。总之,法治指数属于测量的结果之一,需要经过更多的步骤、遵循更多的规则才能得出。

5. 数据的统计审查

测量结果出来之后,还需要对其进行审查,合格之后才能公布使用。这一步,目前是最受我国法学界忽视的。在社会科学方法论中,评判调查数据质量的标准有两个:信度和效度。[4] 这两个标准适合于任何一种测量结果,无论其是否以指数的形式呈现。对于以"指数"形式出现的法治评估结果而言,由于"指数"本身有着更为复杂的生成过程和更为严格的聚合要求,因此也可以对"法治指数"进行更多的审查。结合定量评估的要求和世界正义工

---

[1] See Juan C. Botero and Alejandro Ponce, "Measuring the Rule of Law", *The World Justice Project-Working Papers Series* No. 001, 2011, p. 21.

[2] See Michaela Saisana and Andrea Saltelli, "Rankings and Ratings: Instructions for Use", *Hague Journal on the Rule of Law* 3, 2011, p. 254. [美]艾尔·巴比:《社会研究方法》(第11版),邱泽奇译,华夏出版社2009年版,第162页。

[3] See Michaela Saisana and Andrea Saltelli, "Rankings and Ratings: Instructions for Use", *Hague Journal on the Rule of Law* 3, 2011, pp. 255 - 256.

[4] 参见[美]艾尔·巴比:《社会研究方法》(第11版),邱泽奇译,华夏出版社2009年版,第142~148页;[美]莫纳什、沃克:《法律中的社会科学》,何美欢等译,法律出版社2007年版,第57~58页。

程法治指数审查的实践,我们可以把法治测量的审查归纳为下述五种,其中前两种审查适用于所有法治测量的结果,后三种审查专门适用于“法治指数”。

(1)信度的审查。信度主要有四种:再测信度、复本信度、评分者信度、克隆巴赫系数(Cronbach-alpha,C-alpha)。[1] 其中克隆巴赫系数是目前社会科学研究最常使用的信度分析方法,评价的是各题项得分之间的一致性,适用于态度意见式问卷的信度分析。信度系数0.7以上的可以接受,0.6~0.7的还可以接受,0.6以下的就要考虑重新编写问卷。

(2)效度的审查。效度也有四种:表面效度、预测效度、建构效度和内容效度。[2] 效度是指测量工具或手段能够准确测出所需测量的事物的程度,包括定量审查和定性审查。例如,法治评估的测量对象是“法治”,如果测量的是“法制”或“民主”,效度就要大打折扣。

(3)内部一致性(coherence)审查。这是针对法治指标下属的各个指标而言的。法治指标属于聚合性指标,各个指标分别从不同的方面代表一个概念,相互之间应该高度一致、具有正相关性,否则所代表的就不是同一个事物了。内部一致性审查的方法是各种相关系数(correlation coefficient),如皮尔逊相关系数、克隆巴赫系数等。其中,克隆巴赫系数可以同时检验信度和指数的内部一致性程度。

(4)稳健性(robustness)审查。在指数的计算过程中,缺失值的插补、权重的分配、计算方法等都是选择的结果;如果改变某一选择,指数得分和排序就会变动;如果不同比较对象的排序变动较大,那么这种指数排序就是不稳健的。各种敏感性分析(Sensitivity Analysis)方法,如蒙特卡洛试验(Monte-Carlo experiment)、多模型方法(multi-modeling approach)等,可以用

---

[1] 参见[美]萨尔金德:《爱上统计学》,史玲玲译,重庆大学出版社2011年版,第70~75页。

[2] 参见[美]艾尔·巴比:《社会研究方法》(第11版),邱泽奇译,华夏出版社2009年版,第146~147页。

来进行稳健性审查。世界正义工程的法治指数就接受了这种审查,结果被证明有着很高的稳健性。[1]

(5)外部一致性审查。这是针对各类法治指数之间的关系而言的。因为从事法治评估工作的并非仅有一家,如果各方对于同一国家或地区的法治的测量结果相差太大,那么必定有一方或几方的测量有问题,同一事物不可能表现出反差太大的多种结果。审查的方法包括定性审查和定量审查,后者主要采取相关系数的审查方法。世界正义工程法治指数的定性审查参考了联合国、自由之家和大赦国际的相关报告;定量审查则参考了全球廉正、自由之家、全球竞争力报告、世界银行的全球治理指标和营商环境指数、透明国际的腐败感知指数等 50 种指数,比较结果显示:78% 的指标有着正相关性和统计显著性,52% 的指标高度相关。[2] 这些都表明世界正义工程的调查数据与其他数据在很大程度上是一致的。

(二)评价法治:定性评估

法治测量有一套比较固定而标准的方法论,而法治评价的方法却灵活多样,在很大程度上依赖于评估者。只有专业人士才可以担当定性的评估者。自由之家、贝塔斯曼、全球廉正的评估者均是相关领域的专家。美国国际开发署更是明确规定了评估者的具体条件,例如,评估组负责人必须是被评估国家的侨民、充分了解被评估国的政治法律制度、是法治发展领域的专家、至少有 10 年以上的援助项目工作经验、拥有杰出的组织和协调能力、通晓英语,等等;评估组成员有两位,一位是侨民,至少需拥有 5 年以上的援助工作经验,另一位是评估国的专家,必须是法律专家、政治学家、公共部门管理专家或研究者,必须充分了解评估国的政治法律情况,至少有 3 年以上的

---

〔1〕 See Michaela Saisana and Andrea Saltelli, "The Joint Research Centre audit on the WJP Rule of Law Index", in *the WJP Rule of Law Index* 2014, pp. 192 – 196.

〔2〕 See Juan C. Botero and Alejandro Ponce, "Measuring the Rule of Law", *The World Justice Project-Working Papers Series* No. 001, 2011, p. 25.

工作经验,等等。[1]

与法治测量相比,法治评价不要求明确界定法治的内涵。法治测量需要将法治的内涵分解为一个个具体细微的变量,指标可以一再地分解为一级指标、二级指标、三级指标乃至四级指标,最终形成的指标有几十个乃至上百个;法治评价不要求对法治理念进行操作化界定,更不要求分解出具体的变量指标,只需要表达出法治的价值、理念或原则、标准即可。美国国际开发署仅仅提供了法治的5个价值理念:"秩序与安全""合法性""制约与平衡""公平""法律的有效执行"。自由之家"世界自由"和"十字路口上的国家"的法治指标也仅仅分解为4个标准,就不再进一步细分了。由于法治评价要求专家担任评估者,而专家对于"法治是什么"心中有数,因此也不必对法治进行非常细致的界定。

评价的方法可能需要数据作为参考依据,但是不完全依赖于数据的收集,而是包括文献审查、访谈等。文献审查是最优先使用的一种方法,贝塔斯曼、自由之家、全球廉正等都采取了这种方法。文献审查需要搜集所有与评估相关的文件,包括背景资料、研究论著、统计数据等,从中掌握被评估国的历史背景和现实情况,据此可以作出定性判断。该方法可以最大限度地节省成本,最为经济,但是也存在一些问题,如文献残缺不全、文献记载反映不了真实情况,等等。为了弥补文献审查方法的缺陷,需要评估者亲身调查、访谈,以获得第一手资料。访谈需要更高的技巧,诸如如何确定访谈对象、如何使其愿意接受访谈、如何从访谈中获取宝贵而真实的信息等问题,都要求评估者具备丰富的经验和很高的技能。

法治评价最终以文字报告的形式展现。这需要评估者具备很高的写作技能和专业技术。与定量评估报告相比,定性评估报告的撰写要困难得多。定量报告的核心内容是数据的展示,通过各种定量指标,如腐败的程度、犯

---

〔1〕 See USAID, *Morocco Rule of Law Assessment*, Final Report, 2010, pp. 49 - 50.

罪率、诉讼率、司法救济的及时程度、各种权利受到保障的程度等，来反映法治各个方面的情况；相关的文字围绕着数据而展开，要求精练、浓缩，不应有太多的细节，以免冲淡主题。定性报告的主体内容是文字，评估者在调研和访谈的过程中会收集、记录很多的文字材料，如各种法律案例、各种法律职业者的情况、受访者对腐败的了解感知等，因而必须要对各种文字资料进行压缩——与数据相比，文字资料是很难压缩的。此外，作为一种社会科学成果，定性报告不能有太多的个人主观色彩，需要充分介绍评估的背景、资料收集和评估的过程，使读者接受评估者的观察和结论，保障评估结果的真实性。

第二章
中国法治评估的发展与现状

中国的法治评估运动，既受到国际的影响，也有着自己的特点。国际法治评估的诞生主要由经济学家推动，非政府组织开展的"第三方评估"是主力军；中国法治评估最初由法学家、社会学家和管理学家启动，[1]之后众多法学家成为"主角"，党和政府本身对于法治评估有着很大的热情，在很大程度上主导了中国法治评估的发展。不同的知识背景、不同的推动主体，使得中国法治评估"从0到1"的过程别具风格。本章将回顾中国法治评估诞生以来的发展历程，研究其背景渊源、发展动力与评估类型，然后论述评估实践背后的理论基础、评估指标与评估方法，最后基于中国法治评估的现状和问题提出未来的发展建议。

---

〔1〕 中国最早开展城市法治评价的"城市法治环境评价体系与方法研究"课题组，成员绝大多数来自管理学界和实务界，课题组负责人是时任中国人民公安大学警察管理系主任的王光教授。最早开始研究法治建设指标的仇立平教授，则来自上海大学社会学系。

一、中国法治评估的诞生背景与类型

中国自1978年党的十一届三中全会以来,开始建立健全"社会主义法制"。从此以后,法律在国家治理体系中的地位不断跃升,在1997年成为基本治国方略,此后又不断地得到强调和重视。在这样一种"从法制到法治"的发展历程中,有五股动力导致了中国法治评估运动的诞生与发展。

第一,普法运动。社会主义法制建设首先需要立法,而新法若要得到充分遵行,需要各个守法主体知晓它们。所以,在20世纪80年代,轰轰烈烈的法制宣传教育——普法运动在中国兴起。1985年11月中共中央、国务院批转了中央宣传部、司法部《关于向全体公民基本普及法律常识的五年规划》,全国人大常委会表决通过了《关于在公民中基本普及法律常识的决议》,波澜壮阔的普法运动从此在神州大地拉开帷幕,至今兴盛不衰。普法运动对于中国法治评估的影响非常深远,其贡献表现在三个方面:首先是1986年以来"依法治理"观念的传播和实践的开展,为依法治国方略的提出和实施进行了有益的尝试;[1]其次是1994年以来一系列中央政治局法制讲座的举行,特别是1996年依法治国讲座,对于依法治国基本方略的最终出台发挥了直接的影响作用;最后是2008年以来全国普及法律常识办公室开展的"全国法治县(市、区)"创建活动及其考核工作,直接激励了无锡法治评估、昆明法治指数、成都法治评估等著名事例的诞生,掀起了全国范围内的第一波法治评估运动。

第二,学术界的研究与倡导。中国法学界对于中国法治评估的推动是非常显著的。法治研究自改革开放以来一直是中国法学界的热点,可以说

---

〔1〕 1986年辽宁省本溪市率先提出"依法治市",此后一大批城市先后响应,中央军委和一些企业也提出"依法治军""依法治厂""依法治企"等要求。参见王称心主编:《依法治理评价理论与实践研究》,中国法制出版社2006年版,第102~103页。

是长盛不衰,其发展经历了“正名法治”“定义法治”“量化法治”3 个阶段。[1] “正名法治”是指改革开放以来直至 1997 年的这一时期,学术研究的主要旨趣在于确立法治的价值正当性,其标志性事件是 1979 ~ 1982 年中国法学界围绕着“法治与人治”问题而展开的广泛争鸣,最终“要法治、不要人治”的观念胜出;法律的本质、法治与法制的区别也得到了深入研究。[2] 第二个阶段的研究出现于 1997 年法治成为治国方略之后,关于法治的各种界定大量涌现。2002 年前后,在政府的委托或支持下,北京市和上海市等地的一些学者开始了“量化法治”的研究工作,以具体推动法治建设实践,法治评估正是借助理论研究的推动和支持而诞生。推动法治理论从“定义法治”到“量化法治”的转化手段,则是社会指标理论。中国学术界早在 20 世纪 80 年代和 20 世纪 90 年代就借鉴了国外的各种社会指标理论,并开始了法律指标的研究。法治的量化离不开指标,社会指标的理论研究,为中国“量化法治”的顺利开展提供了方法论支持。

法学界不仅为法治评估提供智识保障,而且身体力行地发起各种评估,直接影响法治实践。浙江大学钱弘道教授组织评估的“余杭法治指数”是一个典型。[3] 中国人民大学法治评估研究中心朱景文教授组织的“中国法律发展评估”,从 2005 年一直持续到今天,至今已经出版了 10 本《中国法律发展报告》,对中国的立法、法律实施、法律职业、法学教育与研究、法治政府、中国整体法治和 28 个省、自治区、直辖市的法治进行了全面评估。[4] 2018

---

[1] 参见张志铭、于浩:《共和国法治认识的逻辑展开》,载《法学研究》2013 年第 3 期。

[2] 同上。

[3] 参见钱弘道等:《法治评估的实验——余杭案例》,法律出版社 2013 年版。

[4] 这些成果分别是:《中国法律发展报告:数据库和指标体系》《中国法律发展报告 2010:中国立法 60 年》《中国法律发展报告 2011:走向多元化的法律实施》《中国法律发展报告 2012:中国法律工作者的职业化》《中国法律发展报告 2013:中国法学教育与研究》《中国法律发展报告 2014:建设法治政府》《中国法律发展报告 2015:中国法治评估指标》《中国法律发展报告 2016:基于九个省数据的法治指数》《中国法律发展报告 2018:2015—2017 年中国法治满意度评估》以及《中国法律发展报告 2019》(最后一本书,在本书完稿时尚未出版,正在编写中)。

年还出版了英文版的《中国法治指数》,[1]向国际介绍中国的法治状况和法治成就。中国社会科学院法学研究所从2009年开展法治的量化评估工作,开发出了政府透明度指数、司法透明度指数、检务透明度指数、海事司法透明度指数、立法透明度指数、警务透明度指数、地方人大立法指数、四川依法治省评估指数、深圳前海自贸区法治评估指数、"基本解决执行难"评估指标体系,等等,受到各级政府和司法机构的高度关注,蓝皮书一发布就会形成热点舆情。[2] 2010年中国政法大学法治政府研究院设立了"中国法治政府奖",2013年开展了独立的法治政府评估。2013年中国行为法学会和中南大学联合主办了"中国法治实施报告"项目。2014年中国政法大学司法文明协同创新中心开始编制"中国司法文明指数",2015年首次发布。2018年西南政法大学地方立法中心研发了"地方立法质量评估指标体系"和"地方立法程序评估指标体系",并于同年发布。此外,东南大学法学院也成立了中国法治发展评估研究中心,研发刑事法治指数、反腐败法治指数等。华东师范大学法学院也开展了"中国营商环境评价指数研究"。上述这些源自法学界的评估,已经对中国相关制度建设和法律完善产生了积极的直接影响。未来,随着法学界各类法治评估的持续开展,学界对于实践的影响会越来越显著。

第三,国际法治评估和香港法治指数。国际法治评估最早出现于20世纪90年代,最初并没有直接对中国法治评估产生影响。2004年我国香港特别行政区一个非政府组织在借鉴国际评估经验的基础上,推出了香港法治指数。[3] 2006年中国内地第一个法治指数——余杭法治指数借鉴了香港

---

[1] See Zhu Jingwen editor, *China's Rule of Law Index*, USA, William S. Hein & Co., Inc. & Wells Information Services Inc., 2018.

[2] 参见田禾、吕艳滨主编:《中国法治发展:成效与展望(2002~2016)》,社会科学文献出版社2017年版,"丛书序",第3页。

[3] 参见戴耀廷:《香港的法治指数》,载《环球法律评论》2007年第6期。

特别行政区法治指数，[1]并产生了强烈的反响。2008 年世界正义工程的成立及其持续性的法治测量工作，受到中国法学界的广泛关注和热烈讨论，[2]以至于谈及国际法治评估必然离不开世界正义工程法治指数。该指数的指标体系、测量方法等为各种法治指数所参照借鉴，中国政法大学"司法文明指数"、中国人民大学"中国法治指数"的创立，都参考了世界正义工程法治指数。世界银行的营商环境指标对于中国的影响更是深刻，近年来国务院和各级政府都主动要求"对接世界银行营商环境指标"，该指标可谓是迄今为止对中国政府影响最大的国际指标，没有之一。

第四，法治政府建设的目标。2004 年国务院颁布的《全面推进依法行政实施纲要》提出，"经过十年左右坚持不懈的努力，基本实现建设法治政府的目标"。为了推动该目标的实现，2006 年时任国家行政学院副院长袁曙宏教授提出了"构建法治政府指标体系的设想"。[3] 此后，深圳市政府法制办、市法制研究所经过近两年的研究拟出了《深圳市法治政府建设考评指标体系》，并于 2008 年推出。该指标体系是全国第一个法治政府量化评估体系，一经公布即引起巨大反响。2009 年 4 月湖北省政府与国务院法制办签署了《关于共同推进湖北省法治政府建设和武汉城市圈"两型社会"建设的合作协议》，商定"共同研究制定湖北省建设法治政府的指标体系"，同年 11 月湖北省政府推出了全国第一个省级法治政府指标体系。此外，2009 年国务院法制办组织起草了《关于推行法治政府建设指标体系的指导意见（讨论

---

[1] 参见钱弘道等：《法治评估的实验——余杭案例》，法律出版社 2013 年版，第 71 页。

[2] 参见张保生、郑飞：《世界法治指数对中国法治评估的借鉴意义》，载《法制与社会发展》2013 年第 6 期；鲁楠：《世界法治指数的缘起与流变》，载《环球法律评论》2014 年第 4 期；孟涛：《法治的测量：世界正义工程法治指数研究》，载《政治与法律》2015 年第 5 期；张琼：《法治评估的技术路径与价值偏差——从对"世界正义工程"法治指数的审视切入》，载《环球法律评论》2018 年第 3 期。

[3] 袁曙宏：《关于构建我国法治政府指标体系的设想》，载《国家行政学院学报》2006 年第 4 期。

稿)》,不过该讨论稿原则性较强且略显空洞,没有为各地广泛接纳。[1] 党的十八大之后,法治政府建设进一步提速,各类法治政府评估也得到了大规模开展。

第五,执政党全面推进法治中国建设的顶层设计和整体推动。相比于其他动力,这一动力的影响范围和影响力度几乎是前所未有,把中国的法治评估推向了全面大发展阶段。2013 年党的十八届三中全会提出"建立科学的法治建设指标体系和考核标准",2014 年党的十八届四中全会专题研究了全面推进依法治国重大问题,提出"把法治建设成效作为衡量各级领导班子和领导干部工作实绩重要内容,纳入政绩考核指标体系"。这些顶层设计,使法治评估正式成为中国治国理政的重要方式。如今,全国几乎所有省级政府都开展了法治政府建设专项考核,或将其纳入党委、政府组织的本地区经济社会发展综合考核指标体系。

在上述五种动力的推动下,中国大陆的法治评估呈现出百花齐放、多姿多彩的燎原之势。政府与学界或独立或联合地推出了众多评估方案,令人目不暇接。不过,我国大多数法治评估都有着高度的相似性,特别是各种"法治建设"评估,它们大都由中央机构统一部署,各地相互学习借鉴。此外,中国还有一种法治评估,针对"法治环境",既评估法律制度环境,也评估法律之外的背景条件,如政治环境、经济环境、社会环境、文化环境等,以及法律环境与其他环境的混合——营商环境。我们可以把中国法治评估归纳为两大类型:法治环境评估、法治建设评估(包括法治政府评估)。

法治环境评估最早由学术界实施,最初出现的是 2002 年北京市学者从事的"城市法治环境评价"。2005 年广东省依法治省工作领导小组办公室委

---

[1] 参见国家行政学院课题组:《法治政府指标体系与作用》,载《中共天津市委党校学报》2014 年第 2 期。

托广东商学院法学专业的师生进行了“广东省法治环境调查”;〔1〕浙江省湖州师范学院法商学院的学者对湖州的法治环境进行了评估。〔2〕2010 年云南昆明市政府发布的《法治昆明综合评价指标体系》,本质上也属于这类评估——该体系由“法治的社会环境指标”“法治的制度环境指标”“法治的人文环境指标”3 个一级指标系统组成。上述的这些法治环境事例都给出了最终评估结果。此外,学者们还提出了一些法治环境评估设想,如贵州省社科院学者提出的贵州法治环境评估、〔3〕中国政法大学学者提出的“法治国情指数”,〔4〕等等。法治环境评估的“风头”一度被法治建设评估压倒,但是 2017 年以后,以营商环境评估形式表现出来的法治环境评估再度兴起。

法治建设评估最初也由学术界提出,主要针对各种法律制度的建设,除了著名的法治政府评估以外,还包括立法、司法、法治社会、党内法规等领域。法治建设评估最早由学术界受政府的委托而提出,如上海的“法治建设指标体系理论构想”、〔5〕北京的“法治建设状况综合评价指标体系研究”。〔6〕中国内地的第一个法治指数“余杭法治指数”也属于这一类:其指标体系选自《中共杭州市余杭区委关于建设法治余杭的意见》,本身就服务于“建设法治余杭”的目标。2008 年之后,一些地方政府大力推行这类评估,如四川成都的法治城市创建测评工作、江苏无锡的法治城市创建评估活动等。此外,湖南大学学者所从事的“法治社会建设评价”也属于这一类型。〔7〕党的十

〔1〕参见邓世豹主编:《中国法治进程调查报告 2005——以广东省法治环境调查为例》,法律出版社 2006 年版。

〔2〕参见殷国伟、穆方平:《论“法治浙江”的法治环境评价体系——以湖州市法治环境评价为个案》,载《湖州师范学院学报》2006 年第 6 期。

〔3〕参见张帆、吴大华:《论我国地方法治环境生成评估指标体系的设计——以贵州省为例》,载《法制与社会发展》2013 年第 3 期。

〔4〕蒋立山:《中国法治指数的理论设计问题》,载《法学家》2014 年第 1 期。

〔5〕仇立平:《上海法治建设指标体系的理论和构想》,载《社会》2003 年第 8 期。

〔6〕王称心、蒋立山主编:《现代化法治城市评价——北京市法治建设状况综合评价指标体系研究》,知识产权出版社 2008 年版。

〔7〕参见许涤龙、欧阳胜银:《法治社会建设评价指标体系构建与初步分析》,载杜钢建主编:《法治湖南与区域治理研究》(第 3 卷),世界图书出版公司 2011 年版,第 64 ~ 77 页。

八大之后,随着“全面依法治国”纳入“四个全面”战略布局,成为新时代中国特色社会主义建设的基本方略,法治建设评估成为中国法治评估的主要类型。

二、中国法治评估述评:原理、指标与方法

法治评估是法治理论的一场革命,它一改法治理论抽象玄虚的传统形态,使其与客观现实结合起来,变得可以测量或感知。法治评估是跨学科的产物:国际法治评估是法治理论与新制度经济学、评估研究方法的结合产物,中国的法治评估同样也是法治理论与社会指标理论、绩效评估方法等共同作用的结果。由于理论方法的不同,国际评估多以附属性的“法治指数”形态出现,而中国法治评估特别强调指标体系的构造设计。下面将具体研究中国法治评估的基本原理、指标体系和评估方法。

(一)基本原理

从理论渊源来看,为中国法治评估奠定基础的理论主要有三种:中国特色社会主义法治理论、社会指标理论和绩效评估方法。这三类理论分别来自法学界、社会学界和管理学界,都颇有中国特色。此外,有的学者还采用了生态学的理论和方法,研究“法治环境”,[1]但是这种研究路径并没有为后来的研究者所遵循。因此,以下将论述三种主要基础理论的内容。

1. 中国特色社会主义法治理论

中国的法治评估由学术界和政府机构分别设计,尽管政府会邀请学者参与或征询学者的建议,但是两方设计出来的评估方案有着较大的差异。导致这一差异的基础就在于对于“法治”的不同认知。中国的法治建设可以追溯到1978年以来的社会主义法制建设,后者的建设要求是“有法可依、有法必依、执法必严、违法必究”。为具体落实法制建设,我国各类国家机构开

---

〔1〕 城市法治环境评价体系与方法研究课题组:《试论法治及法治环境的内涵》,载《中国人民公安大学学报》2002年第2期。

展了“形成中国特色社会主义法律体系”、“依法行政”、健全司法制度和司法行政工作、普及法律常识运动等持续性的系列工程；各级政府则是法制建设的主力军。当法治国家建设的新方略出台之后，一些地方政府仍然沿袭着法制建设的原有路径开展“法治建设”，也就是继续从立法、执法、司法、普法等不同的法制领域和法律工作着手推动，这一现象从政府制定的指标体系中就能看出来。在党的十八届四中全会之前，一些地方政府的“法治观”，依然停留为传统的“法制观”。

法学界的“法治观”相对超前，而且不拘泥于西方法治理论的条条框框，有着独特鲜明的中国色彩。中国法学界的法治理论虽然借鉴了西方的法治理论，但是有着不同的问题意识和理想追求，同时还受到中国古代先秦法家的思想、社会主义理论、市场经济观念、和谐社会与科学发展观等新思潮的影响。鉴于中华人民共和国成立之后的发展经验，改革开放以来中国法学界的法治理论为了凸显法治的特殊性，还刻意区分了“法治”与“法制”——这一区别在西方法治理论中极其罕见。在“破除旧思想”的同时，中国法学界也一直在探讨“法治是什么”。从法学界设计的法治指标和评估研究来看，法治评估所立足的法治理论大都属于社会主义法治理论。[1]“社会主义”是一种复杂的综合性理论，涉及政治、经济、社会、文化等各个领域；“社会主义法治理论”因此也包括了民主政治、市场经济、社会公正有序、公民素质等法律之外的内容；这种对于“法治”的宽泛理解，明显不同于国际法治评估，后者的理论基础起源于新制度经济学，法治隶属于“经济自由”“治理”等制度范畴之内，内涵较窄。

党的十八届四中全会提出了“中国特色社会主义法治体系”，为统一中国的法治建设和法治思想奠定了基础。“中国特色社会主义法治体系”包括

---

〔1〕也有的研究从“形式法治”和“实体法治”的角度来界定法治，但是最终界定出的“法治环境”，又落入广义上的社会主义法治理论范畴。参见城市法治环境评价体系与方法研究课题组：《试论法治及法治环境的内涵》，载《中国人民公安大学学报》2002 年第 2 期。

5个方面的内容:完备的法律规范体系、高效的法治实施体系、严密的法治监督体系、有力的法治保障体系、完善的党内法规体系。党的十八届四中全会通过的《中共中央关于全面推进依法治国若干重大问题的决定》,为中国之后的法治建设进行了全面而细致的布局。之后,我国各级党政机构和学界发起的一些法治评估,就以这一体系为根据而展开,例如,中国人民大学法治评估研究中心的法治评估体系就是典型。中国的法治体系有着非常鲜明的特点,最突出的表现就是吸纳了党内法规体系,形成了"国法"与"党规"二元并存的法治体系,这在全世界绝无仅有。此后,2016年11月我国在北京市、山西省、浙江省开展国家监察体制改革试点,2018年3月全国各级监察委员会全部组建完毕,并且对《宪法》进行修改、通过《监察法》,使我国的国家制度发生了重大变化,对中国的法治建设产生了深远的影响。中国的监察制度也是举世无双的,与国外流行的"Ombudsman"制度不可相提并论。总之,由于中国独特的国家制度和法律制度,中国的法治理论注定特色鲜明,针对中国的法治评估必然要考虑到这些。

2. 社会指标理论

不管各种法治评估所立足的法治理论或法治观念差异多大,绝大多数都基于同一个评估理论。曾有个别研究声称立足于"社会评价"理论,然而社会评价并不是一种确定的社会学方法,而是有着不同的理解和定位,如被定位为社会趋势研究、社会舆论、社会调查等。[1] 在评估理论方面,最受中国内地各界普遍认同的,就是著名的社会指标理论。该理论出现于20世纪60年代的美国,由经济学家、社会学家、统计学家和管理学家共同发起;20世纪80年代初期,社会指标理论被介绍到中国,[2]引发了中国学者的浓厚兴

---

〔1〕 参见王光主编:《城市法治环境评价体系与方法研究》,中国人民公安大学出版社2004年版,第17~20页。

〔2〕 代表性文献,参见秦麟征:《关于美国的社会指标运动》,载《国外社会科学》1983年第2期。

趣。[1] 20 世纪 90 年代中国对于社会指标的研究陷入低潮，21 世纪以来随着各种评估、考核运动的兴起，社会指标再度引发了包括法学界在内的众多学界的广泛关注，并成为法治评估的主要理论渊源之一。相关的社会指标著作，如社会学者朱庆芳和吴寒光主编的《社会指标体系》受到了普遍的征引。[2] 此外，朱景文教授于 1994 年介绍的美国"法律指标理论"，[3]也成为一些法治评估的重要参考。[4]

中国最流行的社会指标理论是客观指标和主观指标理论。客观指标是对某一客观事实的反映，如诉讼数量、犯罪率、每万人所拥有的法官数量，等等。最早出现的"法律指标"，如 1968 年美国学者伊万（W. M. Evan）设计的 7 个法律指标，[5]全部是客观指标。主观指标则是在欧美国家民意研究的基础上发展起来的，[6]反映人们对客观社会现象的感受，也称为感觉指标，如幸福感、安全感、满意度等。国内最早出现的北京城市法治环境评价指标研究，就采取了这种分类。2006 年第一个提出"法治政府指标"设想的袁曙宏教授，也主张由客观指标和主观指标共同组成法治政府指标体系。[7] 中国特别青睐客观指标，设计指标体系倾向于以客观指标为主、主观指标为辅。这种做法与国际法治评估的指标类型恰恰相反：国际法治评估的指标

---

[1] 代表性著作，参见郑杭生、李强、李路路：《社会指标理论研究》，中国人民大学出版社 1989 年版。

[2] 参见朱庆芳、吴寒光：《社会指标体系》，中国社会科学出版社 2001 年版。

[3] 参见朱景文：《现代西方法社会学》，法律出版社 1994 年版，第 43～45 页。

[4] 例如，王称心、蒋立山主编：《现代化法治城市评价——北京市法治建设状况综合评价指标体系研究》，知识产权出版社 2008 年版，第 18～19 页；戢浩飞：《法治政府指标评估体系研究》，载《行政法学研究》2012 年第 1 期。

[5] 参见朱景文：《现代西方法社会学》，法律出版社 1994 年版，第 43～45 页。

[6] 参见李莹：《国内主观社会指标研究概述》，载《前沿》2009 年第 6 期。

[7] 参见袁曙宏：《关于构建我国法治政府指标体系的设想》，载《国家行政学院学报》2006 年第 4 期。

体系绝大多数是主观指标。[1]

除此之外,中国学者还提出了其他类型学划分。运用较多的一种是肯定性指标、否定性指标、中性指标或正向指标、逆向指标、适度指标,[2]肯定性、正向指标是说明法律正常、合理运行的指标,否定性、逆向指标是说明法律运行恶化或妨碍法治的指标,与上述二者没有直接关联的则属于中性、适度指标。其他类型的指标划分,还有本体性指标、运行性指标,观察性指标、计划性指标,描述性指标、评价性指标,[3]以及制度性指标、行为性指标、系统性指标、效果性指标。[4] 这些类型的指标划分颇有创新色彩,但是不符合统计学上的科学分类。在统计学理论中,除了客观、主观指标的类型理论以外,还有其他三种重要分类:[5]一是定性、定量指标,前者以文字、符号或数字表示,不能进行数学计算,如性别、质量等级等,后者以数值表示,可以进行数学运算;二是投入、过程、产出、效果指标,它们分别反映社会系统运行的不同阶段;三是聚合指标、非聚合指标,前者是众多指标的最终合成产物,如法治就是典型的聚合指标,而抢劫罪的数量就是非聚合指标。后文还会提出中国法治指标的未来发展建议。

3. 绩效评估理论

绩效评估是全世界范围内应用最广的评估方法之一,它最初出现于企

---

〔1〕 See Daniel Kaufmann, Aart Kraay, Massimo Mastruzzi, "The Worldwide Governance Indicators: Methodology and Analytical Issues", *Hague Journal on the Rule of Law* 3, 2011, pp. 224 - 225. Juan C. Botero and Alejandro Ponce, "Measuring the Rule of Law", *The World Justice Project—Working Papers Series* No. 001, 2011, pp. 39 - 54.

〔2〕 参见王称心、蒋立山主编:《现代化法治城市评价——北京市法治建设状况综合评价指标体系研究》,知识产权出版社2008年版,第177~211页;许涤龙、欧阳胜银:《法治社会建设评价指标体系构建与初步分析》,载杜钢建主编:《法治湖南与区域治理研究》(第3卷),世界图书出版公司2011年版,第73~74页。

〔3〕 参见王称心主编:《依法治理评价理论与实践研究》,中国法制出版社2006年版,第167~168页。

〔4〕 参见杨小军、宋心然、范晓东:《法治政府指标体系建设的理论思考》,载《国家行政学院学报》2014年第1期。

〔5〕 参见伍业锋:《统计指标的概念、角色及其抽象》,载《暨南学报》(哲学社会科学版)2011年第5期。

业管理领域,20 世纪 60 年代以后开始应用于公共部门;到了 20 世纪 70 年代末期以后,在英国撒切尔政府和美国里根政府发动的政府改革浪潮中,绩效评估得到了大规模的适用,成为席卷西方的“新公共管理运动”的主要内容之一。[1] 20 世纪 80 年代中期以来,中国政府在“目标责任制”之下开始采纳绩效管理,[2]逐渐形成了中国特色的绩效管理方式;绩效评估越来越成为中国政府的一项管理“法宝”。如上所述,中国的法治评估是由政府和学术界发动的。对于政府而言,法治建设是其承担的目标任务之一,而且是党中央、国务院自上而下推动的;通过绩效评估的方式推行法治建设,是政府法治评估的不二选择。对于法学界而言,法律评估是一项全新的课题,没有现成可用的法学方法,在这种背景下,绩效评估就被一些法学界的研究采用。例如,北京市法治建设状况综合评价指标体系课题组借鉴了中国人事科学研究院的政府绩效评估方法;[3]中国政法大学开展的“中国法治政府评估项目”研究,在很大程度上立足于此前“政府绩效评估指标体系”的研究基础。[4]

中国法治评估对于绩效评估的借鉴,主要有 6 个方面:第一,继承了绩效评估的“内向性”:评估主要是政府内部的行为、社会参与较少,评估结果也为政府“内部消费”,绝大多数不对外公开。[5] 第二,秉持了绩效评估的“单向性”:是一种上级对下级的评估;虽然法治评估都是由各地政府和学者所发起的,但是评估的目的却是响应中央或上级政府的任务要求。第三,遵循了绩效评估的“控制取向”:着眼于推动目标措施的执行、监督控制下级政府

---

〔1〕 参见朱广忠:《西方国家政府绩效评估:特征、缺陷及启示》,载《中国行政管理》2013 年第 12 期。

〔2〕 参见周志忍:《政府绩效评估中的公民参与:我国的实践历程与前景》,载《中国行政管理》2008 年第 1 期。

〔3〕 参见王称心、蒋立山主编:《现代化法治城市评价——北京市法治建设状况综合评价指标体系研究》,知识产权出版社 2008 年版,第 78 ~ 79 页。

〔4〕 参见马怀德主编:《政府绩效评估指标体系研究报告》,中国政法大学出版社 2010 年版。

〔5〕 参见周志忍:《公共组织绩效评估:中国实践的回顾与反思》,载《兰州大学学报》2007 年第 1 期。

或机构。第四,沿袭了中国绩效评估特有的"目标管理"做法:法治评估首先确立几条原则性的大目标,然后将其一一分解为各个具体的目标,对最终分解出的各个具体目标实施情况进行监测和考核,在此基础上予以评估打分,最后汇成一个总的得分。第五,模仿了绩效评估中的"满意度调查"。所谓"满意度"是社会公众的满意度,是政府主观绩效的唯一表现,因为政府管理的最终目标就是让公民满意。这种做法也被多数中国法治评估采纳,形成了全世界独一无二的"法治满意度调查"。第六,学习了绩效评估"主次分明"的权重分配方法:政府的工作内容繁多,不可能"眉毛胡子一把抓",必然要分轻重缓急,把"中心工作"放在第一位,因此"中心工作"的考核权重最大,各个指标的权重高低有别,这与国际法治评估指标权重均等的做法截然不同。

(二)评估指标

法治指标是最受中国政府和学者重视的评估内容,如何设计出一个充分合理的指标体系,是令众多评估者冥思苦想的难题。如今我国已经出现了很多评估指标体系,每一个评估事例都有自己独特的指标。下面将基于法治环境评估与法治建设评估两大类型,论述迄今公之于众、有着较大影响或重要学术价值的指标体系。

1. 法治环境评估指标

这种类型的评估指标,注重考察法治的效果,侧重于选择客观指标。这里以我国最早出现的四个法治环境指标体系为例予以说明。第一个指标体系是2002年的北京市城市法治环境评价体系,研究人员依照科学性原则、典型性原则、可操作性原则、可比性原则、指标属性明确原则,[1]最后刷选出了15个客观指标,其内容和结构见表2-1:[2]

---

[1] 参见王光主编:《城市法治环境评价体系与方法研究》,中国人民公安大学出版社2004年版,第65~70页。

[2] 同上书,第74页。

表 2－1 北京市城市法治环境指标体系

	立法	执法与司法	投入	公民权利保障
存量	法规、规章总量(万件)年制定、变更及废止法规、规章数(万件)	法院一审人均年收案数	人均年政法经费数 人均诉讼费	信访案件总量 人均年行政诉讼案件总量 万人律师数
质量		法院二审改判、发回重申案件占总收案数的比例		
结构		法院年强制执行案件数 法院年申请强制执行案件数		离婚率
变动度		法院年收案数增长率		行政诉讼案件年增长率

第二个指标体系是 2005 年以来学者设计的浙江湖州法治环境指标体系，由立法、执法、司法 3 个“法治基本要素”以及法治意识和监督机制 2 个要素共同组成，共有 5 个一级指标，全部是主观指标，内容见表 2－2：[1]

表 2－2 浙江湖州法治环境指标体系

一级指标	二级指标
规范性文件(立法)	合法性；针对性；稳定性；公开性
行政执法	依法执行；执行程序；行政侵权；国家赔偿
公正司法	法官独立；审判公开；法官业务水平；法官职业道德
公民法律意识	权利主体意识；法律信仰；公民守法；普法教育
监督机制	人大监督；民主党派监督；舆论监督；群众监督

第三个指标体系是 2010 年云南昆明市法治昆明建设领导小组办公室组织专家设计的《法治昆明综合评价指标体系》，本质上也是一个法治环境指标体系，由客观指标和主观指标共同组成，其内容见表 2－3：

〔1〕 参见殷国伟、穆方平：《论“法治浙江”的法治环境评价体系——以湖州市法治环境评价为个案》，载《湖州师范学院学报》2006 年第 6 期。

表2-3 法治昆明综合评价指标体系

一级指标	二级指标	三级指标	权重
法治的社会环境综合指标(20)	1. 社会安全(7)	(1)万人刑事案件立案数(件)	2
		(2)万人交通事故死亡数(人)	1
		(3)万人拥有警察量(名)	1
		(4)年一审公诉案件数(件)	1
		(5)亿元GDP安全事故死亡率(%)	2
	2. 市场有序(6)	(6)价格由市场决定的程度(%)	2
		(7)偷税户数占辖区管户的比率(%)	2
		(8)年商品质量抽检合格率(%)	2
	3. 社会廉治(3)	(9)年贪污、贿赂和渎职案件数(件)	3
	4. 法律资源(4)	(10)万人拥有律师数(名)	2
		(11)万人拥有人民调解员数(名)	1
		(12)年人均法律援助经费数(元)	1
法治的制度环境综合指标(65)	5. 依法执政(6)	(13)党委决策机制健全程度	3
		(14)党风廉政建设和反腐败工作成效	3
	6. 民主政治(6)	(15)公民参与选举成效	2
		(16)政治协商成效	2
		(17)基层民主建设水平	2
	7. 规范立法(6)	(18)科学立法水平	3
		(19)民主立法水平	3
	8. 依宪行政(23)	(20)科学决策机制健全程度	4
		(21)规范性文件管理制度健全程度	4
		(22)规范执法水平	6
		(23)政务信息公开	4
		(24)行政救济情况	5
	9. 公正司法(10)	(25)审判公正与效率水平	5
		(26)检控效率水平	5

续表

一级指标	二级指标	三级指标	权重
法治的制度环境综合指标(65)	10. 法治宣传教育(8)	(27)法治宣传教育的覆盖水平	4
		(28)法治宣传教育工作方式和载体创新	4
	11. 法律监督(6)	(29)人大监督效果	3
		(30)司法监督效果	3
法治的人文环境综合指标(15)	12. 公众评价性指标(5)	(31)政府治理能力评价指数	5
	13. 公众体验性指标(10)	(32)社会安全感指数	5
		(33)对昆明法治环境的满意指数	5

第四个指标体系是2013年贵州省社科院学者提出的指标体系,其设计借鉴了国内外既有的评估指标,同时又立足于《贵州省2012年度依法行政考核指标体系》、法院案件质量评估指标体系和贵州省法治化建设的实际情况,由客观指标和主观指标共同组成,其结构见表2-4:[1]

表2-4　贵州法治环境指标体系

一级指标	二级指标
地方立法评估指标	立法科学合理性和可适用性强度;立法的项目立项;立法的起草与听证工作;立法审议与公布;立法实施后评估
地方执法评估指标	机构和职权法治化;行政执法法治化;行政监督法治化
地方司法评估指标	司法公正与高效;司法人员胜任与规范管理;司法资源充分合理分配
法治效果评估指标	社会秩序;贵州民众对法治的满意度
法律资源指标	地方人民代表大会立法状况;公民参与地方民族立法情况;司法机关对公平公正的体系;普通民众权益保障和救济
法治发展潜力指标	对法治社会可能影响因素;对法治状况预期评介因素

除了上述指标外,2005年广东商学院师生曾受委托进行了"广东省法治环境调查",调查内容涉及公民法律素质、依法治国(省)信心度、人大制度建

〔1〕参见张帆、吴大华:《论我国地方法治环境生成评估指标体系的设计——以贵州省为例》,载《法制与社会发展》2013年第3期。

设、法治政府建设、司法环境、基层政权建设 6 个方面,[1] 没有确定具体的评估指标,属于一种不依赖指标的调查评估。还有学者提出了"法治国情指数",它由法治指标与背景指标(社会经济指标)两大类组成。法治指标包括法治职能指标、法治状况指标与法治满意度指标 3 项二级指标;背景指标包括人均 GDP 水平、城市化水平、基尼系数、城镇失业率、社会外来人口比例 5 项具体指标。[2]

从以上各种法治环境指标来看,它们都存在一个共性:都包括立法、执法、司法等法律制度的基本成分。有些评估指标在这些法律制度的基础上添加了"投入""监督机制""社会环境""人文环境""法治效果""法律资源"等其他内容。对于这些指标之间的关系,有的研究给出了解释,如北京法治环境评价指标体系认为:立法是法治的前提、执法是法治的体现、司法是法治的保障、监督是法治的"试金石"、公民法治意识是法治的基础。不过,从总体上看,不同种类的指标之间并不处于同一个层面上,如"立法"指标与"投入"指标的属性会发生重叠,"公民权利保障"可以是"执法与司法"的结果,法治的"制度环境""人文环境"与"社会环境"之间的相关性也很成问题。"法治环境"是一个事物,反映这个事物的各个指标之间应该具有相关性,不然所反映的就是多个事物了;各个指标之间也应该具有互斥性,不能相互重叠或有因果顺序。总之,上述各种法治环境评估指标体系,还有较大的改进空间。

法治环境评估,最初还保留着以法治效果测量和客观指标为主的特征,但是后来逐渐朝着法治建设评估和主观指标为主的方向发展,逐渐与法治建设评估相差无异。2011 年四川省司法厅发布的《四川省"法治指数"构成

---

〔1〕 参见邓世豹主编:《中国法治进程调查报告 2005——以广东省法治环境调查为例》,法律出版社 2006 年版,第 3 ~ 7 页。

〔2〕 参见蒋立山:《中国法治指数设计的理论问题》,载《法学家》2014 年第 1 期。

与法治环境评估体系》就反映了这一点。[1] 但是,2017 年以后,法治环境评估又借助“营商环境”评价的东风迅速复兴。2017 年 9 月北京市在全国率先出台了改革优化营商环境实施方案。2018 年营商环境成为国务院最关注的事情。2018 年 8 月 14 日国务院办公厅印发了《全国深化“放管服”改革转变政府职能电视电话会议重点任务分工方案的通知》,要求:2018 年年底前构建营商环境评价机制,在 22 个城市开展试评价;2019 年在各省(自治区、直辖市)以及计划单列市、副省级城市、省会城市、若干地级市开展营商环境评价,编制发布《中国营商环境报告》;2020 年建立健全营商环境评价长效机制,在全国地级及以上城市开展营商环境评价,定期发布《中国营商环境报告》,国家发展和改革委员会法规司牵头承担这一工作。在法学界,华东师范大学法学院于 2018 年 1 月成立“中国营商环境评价指数研究”课题组,成为全国第一个积极开创营商环境评估的法学院。从目前已公布的一些营商环境评估指标来看,法治(法制)环境都是不可或缺的一个指标,其他营商环境指标大部分也是法治环境指标,而且保持了法治环境评估注重法治效果和客观指标的风格。营商环境评估对于中国政府的影响非常大,本书将在最后一章专门予以研究。

2. 法治建设评估指标

这类指标为数众多,不少指标至今尚未公开,仅仅用于考核政府内部的建设工作。基于客观指标、主观指标的类型来看,可以把这类指标分为两个类型:客观指标为主的评估,主观指标为主的评估。从数量来看,主观指标为主的评估指标体系占据大多数。由于客观指标为主的评估体系数量较少、比较稀有,而且通过客观指标测量法治更为困难,本章将尽可能展示这些客观指标体系的内容。至于主观指标的评估体系,由于数量太多,而且被各种论著反复介绍研究,本书就尽量避免赘述,只择取几个典型的指标体系

---

[1] 该指标体系内容,参见周尚君主编:《法治定量:法治指数及其中国应用》,中国法制出版社 2018 年版,第 280~286 页。

予以说明。

(1)法治建设评估的客观指标体系

这类指标体系数量相对比较少。综合性的法治客观指标体系,目前公开出现的有四例,均由学者所设计。第一例出现于2003年,由上海大学社会学系仇立平教授设计,其内容见表2-5:[1]

表2-5　上海法治建设指标体系

一级指标	二级指标
立法指标	选民登记率;选民实际参加选举率;普通选民被合法推荐为区人民代表候选人的比率;人民代表参加接待选民的比率;执政党提案通过票数统计;执政党代表在人大提案人中比率和附议人数统计;执政党代表提案最终立案的比率;人代会议通过的法律案数;人代会议否决的法律案数;人代会议搁置的法律案数;人代会议通过法律案数的得票统计;人大提案中有关法制建设的比率;规范性文件合法性评价;人大立法数量年增长率;人大立法中由行政部门提出立法草案的比率;立法听证会一般市民参与的比率;立法听证平均次数;法律条文的可操作性;多党合作和政治协商;信访率和办结率(人大)
司法指标	信访率和办结率(司法);各类案件中上诉案件的数量和在一审中比率;上诉案件中胜诉、维持原判的比率;诉讼案件办结率;民事案件审结和复议比率;非沪属单位在沪提起诉讼和胜诉的比率;检察院纠正侦察违法数量及比率;检察院纠正审判违法案件的数量及比率;检察院抗诉数量及比率;检察院抗诉后改判或维持原判的数量
执法指标	行政执法责任制覆盖率;办案责任制执行率;劳动合同争议仲裁率;信访率和办结率(政府);冤案错案率;冤案错案责任追究比率;行政复议率;行政诉讼发生率;行政投诉率;行政投诉和诉讼办结率;公安机关刑事案件破案数
普法指标	普通公民普法教育比率;党政干部法律培训比率;青少年普法教育比率;外来人员普法教育比率;外来人员刑案发生率;经济合同履行率;交通安全处罚率;法制出版物销售量;新闻中有关法制报道的比率;普通群众参加重大案情庭审的平均人数;市民"七不"规范履行率;市民不乱穿马路、排队上车的状况;法人和个人依法纳税的比率;由人民调解转为提起诉讼的比率;一般民事纠纷直接提起诉讼的比率

[1] 参见仇立平:《上海法治建设指标体系的理论和构想》,载《社会》2003年第8期。

续表

一级指标	二级指标
法律监督指标	政府官员民主评议通过率;政府官员述职评议通过率;人大代表质询率;行政诉讼发生率;行政投诉率;法律程序执行情况评价;新闻批评率
公共安全指标	刑事案件立案率;重大刑事案件发生率;贪污腐败立案率;重大交通、火灾事故发生率;重大生产事故发生率
社会参与指标	选民对人大代表的了解和评议;市民向政府和人代会、政协提出建议的件数;政府网站被点击率;居民参加居委会选举比率;居委会达到自治标准的比率;实行直接选举的居委会比率;参加志愿者活动人数和比率;公民参加各类党派和社会团体的比率;村规民约、居民公约覆盖率;村规民约、居民公约认同率;人民调解次数及其调解率
法律资源指标	人大代表的自然构成;人大代表的社会构成;法官的数量及其社会构成;检察人员数量及其构成;环卫、市场执法人员数量和构成;每万人口警察数量;每万人口刑事警察数量;每十万人口律师数量
法律服务指标	法律援助比率;法律援助对象分析;法律咨询比率;法律咨询对象分析;法律从业人员资格考核率;持证执业考核率;法律从业人员违规违法率
基础指标	利益保障;生活水平;贫富差距;社会保障
其他指标	信访内容分析;各位维权组织中执政党成员所占比率;市民对法治建设的满意率

第二例是 2005 年北京市依法治市领导小组办公室特别委托中国政法大学法学院设计的《北京市法治建设状况综合评价指标体系》,包括一级指标 3 个、二级指标 16 个、三级指标 90 个,其一级和二级指标内容见表 2 - 6:[1]

表 2 - 6　北京市法治建设状况综合评价指标体系

一级指标	二级指标
工作职能指标	民主政治建设;立法;行政执法;司法;法律监督;普法宣传;法律服务;综合治理;法治建设组织领导
社会状态指标	社会公正;社会秩序;社会风气;社会发展
发展潜力指标	人力资源;法律效益率;法律意识

第三例出现于 2007 年,由中国人民大学法学院朱景文教授的团队所设

[1] 参见王称心、蒋立山主编:《现代化法治城市评价——北京市法治建设状况综合评价指标体系研究》,知识产权出版社 2008 年版,第 116 ~ 118 页。

计,见表2-7:[1]

表2-7 中国法律发展指标体系

	1. 机构设置	2. 人员构成	3. 职权活动	4. 经费与收入
1. 立法	1. 全国人大; 2. 国务院; 3. 地方立法(省一级)	1. 立法者; 2. 立法工作者	1. 立法; 2. 法律解释; 3. 法律监督; 4. 执法检查	年度预算
2. 法律实施	1. 法院; 2. 检察院; 3. 公安机关; 4. 法律服务机构(律师、企业法律顾问、基层法律服务、司法援助); 5. 工商局; 6. 知识产权管理机构(商标、专利、版权); 7. 仲裁委员会; 8. 调解委员会; 9. 公证处; 10. 信访办; 11. 消费者协会	1. 法官; 2. 检察官; 3. 警察; 4. 律师、企业法律顾问、基层法律服务工作者等; 5. 工商行政管理人员; 6. 商标局、专利局、版权局工作人员; 7. 仲裁员; 8. 人民调解员; 9. 公证员; 10. 信访工作人员; 11. 消防工作人员	1. 立案、审判、执行等; 2. 批捕、公诉、监督等; 3. 侦查、治安等; 4. 诉讼与非讼业务、法律顾问、咨询、法律援助等; 5. 公平交易、市场规范、合同监管等; 6. 商标、专利、版权注册、管理、保护等; 7. 经济仲裁、劳动仲裁、涉外仲裁; 8. 调解; 9. 国内、国际公证; 10. 处理来信、来访等; 11. 受理消费者投诉、商品监督等	1. 年度预算; 2. 收费标准; 3. 办案收入
3. 法学教育与研究	1. 大学教育; 2. 职业教育; 3. 普法教育; 4. 法学研究机构	1. 教师; 2. 学生; 3. 研究人员	1. 课程; 2. 教材; 3. 研究成果	1. 年度预算; 2. 收费标准; 3. 收入; 4. 科研项目投入

[1] 参见朱景文主编:《中国法律发展报告:数据库和指标体系》,中国人民大学出版社2007年版。

第四例指标是湖南大学两位统计学者设计的“法治社会建设评价指标体系”,公布于2011年,由两级指标组成,其内容见表2-8:[1]

表2-8 法治社会建设评价指标体系

一级指标	二级指标
立法指标	备案法规数;人大会议通过法律草案的比率
司法指标	诉讼案件办结率;上诉案件在一审中的比率;检察院对申诉案件的结案率;检察院纠正违法率;诉讼率
执法指标	贪污腐败立案数;渎职立案数
普法指标	青少年刑事犯罪率;政府用于社会救助经费占财政支出总额的比率;劳动合同纠纷受理案件数
公共安全指标	刑事案件立案数;交通、火灾事故损失额;消费者投诉受理数
法律服务指标	每万人调解人员数;每万人律师人员数
社会公平指标	社会救助比率;养老保险覆盖率;城乡居民可支配收入之比

在上述四例指标中,第四例指标进行了评估实践,计算出了中国2007年、2008年和2009年的综合分值分别为94.67分、94.25分和96.42分,这是最早出现的全国性法治评估分值,但是评估结果过高,大大超出人们的意料,余杭法治指数、昆明法治指数的得分都在70多分,上述第四例指标的选取很值得商榷。

除了综合性的法治建设评估以外,还有一些专门领域的法治评估采取了客观指标,最典型的就是中国社会科学院法学研究所研发的一系列“透明度”指数,通过透明度来评估法治。透明度的评估与权力监督、权利保障的评估不一样,可以直接通过客观材料和数据予以测量,后者则是抽象的理念,没有直接对应的现实载体。中国社会科学院法学研究所研发了多种透明度指数,构成了客观性的中国法治指数。以2019年的《法治蓝皮书》为例,中国法治指数由政府透明度指数、司法透明度指数、检务透明度指数、警

---

〔1〕 参见许涤龙、欧阳胜银:《法治社会建设评价指标体系构建与初步分析》,载杜钢建主编:《法治湖南与区域治理研究》(第3卷),世界图书出版公司2011年版,第73~74页。

务透明度指数和海事司法透明度指数组成。这里列举几例。

中国政府透明度指数评估指标体系(县级政府),见表2-9:[1]

表2-9　县级政府透明度指标体系

一级指标	二级指标
决策公开(20%)	重大决策预公开(60%)
	规范性文件公开(40%)
管理服务公开(30%)	权利清单公开(10%)
	政府服务信息公开(20%)
	双随机监管信息公开(20%)
	行政处罚信息公开(25%)
	义务教育信息公开(25%)
执行和结果公开(25%)	法治政府建设情况年度报告(60%)
	建议提案办理结果(40%)
政策解读与回应关切(15%)	政策解读(70%)
	回应关切(30%)
依申请公开(10%)	渠道畅通化(40%)
	答复规范化(60%)

中国司法透明度指数评估指标体系,见表2-10:[2]

表2-10　司法透明度指标体系

一级指标	二级指标
审务公开(20%)	平台建设(40%)
	人员信息(30%)
	规范性文件(20%)
	任职回避信息(10%)

〔1〕参见陈甦、田禾主编:《中国法治发展报告No.17(2019)》,社会科学文献出版社2019年版,第210页。

〔2〕同上书,第236~237页。

续表

一级指标	二级指标
审判公开(30%)	诉讼指南(20%)
	审判流程(30%)
	庭审公开(30%)
	减刑假释信息(5%)
	司法文书(15%)
执行公开(20%)*	执行指南(15%)
	执行查询(15%)
	执行曝光(30%)
	执行惩戒(15%)
	终本案件信息(10%)
	执行举报(15%)
数据公开(20%)	财务数据(40%)
	工作报告(30%)
	司法业务数据(30%)
司法改革公开(10%)	司法改革专栏(20%)
	司法改革方案**(20%)
	立案登记制(20%)
	员额制改革(20%)
	领导干部办案(20%)

*由于执行公开不适用于最高人民法院,因此,最高人民法院的审务公开、审判公开和数据公开和司法改革公开的权重分别为30%、30%、30%和10%。

**司法改革方案不适用于中级人民法院,因此,中级人民法院司法改革专栏、立案登记制、员额制改革和领导干部办案情况的权重分别为30%、30%、20%和20%。

中国检务透明度指数评估指标体系,见表2-11:[1]

〔1〕参见陈甦、田禾主编:《中国法治发展报告No.17(2019)》,社会科学文献出版社2019年版,第258页。

表 2－11 检务透明度指标体系

1. 基本信息(20%)	1.1 网站设置(20%)
	1.2 微平台客户端(30%)
	1.3 机构设置(20%)
	1.4 人员信息(30%)
2. 检务指南(30%)	2.1 工作流程(8%)
	2.2 权利义务须知(60%)
	2.3 网上咨询平台(8%)
	2.4 公益诉讼(16%)
	2.5 新闻发布会(8%)
3. 检察活动(30%)	3.1 法律文书(70%)
	3.2 申诉审查(20%)
	3.3 重要案件信息(10%)
4. 统计总结(20%)	4.1 检察报告(40%)
	4.2 财政信息(40%)
	4.3 文书统计(20%)

中国警务透明度指数评估指标体系,见表 2－12[1]:

表 2－12 警务透明度指标体系

一级指标权重	二级指标权重
基本信息公开(25%)	网站建设(10%)
	职能架构(30%)
	人员信息(30%)
	财务信息(30%)
便民服务(30%)	户政服务(40%)
	交管服务(30%)
	出入境服务(30%)

〔1〕 参见陈甦、田禾主编:《中国法治发展报告 No.17(2019)》,社会科学文献出版社 2019 年版,第 281 页。

续表

一级指标权重	二级指标权重
执法公开(30%)	执法依据(5%)
	执法流程及时限(10%)
	当事人的权利义务(5%)
	过程公开(20%)
	结果公开(20%)
	文书公开(20%)
	监督投诉(20%)
数据公开(25%)	年报(5%)
	年度工作总结(10%)
	交通统计(10%)
	行政执法统计(20%)
	犯罪案件统计(10%)
	投诉警务人员统计(5%)
	重大案情发布(5%)
	警情通报(5%)
	数据依申请公开(30%)

(2)法治建设评估的主观指标体系

这类评估是中国法治建设评估的主体。选择主观指标评估法治,一开始是“迫不得已”,因为能够直接反映法治状况的客观数据极少,甚至可以说根本没有现成的,有些客观数据能够很好地反映法治状况,如官员腐败率,但是这类数据可能永远也得不到。笔者参与过多个法治指标体系的设计,深知其中之曲折。中国内地第一个法治指数——余杭法治指数,就是典型的主观指标体系。此外还有成都法治城市指标体系、无锡法治城市指标体系。这类评估指标的总体数量惊人,可以不断地分解为一级指标、二级指标、三级指标乃至四级指标;有的法治指标还一层层地分解到乡镇、街道、村镇、社区,除了综合评估以外还包括各个部门机关的评估,如余杭法治指标体系由总指标、区级机关指标、乡镇街道评估指标和村社区评估指标组成，总量高达几千条。[1] 表2－13反映了余杭、成都和无锡法治评估指标体系中一级指标的内容：

表2－13　余杭、成都和无锡法治指标体系

余杭法治指标	成都法治城市创建标准	无锡法治城市创建评估体系指标
党委依法执政	推进基层民主政治建设、提高党委依法执政能力	推进民主政治建设，提高党委依法执政能力
政府依法行政	加强地方立法、努力建设法治政府	加强地方法制建设，依法保障城市发展
司法公平正义	加快司法体制改革、促进司法正义	全面推进依法行政，努力建设法治政府
权利依法保障	加强依法治理、维护社会和谐稳定	坚持公正廉洁司法，维护社会公平正义
市场规范有序	规范经济法治秩序、促进经济平稳较快发展	深化法制宣传教育，提升市民法律素养
监督体系健全	拓展法律服务、提高服务水平	加强经济法治建设，营造良好市场环境
民主政治完善	深化法制宣传教育、提升全民法治意识和法律素养	依法加强社会建设，推进城市转型发展
全民素质提升	健全法治监督体系、提高监督效能	深化治安综合治理，依法保障和谐稳定
社会平安和谐		扎实推进创建工作，努力建设法治城市

仅从上述指标的内容表述来看，法治“建设”的气息就极为浓重，“推进”“提高”“提升”“加强”“加快”“促进”“深化”“完善”“健全”“保障”“拓展”等动词即已表明这一特征。这三类评估指标虽然各有特征，但是共性更多：都致力于推动强化各个法律领域的建设工作，都涉及党委、政府、司法、社

[1] 具体内容，参见钱弘道等：《法治评估的实验——余杭案例》，法律出版社2013年版，第98～240页。

会、市场、治安、法制宣传教育七个方面。另外,作为省会城市和“较大的市”,成都和无锡都拥有地方立法权,因此增设了“加强地方立法”这一指标。此外,“法制宣传教育、市民法律素养”在这些指标体系中与党委依法执政、政府依法行政、司法公平正义等指标相提并论,其重要性似乎被过度拔高。在当今中国,由于党委在法治建设中的关键性作用,党委依法执政与法律服务指标、法制宣传教育指标的重要性显然高低有别。并且,中国的其他重要政治制度,如人民代表大会、政治协商制度,没有在这些法治指标体系中得以体现。总之,从上述三种影响很大的法治指标体系来看,目前我国的法治建设指标还存在诸多缺陷,需要进一步弥补。

专门领域的法治建设评估体系,以法治政府评估最为突出、数量最多。中央先后两次推动法治政府建设,第一次是 2004 年国务院颁布了《全面推进依法行政实施纲要》,提出“全面推进依法行政,经过十年左右坚持不懈的努力,基本实现建设法治政府的目标”。为了促进这一纲要的实施,2009 年国务院法制办组织起草了《关于推行法治政府建设指标体系的指导意见(讨论稿)》,后来深圳市政府、湖北省政府先后出台了最早的一批地方性法治政府评估指标体系。第二次是由于党的十八届三中全会、四中全会做出了新的“全面依法治国”的部署,2015 年 12 月 27 日中共中央、国务院颁发了《法治政府建设实施纲要》(2015—2020 年),提出“到 2020 年基本建成职能科学、权责法定、执法严明、公开公正、廉洁高效、守法诚信的法治政府”。深圳市政府对于“全面依法治国”精神的响应甚至更早,2014 年该市法制办启动了《深圳市法治政府建设指标体系》的修订工作,具体工作由深圳市法制研究所承担,2015 年 12 月 2 日率先公布了修订后的《深圳市法治政府建设指标体系》。如今,在地方层面上,全国所有省级政府都根据 2015 年的《法治政府建设实施纲要》制定了法治政府指标体系,市、县乃至乡镇、街道的指标体系更是不计其数。在社会领域,2013 年中国政法大学法治政府研究院也开发出了一套全国法治政府评估指标体系,其他学者也提出一些法治政府评估指标方案。[1] 表2－14分别列举了法治政府评估领域最早出现的指标体系及其一级指标内容：

表2－14 各类法治政府指标体系

出台单位	一级指标名称
广东省深圳市委、市政府(2008年)	政府立法工作法治化；机构、职责和编制法治化；行政决策法治化；公共财政管理与政府投资法治化；行政审批法治化；行政处罚法治化；行政服务法治化；政府信息公开法治化；行政救济法治化；行政监督法治化；行政责任法治化；提高行政机关工作人员依法行政的观念和能力
国务院法制办(2009年)	政府职能转变和行政管理方式创新、提高制度建设质量、科学决策民主决策规范决策、行政执法行为规范有效、及时防范和有效化解社会矛盾、强化对行政权力的制约和监督、行政机关工作人员的依法行政观念和能力不断提高、推进依法行政工作的组织领导
湖北省政府(2010年)	政府职能、制度建设、行政决策、行政执法、行政服务、社会矛盾的防范和化解、行政监督、依法行政能力建设
河北省永年县政府(2010年)	政府职能转变和行政管理方式创新、加强规范性文件监督管理、完善行政决策机制、规范行政执法行为、建立健全防范和化解社会矛盾机制、强化行政行为监督、提高行政机关工作人员依法行政意识和能力、推进依法行政工作组织领导
中国政法大学法治政府研究院(2013年)	机构职能及组织领导、制度建设和行政决策、行政执法、政府信息公开、监督与问责、社会矛盾化解与行政争议解决、公众满意度调查
广东省深圳市政府(2015年)	政府机构与权责法治化，政府立法工作与规范性文件管理法治化，行政决策法治化，公共财政管理与政府投资法治化，行政许可与政务服务法治化，行政执法法治化，政府信息公开法治化，行政救济、调解、裁决法治化，行政权力监督与责任法治化，法治政府建设工作保障
中共中央、国务院(2015年)	政府职能依法全面履行，依法行政制度体系完备，行政决策科学民主合法，宪法法律严格公正实施，行政权力规范透明运行，人民权益切实有效保障，依法行政能力普遍提高

上述指标体系的设计各有特点，但共同之处也很多，都涉及政府职能、

[1] 例如，钱弘道、方桂荣：《中国法治政府建设指标体系研究》，载《浙江大学学报》(人文社会科学版)2016年第4期；潘晓珍、王传刚：《法治政府评价指标体系构建》，载《华南理工大学学报》(社会科学版)2017年第1期。

行政决策、行政执法、社会矛盾、行政监督、行政能力建设或组织领导六大项内容。导致这一现象的原因在于，几乎所有的法治政府评估指标体系的拟定都依据党中央和国务院的文件——2004 年国务院《全面推进依法行政实施纲要》、2008 年《关于加强市县政府依法行政的决定》、2010 年国务院《关于加强法治政府建设的意见》、2014 年党的十八届三中全会决定、2015 年党的十八届四中全会决定和《法治政府建设实施纲要》(2015—2020 年)。这些文件提出了建设法治政府的总体要求，为法治政府指标体系提供了基础框架性依据。此外，中国政法大学法治政府研究院设计的指标体系有较大的理论价值：该体系不仅增添了其他政府指标体系都没有的“公众满意度调查”，而且致力于依据有限政府、透明政府、责任政府、效能政府、服务型政府等法治政府的主要原则进行设计，从而摆脱了“法制政府”的旧有模式。[1]

(三)评估方法

1. 法治环境评估方法

此类评估应用的方法较多，主要有 5 种：统计调查法、层次分析法、量化值加权函数法、德尔菲法(Delphi method)、绩效评估法。北京市城市法治环境评价体系运用了统计调查法、量化指加权函数法、层次分析法和德尔菲法；浙江湖州法治环境评估运用了层次分析法和统计调查法；昆明法治评估运用了绩效评估法和统计调查法；贵州法治环境评估也提出运用层次分析法和社会调查法；广东省法治环境评估完全依赖于社会调查的方法；中国社科院法学所运用了运用了统计调查法、量化指加权函数法。由此可见，统计调查法是应用最广泛的评估方法。下面依次阐述其内容。

(1)统计调查法。该法是社会科学领域最基本的方法，也是法治评估最不可或缺的基础方法，用以收集各种能够反映法治现象的事实材料和数据。

---

〔1〕 参见“中国法治政府评估”课题组：《中国法治政府评估报告》(2013)，载《行政法学研究》2014 年第 1 期。

统计调查的方法有很多,包括访问法、观察法、报告法、问卷法等。根据调查主体的不同,可以分为官方调查统计与民间调查统计。在我国目前的法治环境评估中,广东省法治环境评估的数据完全由学术机构调查收集,昆明"法治的人文环境指标"也另行委托独立调查机构实施,其他评估数据几乎完全依赖官方统计局提供的调查统计数据,如中国人民大学的"法律发展报告"。完全依赖官方统计局提供的数据可以节省评估成本,但是官方统计局所调查的统计事项并不是刻意为法治评估而设的,很多法治现象并不在官方统计局的调查范围之内,如权利保障的效果,这就需要评估者自己采集数据。中国社会科学院法学研究所就综合运用了这些方法,其数据来源分为内部数据和外部数据,内部数据依赖于被评估对象的配合和主动提交;外部数据源自评估主体的主动获取,如通过门户网站、微博、微信、客户端等新型信息披露与公开互动平台获取数据,以及"采用实名或匿名抽查验证、申请公开等方式,如提出与实际工作相关的业务申请、咨询等,来评估相关部门的法治推进水平"。[1]

(2)层次分析法。该法诞生于20世纪70年代,由美国运筹学家萨蒂(T. L. Saaty)提出,可以用于对多个指标进行一种层次化、结构化分析,从而确定各个指标的权重。[2] 它的适用步骤为:分析各个指标之间的关系,对各个指标的重要性进行两两比较,构造判断矩阵;由判断矩阵计算被比较指标对于上一层次指标的相对权重,并进行判断矩阵的一致性检验和随机性检验;再计算各层次对于指标系统的总排序权重,并进行排序,最后得到总排序。[3]

---

〔1〕 陈甦:《法学研究所的法治量化研究》,载中国社会科学网:http://www.cssn.cn/fx/201802/t20180222_3853530.shtml,2019年4月29日最后访问。

〔2〕 参见王光主编:《城市法治环境评价体系与方法研究》,中国人民公安大学出版社2004年版,第132页。

〔3〕 详细应用过程,参见王光主编:《城市法治环境评价体系与方法研究》,中国人民公安大学出版社2004年版,第132~137页。

(3)量化值加权函数法。该方法用于各个数据的计算,可分为两种类型:一种是线性加权函数;另一种是几何加权函数。在指标聚合的理论中,线性计算法适用于存在互补关系的指标;几何计算法适用于相互之间不可补偿、彼此独立的指标。[1] 北京市城市法治环境评价运用了线性加权函数。在法治评估中,线性计算法运用的最为广泛,因为法治的各个指标之间往往具有互补性。

(4)德尔菲法。又被称为参与式方法(participatory methods)、专家意见法、专家直观综合法,是目前国内法治评估运用最广的方法之一,被用于确定各个指标的权重。该方法依据系统的程序,采用匿名发表意见的方式,分别向各个专家征询意见;专家之间不互相讨论、不发生横向联系,只能与调查人员进行沟通;通过反复征询、归纳、修改,最后汇总成专家基本一致的看法。在后面论述的法治建设评估方法中,该方法也得到了普遍应用。

(5)绩效评估法。该方法也是法治建设评估的基本方法,有很多种,如平衡计分卡、标杆管理法、目标管理法、关键绩效指标法、关键事件法、排序法、行为观察评价法、行为锚定评价法、360 度绩效评估法等。[2] 2011 年昆明法治评估启动之后,指标体系中的"法治的社会环境指标"和"法治的制度环境指标",即由内部评估组、社会评估组及专家评估组分别独立进行打分评估。

2. 法治建设评估方法

在此类评估中,德尔菲法、统计调查法、绩效评估法、线性计算法是四种最常用的方法,其中,德尔菲法用于确立各个指标的权重,统计调查法用于收集各种事实材料和问卷数据,绩效评估法由专门的评估人员依据相关标

[1] See Michaela Saisana and Andrea Saltelli, "Rankings and Ratings: Instructions for Use", *Hague Journal on the Rule of Law* 3, 2011, pp. 255 - 256.

[2] 参见范柏乃:《政府绩效评估与管理》,复旦大学出版社 2007 年版,第 128 ~ 161 页;田辉:《绩效评估方法的适用研究》,载《北京市计划劳动管理干部学院学报》2005 年第 2 期;吴波:《目标管理在绩效管理中的运用》,载《合作经济与科技》2009 年第 10 期。

准或指标进行打分,线性计算法用以聚合各个指标的得分。余杭法治指数就是这四种方法的综合产物。无锡市法治城市创建评估和中国政法大学法治政府研究院除了德尔菲法以外,其他三种方法都得到了充分利用。各级党政机关的法治评估大都沿袭了绩效评估的方法。至于法治环境评估中应用较多的层次分析法,则由于技术难度较大,在这类评估中尚未见到公开采用的情形。

与法治环境评估领域相比,法治建设评估领域对统计调查法和绩效评估法的运用更为充分。

首先,就统计调查法而言,法治环境评估的大多数统计调查"被动地"依赖于政府提供的统计数据,而法治建设评估的统计调查则极为主动:在无锡法治评估中,国家统计局无锡调查队针对指标体系中的 12 项群众满意率指标,按照一定比例选取了不同区域、不同性别、不同年龄、不同学历、不同职业背景的调查对象进行抽样调查。在中国政法大学法治政府研究院第一次进行的法治政府评估中,该院师生通过政府网站、网络数据库、媒体公开报道等收集了大量的材料,对部分资料通过申请信息公开等形式加以补充、印证。此外,还专门组织研究生到 53 个城市开展实地调研,通过在当地政务中心进行公众满意度调查、对举报投诉处理情况进行体验式观察等方式,了解当地居民对政府依法行政状况的评价。中国人民大学法学院的法治评估,截至本书完稿之日已经完成了 4 次大规模的全国性统计调查,第一次调查是 2015 年,委托中国人民大学调查与数据中心(NSRC),对全国 28 个省、自治区和直辖市(港澳台和新疆、西藏除外)进行了调查,之后的 3 次则委托零点公司,分 3 年,对全国 28 个省、自治区和直辖市进行逐个统计调查,一共收回了 2 万余份调查问卷,花了不少人力、财力和精力。

其次,各种绩效评估方法,无论是传统的调研考评法、述职打分法,还是更为精细的目标管理法,均得到了广泛运用。调研考评和述职打分都是中国最传统的绩效评估做法,一般是由各种考察组或检查组前往被评估地,采取“听、看、查、谈、评”等方式，一次性地给出评估成绩。这种做法的优点在于效率高、时间少，但是引发的弊端和批评更多，如可以通过临时性的弄虚作假来“瞒天过海”，考核观察容易流于走马观花，以至于严重依赖各种表象和汇报总结，“做得好不如说得好”，不注重平时工作绩效等。目标管理评估法的做法是规定一个个较为明确的业绩目标，如居(村)委会选举直选选民参选率达80%以上，无贿选、暴力干涉事件发生，法规规章定期清理及时率达100%、达标率达100%，行政执法人员上岗持证率达100%，等等；然后赋予这些目标一定分数，根据实际情况采取倒扣制或累加制。这种方法是一种结果导向的方法，在法治评估中运用得极为普遍。

法治环境评估最初是政府之外的机构或个人所进行的评估，属于外部评估，评估结果都对社会公开。如今以营商环境评估形式表现出来的法治环境评估，既有外部评估，如厦门大学中国营商环境研究中心的评估、中央广播电视总台开展的“中国城市营商环境”评估、毕马威(KPMG)和普华永道(PwC)等国际会计师事务所的营商环境评估；也有政府内部的评估，如国家发展和改革委员会法规司开展的中国营商环境评价工作，北京、辽宁、山东、江苏、安徽、海南、湖北等地自己开展的营商环境评价工作。法治建设评估的情形相对复杂很多。有些是学术机构独立发起的外部评估，如中国社会科学院法学研究所和中国人民大学法学院的评估；有些是学术机构与党政机构联合发起的评估，如余杭法治指数的评估；而更多的法治建设评估则属于内部评估，主要是上级考评下级，以驱使或鞭策其工作部门和下级机构履行相关职能、完成预定目标，[1]评估过程和结果也不对社会公开。作为一种政府内部管理的方法，内部评估有其存在的必要，但是缺陷也不少。从当前实践来看，第一个缺陷就是导致“自摆乌龙”或“自卖自夸”，虽然说上级机

〔1〕例如，2015年之前，在各地法治政府指标体系考评运行过程中，考评对象普遍被限制为各层级政府及各部门的法制机构。参见国家行政学院课题组：《法治政府指标体系与作用》，载《中共天津市委党校学报》2014年第2期。

构与下级机构相对独立,但两者仍是一个高度一致的共同体,最终评估结果往往很好,如 2009 年度深圳市参与法治政府建设的各单位自评成绩都在 90 分以上,年度考评结果均达到优秀。这使评估的诊断和激励意义几近丧失,公信力也受到强烈的质疑。一些评估为了摆脱"内部评估"弊端,引进了社会评议,如浙江省法治政府评估,但是社会评议的分值比重太低:社会满意度测评的权重仅占总分的 15%。内部评估的第二个缺陷是评估结果大多束之高阁、不了了之,这极大地削弱了评估的应有价值。

三、中国法治评估运动的未来展望

以上研究勾勒了迄今为止中国法治评估从诞生到普及的基本情况,总体而言,中国法治评估一开始就分化为法治环境评估与法治建设评估两大类型。前者侧重于法治的客观环境,最后又具体表现为各种法律制度背景和经济社会背景,评估指标也以客观指标为主,评估方法借助难度更高的层次分析法和统计调查法等方法;后者侧重于法治的建设工作,最终又主要体现为各种机构的职能工作考核,评估方法广泛采取德尔菲法、统计调查法、绩效评估法、线性计算法,其中尤以绩效评估法和统计调查法最为重要。经过 10 多年的发展,在政府、法学界、管理学界和社会学界的共同努力之下,中国法治评估已经完成了"从 0 到 1"的发展。但是,不能就此认为中国法治评估没有改进和发展的余地了,事实上,从当前评估所面临的问题和缺陷来看,中国政府和学界至少可以在四个方面改善、发展法治评估。

第一,在评估目标方面,除了"法治环境"和"法治建设"以外,中国法治评估需要直面"法治",尤其是中国特色的法治。法治与法治环境、法治建设是不同的事物。一些研究者曾专门区分了这三者,认为法治是一个价值性很强的概念,具有主观性和随意性,为了对其进行测量,需要引用"法治环境"这一具有实证内涵的概念,使其可以验证;而"法治环境"的塑造和建设,实际上也是法治建设的主要内容和核心所在。[1] 但是,上述研究表明,“法治环境”和“法治建设”在很大程度上都成了“法律制度”,是一种形式法治;而“法制”与“法治”是迥然有别的,后者有着明确的价值理念要求,如公平正义、保障人权等。仅仅评估“法治环境”和“法治建设”,并不能完全覆盖法治评估的整体领域。目前,国际上已经形成了两大类法治理论:一是形式法治理论,不关注法律本身的规定内容是否符合公平正义等价值理念,只关注法律规则是否符合形式上的要求、法律是否被充分遵行;二是实质法治理论,要求法律规范必须遵从一定的价值理念,如权利保障等。[2] 中国特色社会主义法治理论也属于实质法治理论。目前,中国的法治评估方案极少提及或详细阐述自己的理论依据,这在一定程度上也是中国法治理论发展不足的缘故。未来,中国政府和学界还需要继续研究“什么是法治”,特别是“什么是中国特色社会主义法治”,紧密跟进中国快速的改革步伐,把党内法规体系、国家监察制度、“放管服”改革等新的制度措施吸收进来,使法治理论与改革实践有机结合,创建既符合法治价值导向、又融合中国特色制度的法治评估理论和方案。

第二,在评估指标方面,认真对待、充分发挥“主观指标”的功能。客观指标确实具有“客观实在”、更经得起质疑等优点,但是缺点也不少。首先,中国法治评估所选取的客观指标,绝大多数是在统计机构所设定的各项统计指标之中选取的,而官方统计机构的统计事项并没有“法治”这一项,那些现行指标并不是与法治直接相关的指标,所以相关研究者不得不采取层次分析法等较高难度的方法克服这些障碍;并且,各个国家、各个地方的统计口径经常不一致,现有统计指标之间不一定具有可比性。其次,客观指标远

---

〔1〕参见城市法治环境评价体系与方法研究课题组:《构建城市法治环境评价指标体系的设想》,载《中国人民公安大学学报》2002 年第 5 期。

〔2〕关于形式法治与实质法治的具体阐述,参见[美]布雷恩·Z. 塔玛纳哈:《论法治——历史、政治和理论》,李桂林译,武汉大学出版社 2010 年版,第 117 ~ 146 页。

远不能衡量法治的各个领域,北京市城市法治环境评价体系指标结构图所存在的巨大空白,就鲜明地反映了这一点。有些法治指标几乎没有对应的客观指标,如审判独立的程度、言论自由的程度,等等。对于这种无可避免的结构性缺陷,只能通过主观指标来弥补。再次,客观指标本身并不绝对"客观",因为该类指标的选取,完全是主观判断的结果;每一个客观指标都隐含着主观意图。最后,有些客观指标同样可以通过伪造、篡改等方法来获得,这在我国是个突出问题,民谚"村骗乡、乡骗县、县骗国务院"并非空穴来风,其"客观准确性"也需要打上折扣。相比之下,主观指标则可以充分弥补客观指标的缺陷,全面测量法治的各个领域,更易进行横向比较,这也是为什么国际法治评估普遍采用主观指标的道理所在。总之,主观指标是不可或缺的,可以也应该发挥更大的作用。

第三,在评估主体方面,政府主导的评估应该加强法治考核的权重,并且广泛发挥第三方评估的作用,公众也应该广泛参与评估。在法治建设评估方面,很多地方由议事协调机构——如全面推进依法治省(市、县)领导小组或委员会——组织评估工作,法治评估纳入政绩考核或目标责任考核体系,这对于加强法治评估的权威性作用很大,使法治成为政绩考核的"硬杠杠"。但是,在很多地方的政绩考核体系中,法治考核的权重与国内生产总值(Gross Domestic Product, GDP)、招商引资、财政收入等经济指标相差甚远,以至于发挥不了多大影响。考虑到中国所处的发展阶段和复杂的国际背景,如何协调法治考核与其他考核的关系,将是一个长远的问题。此外,第三方评估和公众参与评估的范围和比重都应该扩大。第三方评估具有中立、专业的优势,能够避免政府内部评估的各种弊端,评估的效果更为显著,如最高人民法院委托中国社会科学院法学研究所开展的"基本解决执行难"评估,以及贵州省投资促进局委托厦门大学中国营商环境研究中心的评估。但是目前第三方评估还远远不够。公众参与法治评估的事项主要是各种"满意度",对于法治评估而言,公众"满意度"仅仅反映了公众的某种主观情绪,测不出具体的现实问题,弱化了评估所具有的诊断效果。作为政府绩效的最终感受者,公众完全有资格对政府的各项外部管理行动进行评估,如政府办事的效率、政务公开的程度、法律执行的效果等。公众评估的分值比重也不能过低,这样做是没有充分理由的,至少应当与专业人士保持同样的比重。总之,第三方评估和公众评估,在我国还有很大的发展空间,政府需要具备更大的胸襟和开放意识。

第四,中国的法治评估应该面向国际,掌握中国法治的话语权,适应中国企业"走出去"的趋势,开展国际性的法治评估。目前在国际上,关于中国的法治状况,评估话语主要由世界银行、世界正义工程等机构掌握。但是,评估中国非常困难,因为中国的整体规模过于庞大、各地区之间差异明显、改革速度过快,国际组织缺乏足够的人力、财力和精力来全面了解中国的法治状况,只能采取"以点带面"的方式,选择中国的两三个城市进行评估,而且不能及时跟踪中国过快的发展趋势,数据信息往往滞后,不能反映中国真实而完整的状况,以至于使国外各界人士产生误解。在这一背景下,中国的法治评估研究需要面向国际,及时发布中国的法治成就,掌握对于本国法治评估的话语权。目前,中国人民大学法学院和中国社会科学院法学研究所都面向国外发行了英文版的中国法治指数报告。中国社会科学院法学研究所的其他评估成果,如《中国法院信息化第三方评估报告(2015)》,也被翻译为英文、俄文。除了宣传中国的法治状况以外,中国还应该开展国际性的法治评估工作,为"走出去"的中国企业和中国公民提供参考。2017 年以来,中华全国律师协会开始发布《"一带一路"沿线国家法律环境国别报告》,[1]对于中国企业的海外投资有着重大的参考价值。如果在这些报告的基础上开发出法治环境指数并进行国际排名,那么,中国企业将会有更为简洁、直观的决策参照,沿线国家也可能会产生改善本国法律环境、更好地保障投资企业的动力。

---

〔1〕 参见中华全国律师协会:《"一带一路"沿线国家法律环境国别报告》(第 1 卷),北京大学出版社 2017 年版。截至本书完稿之日,第 4 卷已经出版。

第三章
法治评估的理论类型及其逻辑

随着国内外法治评估研究和实践的大量开展，如今已有必要对国内外法治评估进行全面总结、建立法治评估的基本理论，以更好地指导未来的法治评估实践。目前，国内外关于法治评估的基本原理，已经积累了一定的研究成果。在国外，“法治测量”和“法治指标”是研究的重点。世界正义工程和荷兰海牙法律国际化研究所联合开展了两年的研究工作，对“法治测量”的理论和方法进行了卓有成效的探讨。[1] 2012 年世界正义工程还在新加坡组织召开了关于法治测量的国际圆桌会议。[2] 此外，美国得克萨斯大学奥斯汀分校法学院也举办了专门的法治测量会议。[3] 国外的另一研究热点是“法治指标”，美国纽约大

---

〔1〕 See *Hague Journal on the Rule of Law*, Vol. 3 Issue 2, September 2011, pp. 153 – 396.

〔2〕 See Panel Discussion, "Measuring the Rule of Law", *Sing. J. Legal Stud.* 331, 2012, pp. 331 – 356.

〔3〕 会议信息，载 https://law. utexas. edu/conferences/measuring/about. php，2019 年 4 月 30 日最后访问。

学法学院多位学者都对指标进行了研究,发表了一批重量级成果;此外,哥伦比亚大学法学院卡塔琳娜·皮斯托教授、芝加哥大学法学院金斯伯格教授等也发表了一些颇有影响力的研究成果。[1] 总体而言,国外关于法治的指标理论和测量方法已经比较成熟,但是对于法治定性评估的研究比较薄弱。

在国内,法治评估的理论研究也已成为研究热点,绝大多数研究都围绕着指标体系、评估方法和法治测量而展开。[2] 虽然最初有个别研究质疑法治评估的意义和可行性,[3]但随着法治评估实践的广泛开展,这类批评已经消失。还有的研究探讨了法治评估的理论类型,将其分为"制度性进路"和"价值性进路"两种,[4]有的将中国法治评估分为"治理型评估"和"管理型评估"两类,[5]这些研究均有着开拓意义,形成了很有特色的中国法治评估理论。但是,中国的法治评估理论研究,虽然有一些参照了世界正义工程的

---

[1] See Kevin E. Davis, "What Can the Rule of Law Variable Tell Us About Rule of Law Reforms?", *Michigan Journal of International Law* 26, 2004; Davis KE et al., *Governance by Indicators: Global Power Through Classification and Rankings*, Oxford, Oxford University Press, 2012; Mila Versteeg and Tom Ginsburg, "Measuring the Rule of Law: A Comparison of Indicators", *Law & Social Inquiry* 42, 2017.

[2] 代表性论著,参见戴耀廷:《香港的法治指数》,载《环球法律评论》2007年第6期;钱弘道等:《法治评估的实验——余杭案例》,法律出版社2013年版;戢浩飞:《法治政府指标评估体系研究》,载《行政法学研究》2012年第1期;张保生、郑飞:《世界法治指数对中国法治评估的借鉴意义》,载《法制与社会发展》2013年第6期;田禾:《法治指数及其研究方法》,载《中国社会科学院研究生院学报》2015年第3期;蒋立山:《中国法治指数设计的理论问题》,载《法学家》2014年第1期;侯学宾、姚建宗:《中国法治指数设计的思想维度》,载《法律科学》(西北政法大学学报)2013年第5期;张德淼、康兰平:《迈向实证主义的中国法治评估方法论——以世界正义工程法治指数建构方法为镜鉴》,载《理论与改革》2015年第6期;周祖成、杨惠琪:《法治如何定量——我国法治评估量化方法评析》,载《法学研究》2016年第3期;钱弘道:《法治评估及其中国应用》,人民出版社2017年版;田禾、吕艳滨主编:《实证法学研究》(第1期),社会科学文献出版社2017年版;朱景文:《测量法治——中国法治指标研究》,法律出版社2018年版。

[3] 参见陈林林:《法治指数中的认真与戏谑》,载《浙江社会科学》2013年第6期。

[4] 参见戴耀廷:《香港的法治指数》,载《环球法律评论》2007年第6期;张德淼、李朝:《中国法治评估进路之选择》,载《法商研究》2014年第4期。

[5] 参见钱弘道、杜维超:《法治评估模式辩异》,载《法学研究》2015年第6期。

法治指数，但是没有把中国的法治评估与国际法治评估进行充分有机的理论衔接。笔者也发表过关于法治评估基础理论的一些文章，对于国内外法治评估的源流、类型、原理、方法都进行了研究，并尝试对国内外的法治评估理论进行整体性的梳理和架构。[1] 随着最近几年国内外研究的推进，笔者接触到更多的材料、参与了更多的评估实践，对之前所持的一些理论观点也感到了修改的必要，本章将在之前研究的基础上，统合国内外法治评估的理论和实践，提出一个更为完整成熟的法治评估理论体系。

一、法治评估的理论类型

如今比较热闹的法治评估，给人的感觉是“五花八门、应接不暇”。前两章的研究表明，国内外法治评估的起源有着多个路径，相互之间会发生交叉影响。国外的法治评估研究由经济学家、政治学家开创，最初是回应跨国企业和国际援助机构的需求，主要由非政府机构实施，如今已经成为国际治理的一种形式。国内的法治评估由法学家、管理学家和社会学家开创，而且由法学家主导，除了王小鲁、樊纲等经济学家开展的“中国分省市场化指数”和“中国分省企业经营环境指数”中涉及法治评估以外，[2] 很长时间内都见不到经济学家的参与，直到营商环境评估的出现才改变经济学家缺席的状况。中国法治评估的诞生，很大程度上是由于政府的推动，如北京和上海的城市法治环境评价、余杭法治指数、无锡法治指数和昆明法治指数，如今更是受到党政机构的深刻影响。国外的评估与国内的评估有一定的交叉，如国外的法律指标研究在 20 世纪 90 年代就传播到了国内，中国第一个法治指数——2004 年我国香港特别行政区一个非政府组织推出，就借鉴了国际的

---

〔1〕 参见孟涛：《论法治评估的三种类型——法治评估的一个比较视角》，载《法学家》2015 年第 3 期。

〔2〕 参见王小鲁、樊纲、胡李鹏：《中国分省份市场化指数报告》（2018），社会科学文献出版社 2019 年版；王小鲁、樊纲、马光荣：《中国分省企业经营环境指数 2017 年报告》，社会科学文献出版社 2017 年版。

经验。[1] 但是,中国的法治评估有着自己的独立性,2002 年前后中国最早的一波法治评估研究,是在不了解国际评估的背景下独立开展的。中国的法治评估指标和评估方法也与国外的评估有着显著的不同。对于这种“出身各异、门派繁多”的现象,有必要进行类型的区分,厘清其各自的理论渊源和方法逻辑,避免笼统对待、混淆不清。

正如第一章的研究所示,国际法治评估的类型划分相对比较容易,从其对于“评估”的称呼就能看出。世界银行、世界正义工程和联合国采取了“measurement”或“measuring”,自由之家和美国国际开发署采取了“evaluation”和“assessment”,传统基金会、全球廉正和贝塔斯曼基金会采取了“assessment”。不同的称呼展现了不同的评估类型。“measurement”来自古法语,是以数字的形式展示某类事物或事件,有着很强的客观色彩,在自然科学和社会科学领域应用广泛,是国际法治评估应用最多的一种术语,也反映了国际评估偏重于定量的特点;“evaluation”也源自古法语,是对某一客体之价值、意义的认定,主观特征突出,一般用于社会领域和各种人类活动,虽然是社会科学“评估研究”的标准称呼,但是似乎不太受国际法治评估的“待见”;“assessment”来自中古英语,意义最为宽广,同时包容“测量”和“评价”的主客观含义。因此,国际法治评估由三种实践类型构成:定量评估(法治测量)、定性评估(法治评价)和综合评估(法治评估),在理论上只有两类:定量评估和定性评估。综合评估是两者的混合,要么偏向定量,要么偏向定性。

再就中国法治评估而言,从称呼上看,中国内地法治评估也有两类,一是“法治建设评估”,二是“法治环境评估”。中国香港特别行政区的法治评估目前只看到“香港法治指数”一例;中国澳门特别行政区尚未出现;中国台湾地区的法治评估迄今也只出现了一例,开始于 2008 年,由台湾大学政治学

[1] 参见戴耀廷:《香港的法治指数》,载《环球法律评论》2007 年第 6 期。

和行政学领域的专家设计，也是附属性的法治评估——附属于“台湾公共治理指标调查”，该调查包括7个项目：法治化程度、政府效能、政府回应力、透明化程度、防治贪腐、课责程度、公共参与程度。中国香港特别行政区和台湾地区的法治评估与国际法治评估属于同一类型。困难之处就在于，如何统合中国与国际的法治评估类型？“法治建设评估”和“法治环境评估”都不是基于方法的类型划分，两者都可以采取定量评估或定性评估方法。“法治建设评估”和“法治环境评估”虽有各种特点，但近年来的发展越来越交叉，从内容上甚至都无法予以区分，两者的内容也过于庞杂。在严格的理论意义上，“法治建设”与“法治环境”不是理想的类型概念。

一个完整的法治评估，由三个部分构成：评估的主客体、评估的方法、评估的内容。评估的主客体是指评估者与被评估者。评估不是一种完全中立、“价值无涉”的研究，有着鲜明的价值导向，是一种权力的建构过程——不管这种权力是抽象的话语权还是实际的物理性权力——也是一种“治理术”。[1] 评估者与被评估者之间的关系，对于评估研究影响较大。评估的方法有两类：定量评估和定性评估，方法论的发展已经比较成熟。评估的内容是针对法治而言的，是指评估法治哪些方面的内容，法治本身是一个复杂的事物，包括了各种成分，如价值理念和具体制度，具体制度又包括立法、行政、司法、监察等。法治评估的这三个部分在逻辑上相对独立，因此可以单独作为法治评估的分类标准。下面分别予以阐述。

（一）基于评估主客体的标准：内部评估与外部评估

如果评估的主体与客体之间关系非常密切，属于同一个组织体系内，相互之间经常发生直接的影响，那么这种评估可以认定为“内部评估”，通俗的说法是“自己评自己”。反之则是外部评估：评估的主体与客体之间不存在直接的权力支配关系，甚至是没有关系，国际法治评估都属于这种类型。世

---

〔1〕 See Kevin E. Davis, Legal Indicators: The Power of Quantitative Measures of Law, *Annu. Rev. Law Soc. Sci* 10, 2014, pp. 37 – 52.

界银行、世界正义工程等国际组织对于被评估国没有直接的权力支配关系，美国政府机构对于其他国家的评估，如美国国际开发署、千年挑战公司的评估，在这个主权平等的国际世界也没有任何法定支配力量。内部评估与外部评估的区分非常必要，内部评估的结果在理论上能够发挥直接的影响力，而外部评估的结果，被评估者可以置之不理。但是，由于内部评估具有利害关系，这对于评估方法和评估内容的选择会产生重要影响，外部评估则可以避免这一影响。

（二）基于评估方法的标准：定量评估与定性评估

定量评估方法基于最为悠久的社会科学研究范式——实证主义。实证主义认为，社会本身有着固定的模式和秩序，人的行为和各类社会现象都遵循着一系列因果规律，因此可以采取自然科学方法来研究社会。自然科学通常以数量的语言予以展现，因而实证主义的社会研究也特别偏重定量的方法。国内曾有学者质疑：法治能否量化？对此，实证主义方法早已指出：任何真实的事物，无论是不是可以直接观察，都可以进行测量，如智商、同情心等。[1] 要实现抽象理念的量化，首先要求该理念所反映的现象是一种不断变化的现象，如犯罪率、满意度等。对于这样一种事物，可以“变量”的概念形式来指称。变量所反映的不同现象，在理论上被称为不同的“属性”；通过赋予不同的属性以不同的数值，即可实现测量的要求。“法治”可以体现为现实中的一系列制度现象，也可以成为一个变量概念，因为各个国家的法治程度千差万别。因而，法治可以进行定量评估。

定性评估方法扎根于社会科学研究的第二大传统——诠释社会科学。诠释社会科学包括解释主义、诠释学、建构主义、认知社会学等类型，其研究

---

〔1〕 参见[美]艾尔·巴比：《社会研究方法》（第11版），邱泽奇译，华夏出版社2009年版，第121～124页。

方法通常称为定性研究方法。[1] 诠释社会科学认为社会不同于自然,前者并非一成不变,是由人所建构的;对于"人"的研究,不能像研究动物那样仅仅观察其外在的行为,更应当关注人的行动目的和主观意图。不同的人在不同环境下有着极其多元的不同意图,因而社会也是一个极其复杂的意义系统。诠释社会科学区分了自然科学和人文科学,认为前者可以探求机械的因果规律,而后者只能寻求对意义的理解和感悟,不能像研究自然那样研究社会,因为社会领域并不存在因果规则。对于法治这样一个有着丰富价值意涵的社会现象而言,定性研究同样可以大显身手:法治理论的主要内容就是一系列理念、价值和规诫。[2]

(三)基于评估内容的标准:形式法治与实质法治

"法治"有两个理论传统,一是英美法系的"Rule of Law"理论,[3] 二是大陆法系的"法治国"(德语"Rechtsstaat",法语"Etat de droit",西班牙语"Estado de derecho",意大利语"stato di diritto")理论。[4] 这两大理论传统内部又有着很多分歧的理论观点,对于"法治"的认识都不统一。不过,第二次世界大战之后,法治的两大理论传统逐渐朝向同一个方向发展:都主张形式法治(Formal Rule of Law)和实质法治(Substantive Rule of Law)两个类型的区分。形式法治又被称为"薄"(thin)的法治,针对法律规则本身,要求法律至上、权力依法运行,法律本身符合明确、公开、稳定、不自相矛盾等形式

---

[1] 社会科学研究有三大类:实证社会科学、诠释社会科学和批判社会科学。关于诠释社会科学的具体介绍,参见[美]劳伦斯·纽曼、拉里·克罗伊格:《社会工作研究方法:质性和定量方法的应用》,刘梦译,中国人民大学出版社2008年版,第93~99页。

[2] 参见夏勇:《法治是什么?——渊源、规诫与价值》,载《中国社会科学》1999年第4期。

[3] "Rule of Law"这一术语是英国法学家戴雪在1885年的《英宪精义》中提出的,但是戴雪对"法治"的界定较为狭隘。参见[英]汤姆·宾汉姆:《法治》,毛国权译,中国政法大学出版社2012年版,第4~6页。

[4] 法治国理论最早起源于19世纪的德国,后来传播到法国、西班牙和意大利等国。关于大陆法系法治国理论的介绍,参见罗智敏:《"法治国"在意大利:涵义、类型与危机》,载《交大法学》2014年第4期。关于"法治"与"法治国"的区分,参见陈新民:《国家的法治主义——英国的法治(Rule of Law)与德国法治国(Der Rechtsstaat)之概念》,载陈新民:《德国公法学基础理论》,山东人民出版社2001年版,第37~114页。

要求，注重法律制度的完备和法律本身被遵行。实质法治又被称为“厚”(thick)的法治，强调法律规则的内容，要求权力受到有效的制约、法律保障人权或维护人的尊严、法律内容符合公正等价值观，对于法律规则的形式要求不那么严格。

形式法治理论在西方有着强有力的支持，著名法学家富勒、拉兹和菲尼斯往往被认为是形式法治理论的代表，他们关于法治的核心主张见表3－1：[1]

表3－1　形式法治的基本原则

富勒(Lon Fuller)	拉兹(Joseph Raz)	菲尼斯(John Finnis)
1. 法律的普遍性； 2. 公布； 3. 不溯及既往； 4. 法律的明确性； 5. 法律不自相矛盾； 6. 法律不规定不可能的事情； 7. 法律相对的稳定性； 8. 官方行为与颁行法律的一致性	1. 法律是可预期的、公开的、明确的； 2. 法律相对稳定； 3. 特别法的制定应依据公开、稳定、明确的一般性规则； 4. 必须保障司法独立； 5. 必须遵守自然主义原则； 6. 法院对于其他原则的执行有审查权； 7. 法院应易于接近； 8. 预防犯罪机构的裁量权不得违逆法律	1. 规则是可预期的； 2. 规则是能够遵守的； 3. 规则是公布的； 4. 规则是明确的； 5. 规则是相互和谐的； 6. 规则是充分稳定的； 7. 命令的制定是有限的； 8. 官员有责任遵守规则

国内学界往往对“形式法治”存有误解，以为形式法治就是单纯的“以法统治”(rule by law)，类似于中国的“法制”。事实上，形式法治本身也有多个理论版本，“以法而治”只是其中最简单的一个，早已不是主流认可的理论。如今，主流的形式法治理论主张：法律至上，所有人的行为都要遵守法律，而法律本身应该是通过民主程序制定的。换言之，人际关系的非人格化、共同遵守规则，是形式法治的核心。这一目标在西方国家的实现，经历

[1] See Jørgen Møller and Svend-Erik Skaaning, *The Rule of Law: Definitions, Measures, Patterns and Causes*, UK. Palgrave Macmillan, 2014, p. 15.

了漫长的历史发展过程。[1] 实质法治理论也有多个版本，在西方也有很多提倡者，如著名的德沃金教授。根据著名法学家塔玛纳哈的研究，形式法治与实质法治的全部类型可以归纳为表 3－2 的版本：[2]

表 3－2　形式法治与实质法治的类型

	比较薄弱→到→比较浓厚		
形式版本	1. 以法统治——法律是政府的工具	2. 形式合法性——普遍、可预期、清楚、确定	3. 民主＋合法性——合意决定法律的内容
实质版本	4. 个人权利——财产、契约、隐私、自治	5. 尊严权和/或正义——帮助个人发展自决(self-determining)的能力	6. 社会福利——实质平等，福利，维护共同体

塔玛纳哈的法治理论观点，在国际上影响很大，世界正义工程的法治评估就参照了这一理论，采取了“形式法治＋实质法治”(第 4 版本)的评估内容。不同的法治评估，对于评估内容的选取有着很大的不同。国际法治评估大都倾向于“形式法治＋实质法治”(第 4 版本，或者第 4 版本＋第 5 版本)。国内的法治评估很多都类似于形式法治版本，少数接近于“形式法治＋实质法治”(第 4 版本)。

以上 6 个标准组合在一起，理论上可以产生 8 种法治评估类型，由于评估方法和评估内容的复杂性，理论上还可以产生更多的类型。但是，现实中并没有那么多的类型。在方法论的选择方面，定量评估相比于定性评估，几乎占据压倒性的优势。这不仅仅是因为定量评估看起来更“科学”、结论更为直观鲜明，而且是定性评估所需要投入的成本太大：定性评估需要评估者详细掌握被评估者的相关状况，特别是各种细节，评估者甚至需要和被评估者“打成一片”、取得其配合，才能充分掌握各种材料。定量评估则不需要这

[1] 具体研究，参见[美]道格拉斯·C. 诺思、约翰·约瑟夫·瓦利斯、巴里·R. 温格斯特：《暴力与社会秩序：诠释有文字记载的人类历史的一个概念性框架》，杭行、王亮译，格致出版社、上海三联书店、上海人民出版社 2013 年版。

[2] See Brian Z. Tamanaha, *On the Rule of Law: History, Politics, Theory*, Cambridge, Cambridge University Press, 2004, p. 91.

些，通过少数指标，就能预测整体状况。同样的成本，可以对几十个、上百个地区进行定量评估，但是只能对一个或几个地区进行定性评估。在法治定量评估中，最为精练的“法治指数”又是其中的主要类型。内部评估绝大多数沿袭了传统的绩效评估方式，评估自己的各种法律行为，如立法行为、执法行为、司法行为、监督行为等，这些都属于形式法治的内容。外部评估，如果政府信息不够透明，又无法取得政府的配合，很难对立法行为、执法行为、司法行为的运作过程进行评价，只能评估公权力对人民的影响结果：人民的权利、尊严是否得到充分保障。因此，外部评估大都倾向于实质法治的评估。

总之，在上述三类区分标准中，方法的标准对于法治评估类型的选择制约最大，其制约一方面表现为成本制约，另一方面表现为技术制约——法治指数需要熟练掌握社会科学定量方法、特别是统计学方法，政府自己发起的法治评估常常缺乏这方面的技术，因而依赖传统的比较简单的绩效评估方法。一旦产生方法论依赖，评估内容的选择也受到影响。法治绩效评估最容易偏向形式法治，这是“自己评自己”的先天局限性所致。指数方法可以同时适用于形式法治和实质法治，但是更倾向于形式法治，因为形式法治容易通过法律制度的形式予以反映，实质法治相对比较难，并且形式法治理论本身深受实证主义思想的影响。所以，法治指数评估，更容易滑向形式法治，不过，由于法治理论对于权利的极度重视，很多指数评估也会涉及权利保障的实质法治内容。法治定性评估可以同时适用于形式法治和实质法治。不过，实质法治与诠释学存在亲缘关系——实质法治的代表人物德沃金把诠释学引入了法学，建立了整全性法律解释观。[1] 定性评估完全可以在实质法治领域大显身手。所以，由于各种现实因素的制约，不同的评估主客体、评估方法、评估内容之间是有着一定的逻辑联系的，评估主体对于评

〔1〕 参见韩振文：《分析法学与法诠释学的对垒破除及其反思——以德沃金的法律解释观为例》，载《河北法学》2016 年第 7 期。

估方法和评估内容的选择并不能随心所欲。以方法为主要区分标准,结合主体标准和内容标准,法治评估的类型可以分为法治指数评估、法治绩效评估和法治定性评估。以下分别研究其内在的逻辑结构。

二、法治指数评估

这一类型的法治评估,在国内外最常出现。国际上除了美国国际开发署的评估,其他都是法治指数评估。国内也出现了很多法治指数,如余杭法治指数、昆明法治指数、透明度指数、司法文明指数等。外部评估大都选择法治指数评估,有些内部评估看似选择了"法治指数",其实是"外包"给政府之外的机构来设计,如余杭区委区政府委托浙江大学法学院,昆明市政府委托云南大学法学院。大体而言,法治指数评估的特点,是"外部评估(少数内部评估)+指数方法+形式法治(有的包括一部分实质法治)"。

指数最早出现在1764年,意大利人卡利使用指数来描述物价涨跌情况。[1] 20世纪初期,经济领域开始大量使用指数。第二次世界大战以后,指数的影响扩大到社会领域,其结果就是著名的"社会指标运动"。[2] 指数的建构是标准化的,有一套较为固定的建构逻辑。所谓指数(index),是以累加或合并的方式,基于某个概念的若干指标(indicator)而合成的一个数值。之所以要设计指数,是试图以一个数值表征复杂的现实状况;因此,指数是一种描述性工具。指数最早出现在经济领域,例如最常见的GDP、居民消费价格指数(Consumer Price Index,CPI)等;政治法律领域的指数出现相对较晚。[3] 这可以解释为什么国外的法治评估最初以法治指数的形式出现,因

---

[1] 参见袁卫、刘超:《统计学——思想、方法与应用》,中国人民大学出版社2011年版,第311页。

[2] 参见彭宗超、李贺楼:《社会指标运动源起、评价及启示》,载《南京社会科学》2013年第6期。

[3] See Juan Carlos Botero, Joel Martinez, Alejandro Ponce and Christine Pratt, *The Rule of Law Measurement Revolution: Complementarity Between Official Statistics, Qualitative Assessments and Quantitative Indicators of the Rule of Law*, Innovations in Rule of Law: A Compilation of Concise Essays, 2012, p. 8.

为经济学家开启了法治指数的设计。世界正义工程的法治指数出现比较晚,其设计采纳了经济合作与发展组织(Organization for Economic Co-operation and Development,OECD)提出的综合指标建构方法。[1]

指数建构的第一步,首先要确定"对象",也就是测量什么事物。有的事物可以用一个指标来反映,如犯罪率可作为公共安全的一个代表性指标;复杂事物则需要多个指标,"法治""治理"等都属于此类事物。要确定某一复杂事物的各个指标,首先必须确定其内涵,然后从其内涵中演绎、推导出各种指标。在社会科学理论中,对于事物内涵的界定,被称为概念化,也就是用一个定义来概括提炼其具体指涉的各种现象。法治本来是一个含混不清的抽象理念,如果不能界定为一个客观存在的事物,就失去了测量的可能性。因此,定量评估的第一步,首先是对法治进行概念化,将其从抽象理念转化为一个社会科学概念。这里的法治,首先是形式法治。指数作为一种定量方法,是通过数据的形式客观展示法治的本质属性。定量研究的社会事物,应该是一个内在有序、较为稳定的"有机体";指数评估的"法治",也必须是一个内部协调有序的稳定事物,不能由各种不相关的甚至是相互冲突的成分所组成。形式法治首先就满足这一评估要求。此外,权利也是现代法治不可或缺的内容,至于"权利"如何确定,国际法治指数通常依据《世界人权宣言》《公民权利和政治权利国际公约》《经济、社会及文化权利公约》等国际人权法规范来确定。

概念化之后,接下来就需要分解各个指标,这一步在社会科学理论中被称为操作化,也就是将概念与一系列测量技术或程序连接起来的过程,使概念可以通过观察、调查、统计等方法得以测量,最终结果就是各种可以直接进行测量的指标。在理论上,同一个事物的各个指标之间应当具备四种关系:穷尽性(exhaustive)、单项性(unidimensionality)、互斥性(mutually

---

[1] See OECD/EC JRC, *Handbook on Constructing Composite Indicators: Methodology and User Guide*, Paris, OECD, 2008.

exclusive)和互换性(interchangeablility)。[1] 穷尽性,是指各种指标加总起来,能够涵盖该事物所指涉的所有现象。如果构建人权指数,只提出人身权和财产权两个指标,那显然不具备完备性,因为还遗漏了其他类型人权。单项性,是指各个指标所指向的都应该是同一事物。例如,法治指数可以包括基本权利、有限的政府权力等指标,如果加进了离婚率、居民人均可支配收入等指标,这就不再是法治了。互斥性,是指各个指标之间不能存在相互涵括或重叠的关系。例如,某一犯罪指数,如果包括盗窃罪、走私罪、走私文物罪等不同指标,那就违背了互斥性要求。互换性,是指代表各种指标的行为,应该与代表该概念的行为相一致。如果某个国家的法治指数很高,那么该指数各个指标的得分也应该相应较高,两者之间有着很强的正相关性。

指标可以分解为一级指标、二级指标、三级指标乃至四级指标,使指标的指涉事物越来越具体。例如,"立法"可以作为一级指标,分解为"民主立法"和"科学立法"两个二级指标,但是这两个指标仍嫌抽象,可以再分解为"公民能够获知立法信息""公民能够参与立法过程""公民的意见能够发挥有效影响"等三级指标。不过,即使分了很多级指标,有些最低级的指标仍然不直接对应于现实中的某一类行为,而是需要很多行为事件来反映。例如,对于"警察中立执法"指标,由于警察可以履行各种行为、可以对不同类型的人实施行为,就需要对不同的人调查各种不同的问题事项、从各个不同的角度予以反映。世界正义工程的多数最低级指标,都包含几个乃至几十个调查事项。例如,为了测量"政府规章的执行与实施是否免于贿赂或不当影响",由于政府规章种类众多,世界正义工程用了几十个问题来测量这一因子,涉及劳工、环境、公共卫生、商业调整与消费者保护、公共服务等所有

---

[1] 参见[美]劳伦斯·纽曼、拉里·克罗伊格:《社会工作研究方法:质性和定量方法的应用》,刘梦译,中国人民大学出版社2008年版,第230~231页;[美]艾尔·巴比:《社会研究方法》(第11版),邱泽奇译,华夏出版社2009年版,第127~128页、第136~137页。

国家都依法调整的领域。[1] 2014 年世界正义工程指标体系包含了 541 个调查事项，涉及法律所调整的各个领域，如拆迁补偿、警察执法、法院审判、医疗纠纷、政府采购、劳动薪酬纠纷、环境保护、政务公开、行贿受贿、各种主要犯罪、纠纷解决机制、法律服务、言论表达、选举、恐怖袭击等，以努力反映法治实践的总体面貌。所有这些指标，最终汇集成了一个指标体系。

指标体系一旦建构完毕，调查事项也就确定了，接下来需要开展调查工作。调查可以分为两种方式：亲身收集第一手材料或数据，或者收集第二手材料或数据。法治评估刚刚出现的时候，涉及法治的数据材料非常稀少，评估者不得不亲身收集一手材料。美国传统基金会就借助《华尔街日报》庞大的新闻采集体系来收集相关材料。亲身收集可以通过观察、访谈、问卷等多种方式，是一项非常辛苦的工作。中国人民大学法治评估研究中心每年有 3 个月以上的时间从事这些调查工作；中国社会科学院法学研究所法治国情调研室的同仁，甚至每年 1/3 以上的时间都在调研。如今，随着法治评估调查的大规模开展，法治数据材料经过日积月累已经不少了，未来的研究者可以利用这些材料或数据从事相关的法治评估研究。

法治指数需要以数值来反映事实，收集的第一手或第二手材料往往大都是文字内容，需要转换为数据。收集的很多数据，也需要进行处理，转化为法治指数所要求的数据。对于这些文字材料和原始数据，可以通过量表（scale）的方法予以量化。量表有很多分类，如类别量表、顺序量表、等距量表和等比量表等，可以针对事物的特性用不同的规则来分配数字，从而形成符合某一指数构造要求的、标准化的数字。世界正义工程、中国人民大学就采用量表的方式予以量化。有些法治指数采取了标准打分的方式，也就是由专家根据相关标准、基于相关信息而赋予一定分值，这种方法在国内外法治评估中广泛使用。我国很多法治指数、自由之家、贝塔斯曼、全球廉正均

---

〔1〕 See Juan C. Botero and Alejandro Ponce, "Measuring the Rule of Law", *The World Justice Project-Working Papers Series* No. 001, 2011, pp. 47 – 49.

采用这种方式。此外还有其他一些量化方法,借助统计模型进行处理,如世界银行利用不可观测成分模型(Unobserved Components Model),将其收集的各种数据转化为一个指数。[1]

各个指标的数据聚合成一个指数,需要进行权重的分配、计算方法的选择,此外还要处理缺失值和异常值等特殊问题。权重分配的方法比较多。理论上,权重应当反映每一个指标相对于总分的重要程度。统计学与社会学理论均指出:权重的配置,通常采取均等分配的方式,除非有确切的特别说明。[2] 权重的分配有两大类:一是根据理论重要程度的分配;二是根据统计方法,例如主成分分析、因子分析、数据包络分析、多元回归模型、层次分析法、德尔菲法等。在国际法治指数评估中,除了全球治理指标的权重变化不一以外,其他法治指数都采取了权重均等的分配方法。中国香港特别行政区的定量评估采取了德尔菲法,中国台湾地区综合采取了德尔菲法和层次分析法。计算方法主要有两种:线性计算法和几何计算法;前者适用于存在互补关系的指标,后者适用于相互之间不可补偿、彼此独立的指标。[3] 国际法治指数的计算,除了全球治理指标以外,均采取线性计算法。此外,对于缺失值,可以用无条件均值代替,后者是同一指标或下级指标其他变量的均值。[4] 对于异常值,可以将其剔除,或者用均值或其他统计量取代、使用稳健模型加以修饰,等等。

指数算出之后,还需要进行统计审查,合格后才可以公开。如果是抽样调查获得的指数,还需要提供抽样误差。法治指数的统计审查,至少包括四个方面:信度、效度、一致性、稳健性。这些审查往往被中国法学界所忽视,

---

〔1〕 详细编制方法,参见[美]克里斯蒂纳·阿尔恩特、查尔斯·欧曼:《政府治理指标》,杨永恒译,清华大学出版社2007年版,第36~48页、第93~98页。

〔2〕 See Michaela Saisana and Andrea Saltelli,"Rankings and Ratings: Instructions for Use", *Hague Journal on the Rule of Law* 3,2011,p. 254.

〔3〕 Ibid.,pp. 255-256.

〔4〕 See Juan C. Botero and Alejandro Ponce,"Measuring the Rule of Law", *The World Justice Project-Working Papers Series* No. 001,2011,p. 21.

最近几年才有所改变,中国人民大学的法治指数、中国政法大学的司法文明指数,都提供了信度和效度的审查结果。本书第四章将专门研究这些统计审查,并以余杭法治指数和中国政法大学的全国法治政府评估为例,展示这些统计审查的具体应用。

以上就是法治指数评估的整体逻辑。根据这个逻辑,国内外很多法治指数都存在改善的空间。很多法治指数欠缺概念化这一步,结果导致评估的法治内容有争议。一些国际法治指数,如传统基金会、贝塔斯曼、全球廉正、自由之家,都没有对"法治"进行界定,导致评估的"法治"内涵狭窄。我国未经概念界定的法治指数则往往内涵太宽。以余杭法治指数为例,设计者直接把《中共杭州市余杭区委关于建设法治余杭的意见》所设定的 9 项总体目标作为法治的"具体面相",它们的内容是:党委依法执政、政府依法行政、司法公平正义、权利依法保障、市场规范有序、监督体系健全、民主政治完善、全民素质提升、社会和谐平安。[1] 上述 9 项总体目标可以认为反映了"法治"的内容,但是并不构成一个概念,因为它们之间的关系没有得到界定,它们的具体属性也不能直接等同于法治的属性。此外,其他很多中国法治指数也都有这个问题。概念化的欠缺,使指标体系的穷尽性、单项性、互斥性和互换性缺乏一个明确的标准。

一些法治指数的指标体系内部,也存在一定程度上的遗漏和不协调。附属性的国际法治指数,几乎都存在遗漏问题——往往局限于司法,唯有世界正义工程法治指数比较完整。国内法治指数容易遗漏权利保障这一重要指标,此外跟不上中国改革的步伐,很多法治指数没有及时增加"党内法规"和"监察监督"这两个非常重要而又颇有特色的评估指标。国内有些法治指数评估的甚至不是"法治",而是"法治建设"。"法治"和"法治建设"是两码事,前者是指一种事物,后者是一项工作。昆明法治指数评估的"法治"内涵

---

〔1〕 参见钱弘道等:《法治评估的实验——余杭案例》,法律出版社 2013 年版,第 66 页。

太宽,设计者从“社会”“制度”“人文”三个方面穷尽“法治”的内涵,具体又包括政治、社会、市场等领域,范围过于宽泛,特别是“社会环境”和“人文环境”,很难直接与“法治”挂钩。指标之间的协调性问题也很多,这部分分析将在本书第四章具体展开。

一些指数的具体量化环节也存在争议,最典型的就是指标之间权重分配不均,没有详细说明。有的法治指数,计算规则的选择没有遵从指数的逻辑,而是采取了绩效评估的逻辑。例如,余杭法治指数采取内部组、外部组、专家组、群众共同参与法治评估的做法,这些做法据说借鉴了香港法治指数。但是香港特别行政区之所以设立两个组别,只是为了比较对照、以衡量评审组的结果是否准确,最终分数只取自评审组。[1] 余杭之所以采取上述做法,是采用了绩效评估中的360度全方位评估方法。[2] 这种做法混淆了指数评估的逻辑与绩效评估的逻辑。总之,法治指数评估有着自己的一整套逻辑,在设计法治指数时,应该一以贯之地遵循。法治指数评估的适用应该慎重,对于评估对象较少,如仅仅是一个或几个地方,指数未必是最佳的法治评估类型。指数评估的优势,在于以高度凝练的数据反映被评估地区的法治状况,数据最适合比较和排名,评估的地方越多,数据的利用价值也越高。

三、法治绩效评估

迄今为止,绝大多数内部评估和少数外部评估,采取了绩效评估的方法,评估的内容主要是形式法治,有的评估内容包括一些实质法治,如权利保障,这种类型就是法治绩效评估。绩效评估方法最早源于企业管理,后来被用于公共管理,成为我国政府普遍采用的管理方式。所谓绩效(performance),有着客观和主观的双重表现,前者可以是某种经济效益、一

---

〔1〕 参见戴耀廷:《香港的法治指数》,载《环球法律评论》2007年第6期。

〔2〕 参见钱弘道等:《法治评估的实验——余杭案例》,法律出版社2013年版,第242页。

定程度的犯罪率等客观结果,后者却比较单一:由于政府管理的最终目标是让公民满意,因而满意率往往就是主观绩效的唯一表现。在理论上,绩效评估本来有定量评估和定性评估两种方式,但是中国政府极其热衷于定量考核,以至于绩效评估在中国几乎都成了定量评估。公民对政府的满意程度,也量化成了"满意度调查",并成为绩效评估的重要组成部分,这一做法也被移植到了中国法治评估领域,以至于形成了全世界独一无二的"法治满意度调查"。对于政府而言,通过绩效评估推动法治建设,是最为熟练、最有效的方式,因为中国政府是一种自上而下的"压力型体制",[1]绩效评估就是传递压力的主要方式。一些外部评估,也采取了绩效评估的方法,如北京市法治建设状况综合评价指标体系课题组借鉴了中国人事科学研究院的政府绩效评估方法,余杭法治评估引用了绩效评估中的360度全方位评估方法。

中国政府的绩效评估与发达国家政府的绩效评估有着显著的不同。从目标定位的角度,可将绩效评估分为"内部控制"和"外部责任"两大类。发达国家的绩效评估是外部责任型,具有3个特征:明确的外部责任意识,以提高政府公信力、推进公众监督、政绩结果对公民负责;公民导向的评估指标体系,评估指标旨在回应公民的需求;广泛深入的公民参与,公民全程参与绩效评估的整个过程、最终主导评估结果。[2]我国的绩效评估是内部控制型,表现在:评估指标和评估过程都由政府主导,公民的参与严重不足,决策机会和发言权严重受限,对评估结果的影响很小;自上而下的单向性特征,评估是"对上不对下";绩效评估容易沦为某种驾驭统治术,评估本身的客观性容易受到操纵。[3]这种特征的绩效评估,赋予了法治绩效评估的独特逻辑。

---

[1] 关于压力型体制的介绍,参见杨雪冬:《压力型体制:一个概念的简明史》,载《社会科学》2012年第11期。

[2] 详细论述,参见周志忍:《内部控制与外部责任:论政府绩效评估的目标定位》,载《北京电子科技学院学报》2015年第3期。

[3] 同上。

政府发起的法治绩效评估，首先，具备一种“内向性”的逻辑：法治绩效评估主要是一种政府内部行为，由政府主导，评估的发起者是上级政府，如中央政府（国务院）、各种法治建设领导小组或委员会等。评估仅限于本行政区域，也就是评估者所能管理到的区域。既然这种评估是一种内部行为，也就没必要对外界公开了，所以很多政府的法治绩效评估，社会公众几乎完全不了解。一些专家学者应邀参与法治绩效评估方案的设计和操作，也被要求“保密”。公众的参与程度很有限，其参与往往仅限于提供各种“满意度”。这与法治指数评估中公众的广泛参与形成很大区别：在世界正义工程法治指数中，公众评估的事项遍及所有法治领域。在法治绩效评估中，公众不仅参与有限，评估的分量也很有限：公众分值比重一般不超过20%，10%左右就很高了。其次，这种法治绩效评估，具备一种“单向性”和“控制取向”的逻辑：评估是自上而下地开展的，服务于内部的监督控制，目的是驱使或鞭策其工作部门和下级机构履行相关职能、完成预定目标。评估可以是上级党政机构开展的，也可以是上级某一职能部门对其特定工作领域的法治评估，如民政部开展的“全面推进民政法治建设”。法治绩效评估具有一定的专业性，政府有时会邀请一些专家学者参与，例如，江苏无锡曾邀请来自全国各地的13位法学专家、法治工作者进行评估打分。但是，即便如此，这种做法仍然改变不了法治绩效评估的逻辑，并且，这些借力外部的评估，难以摆脱政府控制的质疑。

政府法治绩效评估的逻辑，深刻地贯穿于此类评估的各个环节。在评估指标的选取方面，由于此类评估是一种政府内部行为，目的是控制其工作部门和下级机关履行相关职能，所以，其评估指标往往是根据政府自身的决策文件而制定，甚至直接引用。在我国，政府肩负着社会主义现代化建设的神圣使命，政府工作行为的表现主要是聚集力量、投入资源，使其“落地”；所以，投入指标和过程指标成为衡量政府工作行为的主要指标，法治绩效评估的指标也主要由投入指标和过程指标构成，如组织机构是否健全、人员是否配备到位、制定多少部法律、政府决策是否依法、行政决定是否在法定期限内做出、政府信息依法公开、投诉处理合法及时、法律援助经费是否得到切实保障,等等。法治效果指标所占比重很少。实质法治主要依赖法治效果指标来衡量的,形式法治主要依赖投入指标和过程指标。所以,法治绩效评估的这种逻辑,几乎是必然导致绩效评估偏向形式法治,实质法治的成分严重不足。此外,由于这种逻辑的作用,此类评估的指标必然是越多越好、越全越好,最好是能够捕捉每一个工作细节,只有这样才能充分实现控制效果。[1] 所以,法治绩效评估的指标一般都非常多,动辄就是几百条。事实上,指标的精髓在于"一叶知秋",从一个个别的迹象就能看出整体的状况。国际法治指数的指标往往都比较少,大部分只有三四个指标,最多的世界正义工程指标也不超过 50 个。

法治绩效评估沿用了绩效评估的诸多方法。绩效评估方法众多,如平衡计分卡、标杆管理法、目标管理法、关键事件法、排序法、行为观察评价法、行为锚定评价法、360 度绩效评估法等。至于具体的考评方法,更是五花八门,有调查统计、文献审查、考察调研、述职打分等方式。绩效的量化方式,主要是打分和统计调查。打分的方式又可以分为很多种,最常见的是根据特定的目标或标准进行打分,如规定青少年违法犯罪率控制在 1% 以内、党委政府法律顾问的覆盖率在 85% 以上、不发生重大安全责任事故等。再根据此目标进行打分,青少年违法犯罪率每超过一个百分点就扣 1 分,发生一起重大安全责任事故扣 5 分,等等。最后通过线性计算法,算出法治评估总分。打分的方法同样面临着权重设置的难题。对此,我国有 3 种通行的解决方法。第一种方法是通过设置目标总分,变相赋予每一项指标以权重。例如,2014 年中国政法大学"全国法治政府评估项目"下设 7 个指标,满分 300 分,各个指标的总分分别是 65 分、60 分、40 分、40 分、45 分、20 分和 30 分,

[1] 参见周志忍:《我国政府绩效评估需要思考的几个问题》,载《行政管理改革》2011 年第 4 期。

相关的权重分别是0.217、0.2、0.133、0.133、0.15、0.067、0.1。第二种方法没有给各个指标设定总分，而是采取德尔菲法、层次分析法来设置权重，其中德尔菲法由于较易实施而在多个地方得以采行，如余杭等地。第三种方法，是径行为各个指标设置权重，如昆明法治指数共有13个二级指标，权重有3、4、5、6、7、8、10、23等。[1] 调查统计一般用于“群众满意度调查”。与更为标准化、更加严谨的指数方法相比，绩效评估的方法过于多样灵活，搞不好就会出现形式主义、虚假评估等问题。评估者在使用绩效评估方法的时候，一定要慎之又慎。

总之，政府的法治绩效评估，既有优势也有劣势。优势在于“短平快”。我国政府使用绩效评估很多年，非常熟练，可以立即用于法治评估。评估结果具有直接影响力，如广东省的法治政府评估，评估得分低于60分者，予以通报批评并公示，评估结果作为被考评对象责任人职务任免、职级升降、交流培训、奖励惩处的重要依据；[2] 这是外部评估无法具有的优势。评估可以很快推动法治建设，最明显的事例就是我国政府开展的营商环境评估，使我国营商环境在世界银行的排名，从2017年的第78位上升到2018年的第46位，一年之内位次就跃升了32位，这也是举世罕见的，彰显了法治绩效评估的强大威力。

此类评估的劣势也很明显，内部评估虽然能控制下级，但是上下级毕竟是一个共同体，“自己评自己”的做法容易流于“自卖自夸”。另外，内部评估的封闭性，导致这种评估缺乏横向的可比性和激励性，不利于法治建设经验的推广。改变这些劣势，最有效的方法就是改变政府法治绩效评估的封闭性。第一种方法是委托第三方评估，如中国政法大学的“法治政府评估”，对

---

〔1〕 参见周尚君、彭浩：《可量化的正义：地方法治指数评估体系研究报告》，载《法学评论》2014年第2期。

〔2〕 参见国家行政学院课题组：《法治政府指标体系与作用》，载《中共天津市委党校学报》2014年第2期。

于激励中国的法治政府建设贡献很大;最高人民法院委托中国社会科学院法学研究所来评估“基本解决执行难”改革,也取得了非常好的效果。第二种方法是公众广泛参与评估:参与制定评估指标、参加具体的评估行动、扩大评估事项和领域、增加公众评估分值的分量。公众作为政府法治绩效的最终感受者,完全有资格对政府的各项外部管理行为进行评估,如政府办事的效率、政务公开的程度、法律执行的效果等。这样可以避免法治绩效评估的局限性,更好地发挥其作用。

四、法治定性评估

此类评估在当前“指数热”“量化考核热”的环境下,评估的事例比较少,似乎“不受待见”——连篇累牍的文字叙述,毕竟不如数字那样醒目直观、抓人眼球;并且,定性评估的成本,特别是时间成本,相对比较高。但是,此类评估的潜力非常大,应用空间不受限制:无论是外部评估,还是内部评估,都可以选择定性评估的方式;无论是形式法治,还是实质法治,都可以与定性评估水乳交融。法治指数和绩效评估,在实践中直接限定了评估主体和评估内容的选择,定性评估却没有这些限制。此类评估的逻辑,基本表现在方法论方面。

对于法治这样天生带有价值理念的事物,定性评估是最为合适的。相比于形式法治,实质法治更难通过定量的方式进行评估,定性评估则可以在此大显身手。法治定性评估,就是根据各种事实情况评判某个国家符合法治价值的程度。评估者首先需要明确法治的各个价值追求,如平等、公正、安全、自由、效益等,但是不必像定量评估那样需要厘清法治的各个具体变量。各个价值之间的关系不一定都协调,法律的价值冲突现象经常发生,如时常对立的“公正”和“效益”两大价值。价值之间,还必须有一个优先排序,以便在冲突发生时进行权衡。这会给法治的定量评估,特别是指数评估,造成很大难题,因为法治定量指标之间要保持一致性,否则就没法聚合为一个指数,指标的权重原则上应该一致,这又与法治价值高低序列存在冲突,所以,法治定量评估在设计指标体系时,为了保持指标体系的一致性,往往不得不忽略一些重要的法治价值。

法治的定性评估不存在法治定量评估的这个难题。一旦确定了法治的价值追求,指标的设置可有可无。有些定性评估不采取指标这一工具,如中国社会科学院法学研究所每年在"法治蓝皮书"中所作的年度法治点评,很多内容属于这类评估;[1]中国行为法学会和中南大学联合发布的《中国法治实施报告》,为法治中国实践提供系统的"年度体检",也属于此类评估。即使设置指标,与定量评估指标相比,定性评估指标也要简单得多。在性质上,定性评估指标全部是主观指标,不需要分解得非常细致,通常到二级指标即可,数量因此也不多。美国国际开发署仅仅提供了法治的5个定性指标:"秩序与安全""合法性""制约与平衡""公平""法律的有效执行"。定性指标可以涉及法律的各个领域,因为各个领域都要遵循一定的价值标准,如立法科学、行政高效、司法公平等,公正之类的价值理念甚至是所有法律领域都应遵循的。在内容方面,定性评估指标可以涉及投入、运行、产出、效果各个环节,如法律职业者胜任工作、权力之间相互监督、法律得到有效执行、法律实施效果公平合理,等等。

定性评估没有标准化的方法体系,具体评估的方法因人因事而异——不同的评估专家需要基于不同的国度、不同的情境采取不同的方法。定性评估对于评估者有着很高的要求,要求其必须能够充分理解被评估者的主观意图和背景,具有必备的实践经验和专业素养,能够与被评估者有效沟通、"掏心窝子"说话,获取足够的相关信息。定量评估广泛使用的统计调查法无法理解、领悟被评估者的主观意愿,因而需要采取访谈等直接接触的方法。访谈需要更高的技巧,这些都需要评估者事先接受专门的训练、拥有一

〔1〕 参见田禾、吕艳滨主编:《中国法治发展:成效与展望(2002~2016)》,社会科学文献出版社2017年版。

定的经验。此外，定性评估还可以采用文献审查的方法，也就是收集所有与评估相关的文件，包括背景资料、研究论著、统计数据等，从中掌握被评估国的历史背景和现实情况，据此做出定性判断。文献审查可以最大限度地节省成本，因此常常是定性评估首先使用的方法。但是，文献审查也存在资料残缺不全、记载不符合真实情况等问题，这时就需要通过访谈等方法予以弥补。通过访谈、文献审查等方法，评估者可以获得较多的第一手信息和资料，在此基础上根据法治的价值理念标准做出定性判断。

此类评估结果最终以文字报告的形式展现，是对于客观现象的法治价值评判，例如人权是否得到充分保障等，可辅之以相关的数据说明。定量评估结果是高度精练的，而定性评估结果却是细致复杂、长篇大论，其优势也正在于能够充分展示法治的细节、揭示更深层次的法治状况。与定量评估结果报告相比，定性评估的结果报告撰写要困难得多：定性报告的主体内容是文字，必须压缩通过文献审查和访谈调研获得的大量文字资料；与数据相比，文字资料是很难压缩的。从事这一工作，要具备很高的写作技能和专业技术。定性评估是一种价值评估，评估者的主观色彩非常浓厚，但是，定性评估结果也是一种社会科学成果，不能有太多的个人主观色彩，需要充分介绍评估的背景、资料收集和评估的整个过程，使读者据此逐渐接受评估者的观察和结论，以公开透明的方式保障公信力。在影响方面，定性评估的影响不如定量评估的影响广泛，但是更为具体深刻。总之，定性评估是“入门容易、深入难”；定量评估是“入门难、推广容易”，掌握之后就可以快速复制推广。不同的法治评估类型，各有各的优势和劣势，相互之间不是排斥关系，可以共同使用。如果要选择某一类法治评估，需要结合评估的目标追求和各种制约因素来确定最佳方案。

第四章
法治评估的再评估[1]

法治评估是当前我国最富争议的法律现象之一，理论界和实务界不断地提出各种法治指数和评估方案，同时，这些指数和评估方案又持续地遭受质疑和批判。这些质疑和批判，在相当程度上构成了对于法治评估的“再评估”。作为一种新生事物，法治评估肯定存在这样那样的问题和缺陷。对法治评估开展“再评估”、改进已有的评估方法、促进法治评估更科学更合理地发展，是当前学术界和实务界面临的迫切任务。迄今已有的各种“再评估”分析，主要集中于法治评估的4个问题：指标设置和权重分配不合理；[2]评估主体中立性缺失；[3]评估方法不够科学；[4]评估

---

〔1〕 本章由笔者和江照联合撰写。

〔2〕 参见张保生、郑飞：《世界法治指数对中国法治评估的借鉴意义》，载《法制与社会发展》2013年第6期。

〔3〕 参见金善达：《法治指数评估的制度建设路径研究——基于系统论的分析视角》，载《上海政法学院学报》2014年第5期。

〔4〕 参见汪全胜：《法治指数的中国引入：问题及可能进路》，载《政治与法律》2015年第5期。

结果虚假、缺乏公信力。[1] 这些分析指出了法治评估存在的一些重要问题，很有意义。但是，此类分析都属于不依赖数据分析的“定性再评估”，而我国目前的各种法治评估事例，绝大多数都是以数据形式展示出来的“定量评估”。定量评估往往投入了大量的成本、收集了众多的数据、经历了复杂的处理，不深入分析相关数据、仅仅进行主观的“再评估”，不能完全揭示定量评估的其他问题，如信度和效度问题。如何对法治定量评估进行再评估，是本章首先需要解决的问题。

事实上，社会科学领域早已开发出了一些行之有效的评判方法，如使用最广的信度分析和效度分析。国际法治评估也存在“再评估”事例：世界正义工程曾邀请欧盟委员会联合研究中心（European Commission Joint Research Centre，JRC）计量经济学和应用统计学小组，从 2010 年以来连续 4 年对世界正义工程法治指数进行审查评判。[2] 美国学者也曾对国际上最早出现的 4 个法治指数进行统计审查，结果发现：传统基金会、世界银行、世界正义工程和自由之家的 4 个法治指数相关性极高，从而表明了国际法治指数的一致性和科学性。这个分析结果见表 4 - 1：[3]

表 4 - 1　国际法治指数的相关性分析

法治指数	传统基金会	世界银行	世界正义工程	自由之家
传统基金会	—	0.9584	0.9526	0.7689
世界银行	0.9584	—	0.9668	0.8194
世界正义工程	0.9526	0.9668	—	0.834
自由之家	0.7689	0.8194	0.834	—

在我国，郑成良教授很早就提出用信度和效度的方法来审查余杭法治

〔1〕 参见陈林林：《法治指数中的认真与戏谑》，载《浙江社会科学》2013 年第 6 期。

〔2〕 See Michaela Saisana and Andrea Saltelli, “The Joint Research Centre audit on the WJP Rule of Law Index”, in *the WJP Rule of Law Index* 2010, pp. 115 - 121.

〔3〕 See Mila Versteeg and Tom Ginsburg, “Measuring the Rule of Law: A Comparison of Indicators”, Law & Social Inquiry 42, 2017, p. 21.

指数,但是很长时间未见实施。[1] 在中国人民大学的法治评估报告和中国政法大学中国司法文明指数报告中,研究者对其指数进行了信度分析,迈出了我国法治评估进行"定量再评估"的第一步。不过,法治评估的"再评估"方法并不限于信度分析。本章将基于社会科学定量研究的基本原理,参考欧盟委员会联合研究中心的定量审查实践,提出一套以定量分析为基础的"再评估"方法;然后,运用这些方法,对中国的法治评估事例进行再评估;最后,针对审查发现的一些问题,探讨相应的改进方案。

一、法治评估的再评估方法

法治的定量评估,需要经过法治的概念化、指标的界定、数据的收集与计算等环节。对于"法治"这样内涵丰富的评估对象而言,需要较多的指标予以反映。理论上,同一事物的指标之间要具备 4 种属性:互斥性、穷尽性、单项性和互换性。[2] 互斥性是指各个指标互不相同、不能相互涵括;穷尽性是指各个指标加总起来,能够反映法治指涉的基本现象;单项性是指各个指标所反映的都应该是同一事物;互换性是指:各个指标之间应该高度一致、可以替换,如果某个国家的法治指数很高,那么各个指标的得分也应该相应较高。数据的收集,除了使用第二手数据以外,一般采用调查统计的方法。数据的计算,需要考虑不同的权重和计算公式。针对这些量化步骤,根据社会科学定量研究方法和欧盟委员会联合研究中心的审查实践,我们把再评估方法归纳为如下 6 种:

1. 信度的分析。信度是指采用同样的方法,对同一对象重复测量,所得结果的一致性程度。信度越高,测量结果越稳定可靠。信度的计算方法主

---

〔1〕 参见钱弘道主编:《中国法治增长点——学者和官员畅谈录》,中国社会科学出版社 2012 年版,第 58 ~ 59 页。

〔2〕 详细论述,参见[美]伦斯·纽曼、拉里·克罗伊格:《社会工作研究方法:质性和定量方法的应用》,刘梦译,中国人民大学出版社 2008 年版,第 230 ~ 231 页;[美]艾尔·巴比:《社会研究方法》(第 11 版),邱泽奇译,华夏出版社 2009 年版,第 127 ~ 128 页、第 136 ~ 137 页。

要有 4 种:再测信度、复本信度、评分者信度、克隆巴赫系数。社会科学研究最常使用的方法是克隆巴赫系数。信度系数在 0 ~ 1,0 表示完全缺乏信度,1 表示重复测量的结果完全一致;0.7 以上的系数可以接受,0.6 ~ 0.7 的还可以接受,0.6 以下的就要重新调整指标了。

2. 效度的分析。效度是指测量在多大程度上反映了被测事物的真实含义,可以评判指标的穷尽性、单项性和互斥性。测量结果与测量对象的内容越吻合,则效度越高,反之越低。效度的审查方法也有 4 种:表面(face)效度、标准关联(criterion-related)效度、结构(construct)效度和内容(content)效度。[1] 其中,结构效度和内容效度都采用了定量分析的方法。

3. 误差(error)的估算。在统计调查中,对于总体(population)较大的测量对象,往往需要从中抽取若干样本(sample)来判断总体的情况。法治的定量评估一般采取抽样调查的方法。每个样本的结果各不相同,与总体的真实值也会不同;样本观测值与总体真实值之间的偏差,就是"抽样误差"(sampling error)。为了保障结果的科学性和严谨性,统计学要求:任何一次抽样调查结果的公布,都应该说明抽样误差的大小。[2] 抽样误差可以通过统计学方法进行计算;误差值越小,说明观测值越接近真实值。因此,我们可以用抽样误差的大小来衡量测量结果的准确程度。

4. 外部一致性(coherence)的分析。从事法治评估工作的,并非仅有一家,其他机构可能也会对同一对象进行评估。如果不同机构对于同一对象的评估结果相差太大,那么肯定有一方会出错。国内有些报道基于香港特别行政区法治指数得分而质疑余杭法治指数"过高",其实就是一种变相的外部一致性审查。

5. 内部一致性的分析。指标的单项性和指标之间的互换性,要求各个

---

[1] 参见[美]艾尔·巴比:《社会研究方法》(第 11 版),邱泽奇译,华夏出版社 2009 年版,第146 ~ 147 页。

[2] 参见[美]埃维森等:《统计学》,吴喜之等译,高等教育出版社 2000 年版,第 26 页。

指标之间有着高度的正相关性。相应的审查方法是各种系数,包括上述的克隆巴赫系数、斯皮尔曼秩相关系数(Spearman Rank Coefficient)等。其中,克隆巴赫系数从各指标得分结果的角度检验内部一致性:如果某一指标得分很高,那么与其同属一个事物的另一指标的得分也相应会很高;斯皮尔曼秩相关系数则是从各指标得分排名顺序的角度检验一致性:如果法治指数的某一指标排名比较靠前,那么该指数其他指标的排名也不会过于靠后。

6. 稳健性(robustness)的分析。指数出台之后,可用于纵向比较和横向比较,这些比较的结果是否稳健,直接取决于该指数的计算方法,如权重的分配、计算的公式、调查缺失数据的处理,等等。任何一个环节的改变,都会导致指数得分的改变,进而影响指数之间的比较排名。如果影响较大,那么这种指数排序就是不稳健的。相关的审查方法,就是敏感性分析(sensitivity analysis),它可以找出最不稳定的影响因素、确定其影响程度。具体的方法包括蒙特卡洛试验、多模型方法等。如果稳健性较弱,就需要重新改进计算方法了。

这些再评估方法,曾被欧盟委员会联合研究中心多次用于审查世界正义工程法治指数,每一次审查建议都得到了世界正义工程的吸收——世界正义工程法治指标体系的变动,就是基于相关的审查建议。这种审查,对于提升世界正义工程法治指数的科学性和公信力发挥了巨大作用。中国的法治评估缺乏此类审查,本章致力于弥补这些工作。由于中国大多数法治评估都是隐秘地进行的,没有公布具体的指标体系、评估方法和原始数据。目前,能够进行定量再评估的,只有余杭法治指数和中国政法大学的法治政府评估项目,[1]它们提供了更多的数据,可以开展一定程度的定量审查。此外,这两类评估分别是中国法治指数和法治政府评估的代表,是其他各类评估事例的借鉴对象,因此可以作为再评估的最佳样本。

---

[1] 中国人民大学法治评估研究中心在法治指数公布之前,都会进行统计审查。审查结果在书中可以看到,此处不赘述。

二、余杭法治指数的再评估

余杭法治指数不仅是中国内地第一个法治指数，也是透明度最高的法治指数之一。本书所使用的余杭法治指数材料，来自《法治评估的实验——余杭案例》和《中国法治增长点——学者和官员畅谈录》，以及余杭法治指数的年度报告与该评估课题组专家的学术论文等公开出版物。以下是再评估的具体过程和结果。

（一）信度和内部一致性的分析

针对余杭地区的法治评估，目前只有钱弘道教授主持的课题组一家，因此严格意义上的外部一致性审查无法进行。我们只能根据课题组披露的有限数据，采取克隆巴赫系数来检验指数的信度和内部一致性。该系数的计算公式是：$\alpha = \frac{K}{K-1}(1 - \frac{\Sigma S_i^2}{S^2})$；其中 K 是量表的条目数（也就是一级指标数或者某个一级指标下的二级指标数），S_i^2 是第 i 个条目的方差，S^2 是整个量表或者子量表（各条目求和之后）的方差。

此外，我们还运用主成分分析（Principal Component Analysis，PCA），从另一个角度来审查该指数的内部一致性。主成分分析是研究多个变量之间相关性的一种方法，也就是从原来的变量中导出少数几个主成分，使它们尽可能多地保留原始变量的信息，且彼此间互不相关；其数学运算是将原来的多个变量进行线性组合，从中导出主成分。[1] 如果原来的变量之间相关性越强，则获得的第一主成分的方差贡献率越大，该主成分越能代表原来的变量。我们可以通过第一主成分的方差贡献率大小，来衡量各个指标变量之间相关性的高低。

余杭法治指数是由内部组、外部组、专家组以及民意调查 4 个组的打分

---

〔1〕 由于其数学运算公式和说明较多，在此不予列举。有兴趣的读者可以参见吴喜之：《统计学：从数据到结论》，中国统计出版社 2013 年版，第 156 ~ 163 页。

加权平均得出的,如果各个组的信度难以保证,那么总指数的信度也难以令人信服。因此,我们在检验信度的时候,对4个组分别进行了检验。但是,由于民意调查的数据没有对外公开,因此仅能检验其余3个组的信度。信度的审查需要立足于每一位评估者的打分,目前仅能查到2008年内部组、外部组和专家组的具体数据,[1]以及2010年专家组每一位专家的数据。[2] 我们运用主成分分析和克隆巴赫系数的方法,得出了2008年3个评估组和2010年专家组的检验结果,见表4-2:

表4-2 余杭法治指数的信度和内部一致性分析

组别	方差贡献率	综合指标	指标一	指标二	指标三	指标四	指标五	指标六	指标七	指标八	指标九
内部组	80%	0.98	0.97	0.96	0.97	0.96	0.96	0.97	0.97	0.97	0.97
外部组	57%	0.87	0.81	0.81	0.82	0.84	0.94	0.85	0.85	0.82	0.80
专家组	70%	0.95	0.95	0.92	0.93	0.94	0.94	0.94	0.93	0.94	0.93
专家组(2010年)	47%	0.66	0.72	0.52	0.64	0.60	0.60	0.54	0.61	0.67	0.54

从表4-2可以看到,内部组的方差贡献率和克隆巴赫系数都很高,[3]但是不能说明余杭法治指数的信度和内部一致性就很高,因为内部组是“自己评自己”,打分普遍偏高,而且几乎都高于外部组和专家组,[4]其公正性和客观性很成问题。外部组是由非政府机关的本地人士组成,立场相对客观一些,其分值的克隆巴赫系数明显低于内部组,而方差贡献率在60%以下。2008年专家组的方差贡献率和克隆巴赫系数也较高,但是,2010年专家组的方差贡献率和克隆巴赫系数却大幅度下滑,以至于出现了信度不合格的问题。专家组打分变化较大的原因可能有两个:一是专家组本身的变化较大,

[1] 内部组和外部组的数据,来自钱弘道等:《法治评估的实验——余杭案例》,法律出版社2013年版,第248~249页。专家组数据,来自钱弘道:《2008余杭法治指数:数据、分析及建议》,载《中国司法》2010年第3期。

[2] 参见钱弘道等:《法治评估的实验——余杭案例》,法律出版社2013年版,第250页。

[3] 方差贡献率,是指第一个主成分的方差占所有主成分方差总和的百分比。另外,9个指标对应的系数,是指当剔除该指标的影响时综合指标的信度系数。剔除某个指标的影响是指将这个指标替换为其均值(也就是认为在该指标上,各个样本单元没有差异)。

[4] 参见钱弘道:《2012年度余杭法治指数报告》,载《中国司法》2013年第11期。

二是指数本身有问题——由于缺乏历年的具体数据可作比较，因而无法判断哪一个是主要原因。就前一种原因而言，2008 年的评估专家一共 15 人，2010 年只有 10 人，人数少了很多，分数很容易出现剧烈波动；就后一种原因而言，可能是指标本身的相关性较弱，容易出现较大波动。总之，总体检验表明：各指标之间的相关性和信度是存在问题的。

（二）效度的分析

由于余杭法治指数披露的数据有限，而且采取的是 4 个组加权打分的特殊方法，因此无法通过结构效度和内容效度的定量方法来审查效度，只能通过表面效度和标准关联效度的方法进行定性审查。表面效度是指各个指标在表面上能否合理地测量某一概念，在余杭法治指数中，一级指标共有 9 个：党委依法执政、政府依法行政、司法公平正义、权利依法保障、市场规范有序、监督体系健全、民主政治完善、全民素质提升、社会平安和谐。这 9 个指标是否能够涵盖中国法治建设的整体领域？事实上没有。正如评估专家李步云教授和王公义研究员所指出的，这一指标体系遗漏了国家权力机关——人民代表大会，以及重要的政治机构——人民政协。[1] 所以，余杭法治指数的表面效度存在缺陷。标准关联效度是指依据相关的外在标准，审查测量结果与该标准的关联程度。本例中，我们首先需要确立“法治”的外在标准。这涉及“法治是什么”的根本难题，古今中外对此争讼不已。尽管法治的标准众多，但是有两个根本标准得到了国内外的一致认可：权力的限制和权利的保障。从这两个根本标准来看，正如已有的研究已经指出的，余杭法治指标面临着“有限政府权力”和“基本权利保障”均缺位的状况。[2] 因此，可以认为，余杭法治指标的标准关联效度更低。总之，从定性审查的

〔1〕 参见钱弘道主编：《中国法治增长点——学者和官员畅谈录》，中国社会科学出版社 2012 年版，第 49～50 页。

〔2〕 参见张保生、郑飞：《世界法治指数对中国法治评估的借鉴意义》，载《法制与社会发展》2013 年第 6 期。

角度来看，余杭法治指标还需要重新设计一番，否则无法测出真实的“法治”状况。

（三）误差的测算

2007 年至今，余杭先后发布了 11 次年度指数得分，依次是：71.60 分、71.84 分、72.12 分、72.48 分、72.56 分、73.66 分、71.85 分、74.01 分、75.70 分、77.35 分、78.70 分。[1] 这些分数似乎能够得出一个结论：从 2007 年至 2012 年，余杭的法治状况一直在进步，2013 年又突然退步下滑，2014 年之后又快速上升。事实上，如果我们引入误差的分析，就会发现：不能通过这些分数来简单地判断余杭法治的发展趋势，这些数据之间并不具有可比性。内部组、外部组和专家组的样本量很小，误差也不会小。根据公开数据，我们可以运用刀切法（Jackknife），来估算 2008 年余杭法治指数的误差——由于群众组的数据并未公开，无法计算方差，姑且假设为零（但实际上大于零）。刀切法是方差估算的一种方法，做法如下：依次舍弃某个样本单元、得到若干组样本，通过这些样本得到若干个所需要的统计量，直接计算这若干个统计量的方差，即可认为是原有样本的统计量的方差。以内部组为例，该组有 20 个人接受调查，可以舍弃某一个人的评分，用剩余 19 个人的评分求得一个综合得分；依次舍弃每个人的评分，则可获得 20 个综合评分；求出这 20 个综合评分的方差，即可作为内部组的综合评分的方差。余杭法治指数的方差计算公式是：

$$S^2_{综合指数} = (17.5\%)^2 S^2_{内部组} + (17.5\%)^2 S^2_{外部组} + (30\%)^2_{专家组} + (35\%)^2 S^2_{群众}$$

2008 年法治指数和各个一级指标的误差见表 4－3（为方便比较，列出了 2009 年的指数分值）：

[1] 截至本书完稿之日，余杭法治指数最近一次得分发布于 2018 年 6 月。

表 4-3　余杭法治指数的误差

年份	综合指数	指标一	指标二	指标三	指标四	指标五	指标六	指标七	指标八	指标九
2009	72.12	81.61	80.22	80.78	79.22	77.11	77.72	78.56	83.22	78.11
2008	71.84 (71.52, 72.16)	75.83 (75.39, 76.47)	73.33 (72.95, 73.71)	76.6 (76.20, 77.00)	73.94 (73.50, 74.38)	71 (70.63, 71.38)	76.6 (76.21, 76.93)	74.72 (74.31, 75.13)	74.83 (74.48, 75.18)	67.22 (66.82, 67.62)

从表 4-3 来看,假设群众组没有调查误差,2008 年余杭法治指数在 95%的置信水平下分值范围在 71.52~72.16 分。2009 年的综合指数虽然比 2008 年高出 0.28,但真实的法治水平有可能比 2008 年低。因为从统计的角度来看,这两年的法治指数并没有显著差异,2009 年的 72.12 分处于 71.52~72.16 分的区间中,不能认为 2009 年的法治指数就比 2008 年的高。鉴于每年的法治指数都存在误差,因此,简单地比较历年指数的高低,从而判断整个法治水平的变化方向,是不准确的。在没有给出测量误差的前提下,余杭法治指数的历年数据不具有可比性,不能简单地认为余杭法治水平不断上升或有所降低。

(四)稳健性分析

余杭法治指数的计算规则非常独特:首先,在各个组内,采取去掉最大值和最小值再求平均值的方式,计算出各个一级指标的权重平均分和打分平均分;其次,算出各个一级指标权重值在 9 项权重中所占的百分比;再次,将打分平均分与权重相对值结合,算出各个组的指数得分;最后,将 4 个组的得分进行加权,算出总的指数得分。[1] 我们首先审查各个组对一级指标的权重判断是否稳健,然后再来审查加权计算的方法是否稳健。

1. 各个组内一级指标的权重审查

如上所述,余杭法治指数每年发布一次,每年的指数得分都不同,这种不同既是由于每个指标得分不同的结果,也是各个指标权重不同的结果。如果每个评估组对于权重的设置不同或者每年的权重变化比较大,法治指

---

〔1〕 参见钱弘道:《余杭法治指数的实验》,载《中国司法》2008 年第 9 期。

数得分的差异也会随之放大。也就是说,权重的变化对于指数得分的变化有着不可低估的影响。如果想让综合指数能够清晰地反映一级指标得分的变化情况,最好的做法就是让各个一级指标的权重在各个组的内部保持一致,同时在各个年度也保持一致——这也是统计指数的惯常构造方法。[1]如果权重不够稳健,那就很难判断综合指数的变化到底是由于什么因素。鉴于此,我们首先审查各个组内部一级指标的权重,计算公式如下:

设第 p 个指标为 X_p ,令 $S = X_1 + X_2 + \cdots + X_p + X_9$, $S' = X_1 + X_2 + \cdots + \overline{X}_p + X_9$,也就是将第 p 个指标替换为该指标的均值,则该指标的重要性 $I = 1 - \frac{var(S')}{var(S)}$,$var(S)$ 是 S 的方差。(固定其中一个指标之后,综合指数方差的减少所占的比重,如果比重越大,则说明该指标重要性程度越高)。计算结果见表 4-4:

表 4-4 各个评估组内部一级指标的权重

组别	指标一	指标二	指标三	指标四	指标五	指标六	指标七	指标八	指标九
内部组	0.22	0.22	0.20	0.21	0.22	0.20	0.18	0.18	0.22
外部组	0.23	0.19	0.20	0.18	0.29	0.14	0.13	0.17	0.23
专家组	0.22	0.21	0.21	0.24	0.18	0.18	0.23	0.20	0.17
专家组(2010 年)	0.12	0.09	0.01	0.35	0.35	0.14	0.24	0.28	0.14

此外,根据历史数据,我们计算了内部组和外部组历年来各个一级指标的权重标准化分数(百分比形式),计算公式是:

如果各个一级指标的实际权重得分为 w_i ,则标准化权重为 $w'_i = \frac{w_i}{\sum_{j=1}^{9} w_j} \times 100\%$ 。

内部组历年各指标标准化权重计算结果见表 4-5——由于专家组的公

[1] 例如,最常见的居民消费价格指数(consumer price index),通常在 5 年内保持各种商品的权重一致。

开数据较少，无法计算：

表 4-5　内部组历年各指标的标准化权重

年份	指标一	指标二	指标三	指标四	指标五	指标六	指标七	指标八	指标九
2012	11.6%	12.7%	12.2%	11.4%	10.9%	10.4%	10.0%	10.0%	10.9%
2011	12.0%	12.1%	11.9%	10.8%	10.3%	10.3%	10.3%	11.0%	11.3%
2010	12.6%	12.5%	11.7%	10.7%	10.5%	9.8%	10.2%	11.1%	10.9%
2009	12.4%	12.2%	11.6%	10.6%	10.9%	10.5%	10.1%	10.6%	11.1%
2008	12.0%	12.2%	11.5%	9.9%	10.4%	10.4%	10.6%	11.5%	11.5%

外部组历年各指标标准化权重的计算结果见表 4-6：

表 4-6　外部组历年各指标的标准化权重

年份	指标一	指标二	指标三	指标四	指标五	指标六	指标七	指标八	指标九
2012	11.9%	11.2%	11.7%	10.6%	11.1%	10.5%	10.8%	11.5%	10.9%
2011	11.7%	13.3%	11.8%	10.3%	10.3%	10.1%	10.8%	10.4%	11.2%
2010	11.9%	11.9%	11.8%	10.4%	10.5%	10.8%	10.5%	10.8%	11.3%
2009	12.0%	12.2%	11.8%	10.5%	10.1%	10.1%	10.3%	11.4%	11.6%
2008	11.9%	12.2%	12.3%	11.2%	10.7%	10.3%	9.7%	9.8%	11.9%

我们发现：各个一级指标的实际权重没有发生重大改变，因此，可以认为内部组和外部组内一级指标的权重设置是稳健的，这两组历年来的总分差异主要源于得分的差异，权重差异所导致的影响较小。不过，尽管如此，我们还是建议：在短期内，各个一级指标的权重应该保持一致，以后可以根据实际情况的变化定期调整。

2. 各个组之间的权重设置审查

在余杭法治指数中，总指数由各个组的得分加权平均得到，其中内部组和外部组都占 17.5% 的权重，专家组占 30% 的权重，民意调查占 35% 的权重。但根据公开资料，我们看到专家组只调查了 10~15 个专家，但其评分却占到了 30% 的权重；参与的群众有一两千以上，比重却仅占 35%；外地专家的权重超出本地群众的权重太多，这种安排并没有充分的理由。评估专家王公义研究员也坦言:“我觉得专家的比重高了,群众的比重低了,应该加大群众评价的比重,逐步缩小政府评价和专家评价的比重”。[1]

如果我们进一步改变群众组和专家的权重,进行敏感性分析,可以发现:由于权重设置的不同,历年指数的变化方向也随之改变;对于余杭法治指数的得分而言,权重是一个影响很大的敏感性因素。由于权重是人为主观设定的,指数得分受人为影响很大,稳健性颇成问题。表4-7是敏感性分析的结果:

表4-7 余杭法治指数的敏感性分析

权重设计	2008年	2009年	2010年	2011年	2012年
专家35%,群众30%	71.81	72.19	72.76	72.99	73.95
专家30%,群众35%	71.84	72.12	72.48	72.56	73.66
专家25%,群众40%	71.83	72.05	72.20	72.13	73.37
专家20%,群众45%	71.84	71.98	71.92	71.70	73.07

三、全国法治政府评估的再评估

法治政府评估是中国法治评估的一个重要部分。这些评估大多属于政府组织的法治绩效评估,个别地方如深圳市、广东省公布了一些评估得分,其他地方尚未公开具体的评估情况,因此无法进行再评估。相比之下,中国政法大学法治政府研究院设立的“全国法治政府评估项目”,研发了一套可以全国适用、覆盖全面、力求科学、注重操作、兼顾定性与定量评价的法治政府评估指标体系,并于2013年首次应用于53个城市,2014年之后扩展到100个城市。本书的数据来自2014年出版的《中国法治政府评估报告》(2013)、2015年出版的《中国法治政府评估报告》(2014),以及最新版的《中国法治政府评估报告》(2018)。[2] 由于该评估指标中只有“公众满意度”指

〔1〕 钱弘道:《中国法治增长点——学者和官员畅谈录》,中国社会科学出版社2012年版,第46页。

〔2〕 参见中国政法大学法治政府研究院:《中国法治政府评估报告》(2013),中国人民大学出版社2014年版;《中国法治政府评估报告》(2014),法律出版社2015年版;《中国法治政府评估报告》(2018),社会科学文献出版社2018年版。

标采取抽样调查,其余指标都采取网络检索或者向当地政府发函询问的方法,因此无法计算其误差。以下是其他审查的结果。

(一)信度和内部一致性的分析

2013 年的评估有 7 个一级指标:机构职能及组织领导、制度建设和行政决策、行政执法、政府信息公开、监督与问责、社会矛盾化解与行政争议解决、公众满意度调查。但是到了 2014 年,项目组将原来的 7 个一级指标拆分成 9 个,增加了若干三级指标,并调整了指标的分值,需要分别审查 2013 年和 2014 年的数据。2018 年该指标体系又发生了变化,增加了"优化营商环境的法治保障"指标。

我们运用克隆巴赫系数和主成分分析法,得出了如下结果,如表 4-8、表 4-9、表 4-10 所示:

表 4-8 2013 年中国法治政府一级指标信度

方差贡献率	综合得分	机构职能与组织领导	制度建设和行政决策	行政执法	政府信息公开	监督与问责	社会矛盾化解与行政争议解决	公众满意度
36%	0.69	0.62	0.59	0.56	0.60	0.65	0.68	0.69

表 4-9 2014 年中国法治政府一级指标信度

方差贡献率	综合得分	机构职能	组织领导	制度建设	行政决策	行政执法	政府信息公开	监督与问责	社会矛盾化解与行政争议解决	公众满意度
34%	0.71	0.67	0.63	0.66	0.68	0.70	0.65	0.66	0.64	0.72

表 4-10 2018 年中国法治政府一级指标信度

方差贡献率	综合得分	依法全面履行政府职能	法治政府建设的组织领导	依法行政制度体系	行政决策	行政执法	政务公开	监督与问责	社会矛盾化解与行政争议解决	优化营商环境的法治保障	社会公众满意度调查
38%	0.77	0.76	0.74	0.75	0.73	0.73	0.74	0.73	0.72	0.73	0.78

可以看出,2013 年的指标信度并不高,均在 0.7 以下,但是可以接受;2014 年指标拆分以后,信度略微提高;不过,第一主成分的方差贡献率仅分别为 36% 和 34%。2018 年指标得到进一步优化,各个指标的信度均超过了 0.7,但第一主成分的方差贡献率仅为 38%。所以,综合指标与各个一级指标的一致性并不强。

我们再运用斯皮尔曼秩系数,来检验各个指标之间的相关性。计算公式如下:

假设两个变量 x 和 y,它们的秩系数是:$r_{xy}=1-\frac{6\sum_{i=1}^{n}d_i^2}{n(n^2-1)}$,其中 $d_i=r_i^x-r_i^y$,r_i^x 是指变量 x 从小到大排序第 i 个的序号,r_i^y 是指变量 y 从小到大排序第 i 个的序号。得出了下列结果,如表 4-11、表 4-12、表 4-13 所示:

表 4-11　2013 年中国法治政府一级指标相关性

	机构职能及组织领导	制度建设和行政决策	行政执法	政府信息公开	监督与问责	社会矛盾化解与行政争议解决	公众满意度
机构职能及组织领导	1.00	0.53	0.36	0.26	0.19	-0.01	1.00
制度建设和行政决策	0.53	1.00	0.53	0.38	0.08	0.12	0.53
行政执法	0.36	0.53	1.00	0.33	0.02	0.18	0.36
政府信息公开	0.26	0.38	0.33	1.00	0.08	-0.06	0.26
监督与问责	0.19	0.08	0.02	0.08	1.00	-0.05	0.19
社会矛盾化解与行政争议解决	-0.01	0.12	0.18	-0.06	-0.05	1.00	-0.01
公众满意度	1.00	0.53	0.36	0.26	0.19	-0.01	1.00

表 4－12　2014 年中国法治政府一级指标相关性

	机构职能	组织领导	制度建设	行政决策	行政执法	政府信息公开	监督与问责	社会矛盾化解与行政争议解决	公众满意度
机构职能	1.00	0.30	0.38	0.36	0.02	0.41	0.33	0.20	0.01
组织领导	0.30	1.00	0.24	0.23	0.19	0.14	0.30	0.53	－0.03
制度建设	0.38	0.24	1.00	0.30	0.12	0.33	0.49	0.19	0.07
行政决策	0.36	0.23	0.30	1.00	－0.02	0.22	0.11	0.26	－0.13
行政执法	0.02	0.19	0.12	－0.02	1.00	0.22	0.13	0.26	0
政府信息公开	0.41	0.14	0.33	0.22	0.22	1.00	0.24	0.25	0.20
监督与问责	0.33	0.30	0.49	0.11	0.13	0.24	1.00	0.25	0.26
社会矛盾化解与行政争议解决	0.20	0.53	0.19	0.26	0.26	0.25	0.25	1.00	0.21
公众满意度	0.01	－0.03	0.07	－0.13	0	0.20	0.26	0.21	1.00

表 4－13　2018 年中国法治政府一级指标相关性

	依法全面履行政府职能	法治政府建设的组织领导	依法行政制度体系	行政决策	行政执法	政务公开	监督与问责	社会矛盾化解与行政争议解决	优化营商环境的法治保障	社会公众满意度调查
依法全面履行政府职能	1.00	0.12	0.11	0.13	0.04	0.23	0.19	0.26	0.22	0.02
法治政府建设的组织领导	0.12	1.00	0.13	0.29	0.23	0.20	0.28	0.33	0.24	0.05
依法行政制度体系	0.11	0.13	1.00	0.34	0.33	0.23	0.33	0.30	0.21	0.02
行政决策	0.13	0.29	0.34	1.00	0.38	0.29	0.36	0.25	0.29	－0.11
行政执法	0.04	0.23	0.33	0.38	1.00	0.29	0.29	0.42	0.40	0.05
政务公开	0.23	0.20	0.23	0.29	0.29	1.00	0.28	0.35	0.45	0.08
监督与问责	0.19	0.28	0.33	0.36	0.29	0.28	1.00	0.41	0.33	0.05
社会矛盾化解与行政争议解决	0.26	0.33	0.30	0.25	0.42	0.35	0.41	1.00	0.46	0.13
优化营商环境的法治保障	0.22	0.24	0.21	0.29	0.40	0.45	0.33	0.46	1.00	0.16
社会公众满意度调查	0.02	0.05	0.02	－0.11	0.05	0.08	0.05	0.13	0.16	1.00

可以看出：各个指标之间的相关系数均在 0.6 以下，尤其是 2014 年，各个一级指标之间的相关性普遍偏低；2013 年最相关的指标是“机构职能及组织领导”“行政执法”与“制度建设和行政决策”，但是其相关系数也仅有0.53（越接近 1 表示越相关），均是中低度相关；2018 年的相关系数也很低，有的指标甚至是负相关。这些计算表明：一级指标之间并不存在明显的相关性，还需要重新设计调整。

（二）效度的分析

由于该评估报告提供了各个一级指标的具体数据，可以对其进行内容效度审查，以评判综合得分与各个一级指标之间的相关性。内容效度的审查，可以通过计算单项得分与总分的相关系数，检验其显著性（significance）来判断相关性是否有效。综合指标应该和一级指标之间有高度的正相关性，相关系数越大越好。具体的审查方法是皮尔逊相关系数（Pearson Correlation Coefficient）。该系数的取值范围在 -1 到 1 之间，若为正相关则取值为正，负相关则为负。其计算公式为：$r = \frac{\sum_{i=1}^{n}(x_i - \bar{x})(y_i - \bar{y})}{\sqrt{\sum_{i=1}^{n}(x_i - \bar{x})^2 \sum_{i=1}^{n}(y_i - \bar{y})^2}}$。

结果算出之后，为判断样本相关系数对总体相关程度的代表性，需要对相关系数进行显著性检验。相关系数 r 经过数学变换 $\frac{r}{\sqrt{\frac{1-r^2}{n-2}}}$ 之后，符合自由度为 n-2 的 t 分布；如果检验 p 值小于 0.05，可认为相关系数显著。

审查结果如表 4-14、表 4-15、表 4-16 所示：

表 4-14　2013 年中国法治政府一级指标效度

机构职能及组织领导	制度建设和行政决策	行政执法	政府信息公开	监督与问责	社会矛盾化解与行政争议解决	公众满意度
0.64 (0.00)	0.83 (0.00)	0.79 (0.00)	0.70 (0.00)	0.49 (0.000)	0.23 (0.09)	0.15 (0.29)

表 4－15　2014 年中国法治政府一级指标效度

机构职能	组织领导	制度建设	行政决策	行政执法	政府信息公开	监督与问责	社会矛盾化解与行政争议解决	公众满意度
0.55 (0.00)	0.71 (0.00)	0.57 (0.00)	0.46 (0.00)	0.49 (0.00)	0.65 (0.00)	0.60 (0.00)	0.68 (0.00)	0.29 (0.00)

表 4－16　2018 年中国法治政府一级指标效度

依法全面履行政府职能	法治政府建设的组织领导	依法行政制度体系	行政决策	行政执法	政务公开	监督与问责	社会矛盾化解与行政争议解决	优化营商环境的法治保障	社会公众满意度调查
0.38 (0.00)	0.60 (0.00)	0.62 (0.00)	0.65 (0.00)	0.66 (0.00)	0.61 (0.00)	0.64 (0.00)	0.70 (0.00)	0.65 (0.00)	0.20 (0.02)

结果显示:2013 年综合得分与前 5 个指标的相关系数的检验 p 值均小于 0.05,可以认为有显著相关性;并且,前 4 个相关系数在 0.7 以上,具有较高的一致性。后两个相关系数 p 值大于 0.05,不能认为有显著相关性,并且,其相关系数也较低,特别是“公众满意度”,内容效度并不好。这一定量审查结果表明:“公众满意度”不应该被纳入指标体系之中。2014 年综合得分与组织领导、政府信息公开、监督问责、社会矛盾与争议解决的相关性在 0.6 以上,但是“公众满意度”与综合得分的相关性仍然较弱,内容效度仍然不好。2018 年前 9 个指标的相关系数均超过了 0.6,一致性尚可,但“公众满意度”和综合得分的相关性仍然较低。

(三)稳健性分析

1. 指标重要性的稳健性分析

在该指标体系中,综合得分由 7 个一级指标直接加总得到,这就隐含了各个一级指标权重等同的预设。但是,7 个一级指标的满分并不相同,这会对各个一级指标的实际重要性产生强烈影响,通常而言,指标满分越大,方差也越大,其重要性也就越高。为此,我们首先采取上文所用的指标重要性计算公式,来计算各个一级指标的实际重要性,结果如表 4－17、表 4－18、表

4－19 所示。

表 4－17　2013 年中国法治政府一级指标重要性分析

机构职能及组织领导(满分65 分)	制度建设和行政决策(满分60 分)	行政执法(满分 40 分)	政府信息公开(满分40 分)	监督与问责(满分45 分)	社会矛盾化解与行政争议解决(满分20 分)	公众满意度(满分30 分)
0.27	0.51	0.35	0.26	0.15	0.04	0.02

表 4－18　2014 年中国法治政府一级指标重要性分析

机构职能(满分100 分)	组织领导(满分80 分)	制度建设(满分80 分)	行政决策(满分100 分)	行政执法(满分120 分)	政府信息公开(满分120 分)	监督与问责(满分100 分)	社会矛盾化解与行政争议解决(满分100 分)	公众满意度(满分200 分)
0.13	0.30	0.16	0.13	0.19	0.25	0.14	0.25	0.08

表 4－19　2018 年中国法治政府一级指标重要性分析

依法全面履行政府职能(满分80 分)	法治政府建设的组织领导(满分80 分)	依法行政制度体系(满分80 分)	行政决策(满分100 分)	行政执法(满分100 分)	政务公开(满分100 分)	监督与问责(满分100 分)	社会矛盾化解与行政争议解决(满分100 分)	优化营商环境的法治保障(满分60 分)	社会公众满意度调查(满分200 分)
0.08	0.19	0.25	0.22	0.20	0.21	0.14	0.19	0.18	0.04

可以看到,2013 年各个指标的重要性之间差异太大,“制度建设和行政决策”的实际重要性高达 0.51,而“社会矛盾化解与行政争议解决”和“公众满意度”的实际重要性却只有 0.04 和 0.02。在法治政府中,“社会矛盾化解与行政争议解决”也是不可或缺的一项内容,重要性程度至少应该与“制度建设和行政决策”持平,但是其实际重要性却是如此之低,可能有些不妥。如果将满分不等的各个一级指标直接进行相加,那么分值较少而实际重要性却不低的指标必然会“吃亏”。2014 年由于二级指标和三级指标的增加,可以看出,前 8 个指标的重要性相比 2013 年更加平衡,其中“社会矛盾化解

与行政争议解决”的重要性有较大改善,“公众满意度”的分值虽然有较大变化,但可以看出其重要性依旧较低。2018 年“政府职能”重要性降低,“社会公众满意度”分值虽然不变,但重要性进一步降低。

或许会有学者提议:将 7 个一级指标的得分进行标准化,转化为得分率(得分/满分),以除去满分不同所导致的重要性不同,如此可以实现各个一级指标的权重均等。这一建议并非没有可行的余地,并且“中国法治政府评估”课题组也计算了得分率,未来很有可能以得分率的方式进行评估。我们以同样的计算公式,计算了标准化后的重要性,结果如表 4－20、表 4－21、表 4－22 所示。

表 4－20　2013 年中国法治政府一级指标得分率重要性分析

机构职能及组织领导(满分65 分)	制度建设和行政决策(满分60 分)	行政执法(满分40 分)	政府信息公开(满分 40 分)	监督与问责(满分45 分)	社会矛盾化解与行政争议解决(满分20 分)	公众满意度(满分30 分)
0.17	0.39	0.40	0.30	0.16	0.12	0.04

表 4－21　2014 年中国法治政府一级指标得分率重要性分析

机构职能(满分100 分)	组织领导(满分80 分)	制度建设(满分80 分)	行政决策(满分100 分)	行政执法(满分120 分)	政府信息公开(满分120 分)	监督与问责(满分100 分)	社会矛盾化解与行政争议解决(满分100 分)	公众满意度(满分200 分)
0.14	0.38	0.21	0.15	0.15	0.20	0.14	0.26	0.03

表 4－22　2018 年中国法治政府一级指标得分率重要性分析

依法全面履行政府职能(满分 80 分)	法治政府建设的组织领导(满分80 分)	依法行政制度体系(满分80 分)	行政决策(满分 100 分)	行政执法(满分 100 分)	政务公开(满分 100 分)	监督与问责(满分100 分)	社会矛盾化解与行政争议解决(满分100 分)	优化营商环境的法治保障(满分60 分)	社会公众满意度调查(满分200 分)
0.08	0.21	0.27	0.19	0.18	0.18	0.12	0.17	0.27	0.01

可以看出,即使进行了指标得分的标准化,也无法实现各个指标的重要

性相等。公众满意度指标对于综合指标几乎没有影响,其中的原因可能有两个:一是公众满意度指标本身确实不重要,二是调查题项的设置有问题(内容不合理或者数量不够)。从“法治政府”本身的内容来看,第一个原因成立的可能性最大:公众满意度与其他指标完全属于性质不同的事物,也不属于法治政府的必要内容。所以,对于这一指标,应当考虑予以剔除。

2. 综合排名的稳健性分析

在现有数据的基础上,采用权重模拟实验,来审查该指标体系是否足以成为一个合理的综合排名指标体系。我们采用蒙特卡洛模拟的方法,随机生成1000套权重组合,对53个城市进行重新排名,结果发现:有50个城市的排名变化幅度在10位以上,仅有邯郸、包头和拉萨排名变化在10位以内。图4-1是2013年得分模拟排名变化情况。

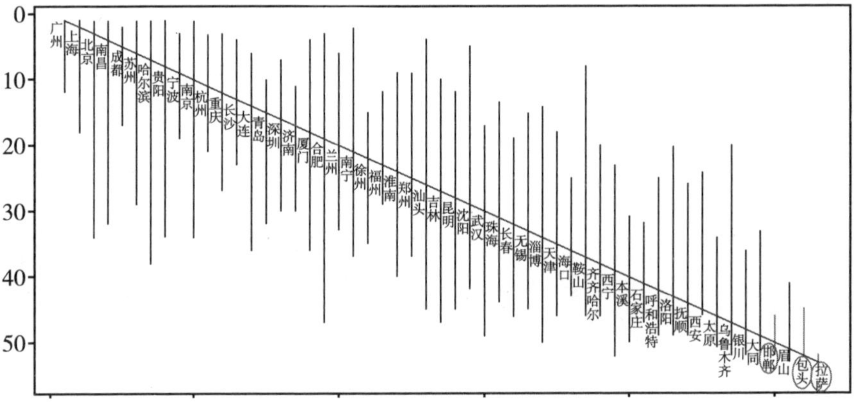

图4-1　2013年得分模拟排名变化情况

注:斜线是法治政府评估中的各个城市原始排名(广州最高,拉萨最低),每条垂直线代表在1000次蒙特卡洛模拟中相应城市排名变化的幅度,例如,广州的变动范围为1~13名,上海为1~18名。

当把7个一级指标的得分转化为得分率之后,再次采用蒙特卡洛模拟实验,同样也有超过50个城市排名变化了10位以上,仅有广州市、邯郸市和拉萨市排名变化在10名以内。图4-2是2013年得分率模拟排名变化情况。

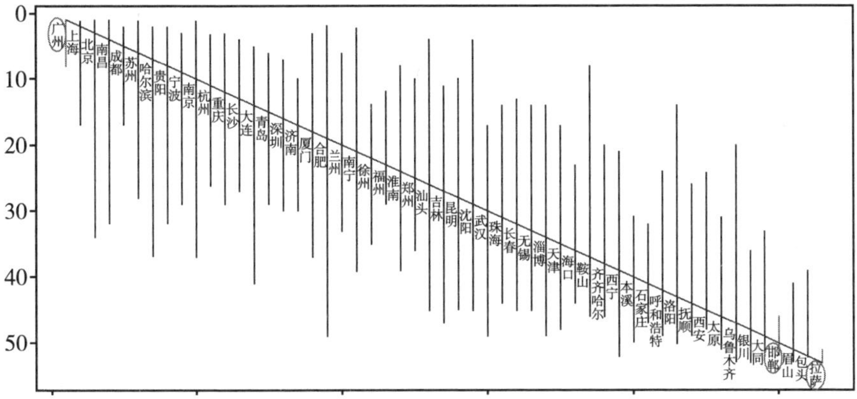

图 4－2　2013 年得分率模拟排名变化情况

2014 年城市数量扩展到 100 个，我们重复了以上模拟过程，结果表明：无论是用得分进行模拟，还是用得分率进行模拟，均有超过 90 个城市的排名波动大于 10 名，超过 60 个城市的排名波动大于 50 名。图 4－3 是 2014 年得分模拟排名变化情况。

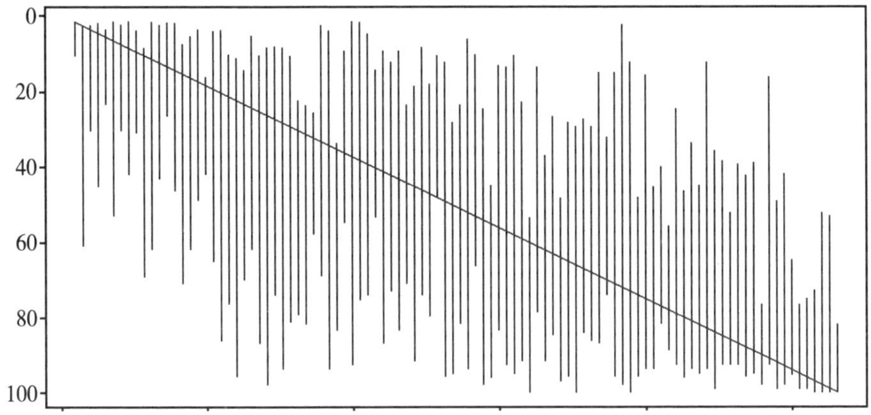

图 4－3　2014 年得分模拟排名变化情况

注：斜线是法治政府评估 2014 年中的各个城市原始排名（广州最高，绥化最低），每条垂直线代表在 1000 次蒙特卡洛模拟中相应城市排名变化的幅度，例如，广州市的变动范围为 1～10 名，绥化市为 82～100 名。

图 4－4 是 2014 年得分率模拟排名变化情况。

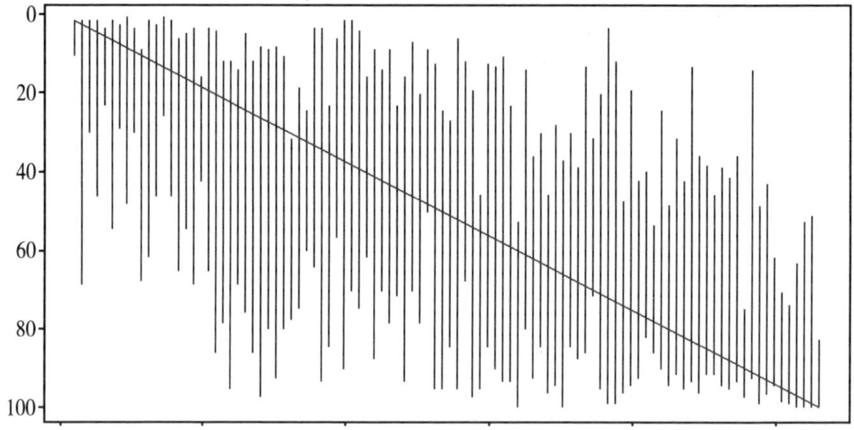

图 4 -4　2014 年得分率模拟排名变化情况

2018 年城市数量仍是 100 个,我们重复了以上模拟过程,结果表明:无论是用得分进行模拟,还是用得分率进行模拟,均有超过 95 个城市的排名波动大于 10 名,超过 65 个城市的排名波动大于 50 名。图 4 -5 是 2018 年得分模拟排名变化情况。

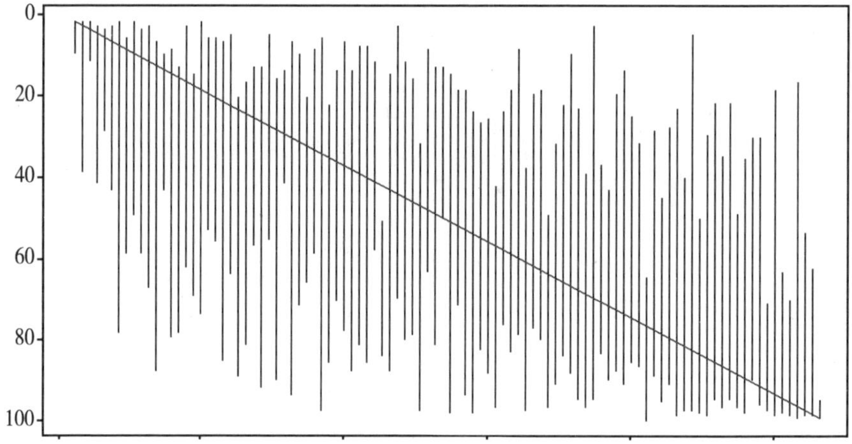

图 4 -5　2018 年得分模拟排名变化情况

注:斜线是法治政府评估 2018 年中的各个城市原始排名(深圳市最高,喀什市最低),每条垂直线代表在 1000 次蒙特卡洛模拟中相应城市排名变化的幅度,例如,深圳市的变动范围为 1 ~ 17 名,喀什市为 95 ~ 100 名。

图 4 -6 是 2018 年得分率模拟排名变化情况。

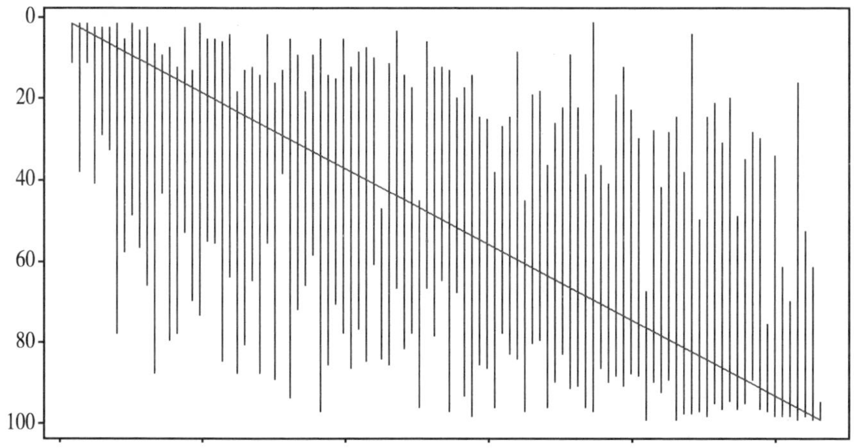

图 4－6　2018 年得分率模拟排名变化情况

此外,如果在 2014 年的 100 个城市中,挑出 2013 年评估的 53 个城市,进行年度比较,可以发现:在综合排名上,21 个城市的排名变化了 10 名及以上,其中哈尔滨市下降了 34 名;在行政执法、政府信息公开、社会矛盾化解与行政争议解决 3 个指标上,均有超过 30 个城市的排名变化了 10 名及以上,其中 2014 年齐齐哈尔市在“社会矛盾化解与行政争议解决”指标上的排名比 2013 年下降了 43 名。从这些纵向对比来看,城市排名变化剧烈,不具有历史可比性。造成这种结果,有两个原因:一是获取信息的方式有问题(如采用网络检索、发函询问等方式等,可能会和各年的真实情况有较大背离);二是由于指标体系还不够成熟,二级指标和三级指标均发生了重大调整(2014 年新增了较多三级指标,且分值发生了改变)。后一种原因可能是主要原因。2018 年因“依法全面履行政府职能”“社会公众满意度”指标重要性的减弱,以及新增了“优化营商环境的法治保障”指标,再加上各个指标之间的相关性依旧偏弱,从蒙特卡洛模拟的结果中可以看出,对不同指标赋予不同权重之后,各个城市的排名波动程度更加剧烈。

以上分析说明,由于各个指标之间的相关性较弱,各个城市的不同指标得分差异也较大。因此,如果采用目前的指标体系对城市进行排名,从方法上来讲是不够稳健的，只要各指标的权重稍作变化，排名情况就会发生很大变化。因此，指标的设置并不合理，还需要调整指标的调查内容、题目数量和分数设置。

四、中国法治评估的改进探讨

从上述再评估结果来看，两大法治评估均存在信度和一致性不高、效度有偏差、稳健性不足的共同问题，此外还有不容忽视的测量误差。针对这些问题，结合中国法治评估已有的其他实践，我们尝试提出如下改进方案。

第一，建构严谨而合理的法治理论基础。

中国法治评估的信度和效度之所以较低，首要的原因是各个指标之间的相关性很低，根本的原因则是缺乏有效的法治理论支撑。如果没有一个严谨而合理的法治理论基础，法治指标的选择就缺乏有效的指导，显得松散随意，最终形成的“法治指标体系”只能是拼凑堆砌而成的混合物，而非一个有机整体。很多地方的法治评估方案极少提及或详细阐述自己的理论依据，在一定程度上也是由于法治理论匮乏或发展不足的缘故。与此相比，以世界正义工程为代表的国际法治评估，一开始就明确了法治理论基础。例如，世界正义工程把形式法治理论和保障权利的实质法治理论作为自己的理论基础。因此，中国未来法治评估的第一步，首先要明确自己的理论基础，然后再以此设计各种指标。

第二，设计同质性的法治指标体系、增强指标之间的相关性。

余杭法治指数和法治政府评估指标的相关性都比较低，原因主要有两个：一是把性质完全不同的指标纳入指标体系，如“公众满意度调查”；二是把投入指标、产出指标和效果指标等类型不同的指标混合成一个指标体系。我们首先分析一下出现在中国绝大多数法治评估体系中的公众满意度调查指标。这类满意度调查，在国际法治评估中极其罕见：只有世界正义工程的个别调查事项可以归为"满意度调查",其他均不存在此类调查事项。[1] 这种调查之所以在中国广泛出现,是由于中国法治评估大量借鉴了公共管理领域的绩效评估方法,第三章已经对此做出了分析,不再赘述。

但是,正如上述分析所示,"公众满意度"与"制度建设""行政执法"等指标的相关性非常低,属于性质不同的两类事项,应当把它从法治指标体系中分离出来、单独作为一种独立的调查事项。在法治评估领域,"公众满意度"调查的意义并不大:它除了反映公众的某种主观情绪以外别无用处,检查不出法治实践中出现的具体客观问题,无法发挥法治评估的"体检"功能,还浪费了公众调查必然消耗的大量人力、物力、财力。公民满意度的横向比较价值也相当有限,不能因为某地的公民满意度高比另一个地方高,就简单地认为该地的法治建设和政府管理就比另一个地方好——我们在调研中发现:那些经济落后、居民生活水平较低区县的公众满意度,往往比那些经济发达、居民生活水平较高区县的满意度高。满意与否不存在完全客观的标准,而主要取决于"期望质量"与"感受质量"之间的差距。[2] 发达地区的公众满意度之所以较低,原因在于当地公众的期望值较高,而不是当地法治建设和政府管理的客观水准较差。总之,对于价值不大的"公众满意度"调查,应该谨慎地予以使用。

此外,指标本身也是有不同类型的,可以分为投入、产出、效果指标,分别反映法治系统的不同阶段。例如,各种法律制度的建设属于"投入指标",行政执法、法院判决属于"产出指标",社会矛盾的最终化解则属于"效果指标"。中国法治评估目前以"投入指标"为主体,甚至在行政执法等看似属于

---

〔1〕 在世界正义工程的调查问卷中,少数题项的选择项是"非常好、相当好、相当坏、非常坏",这属于满意度调查。See Juan C. Botero and Alejandro Ponce, "Measuring the Rule of Law", *The World Justice Project-Working Papers Series* No. 001, 2011, pp. 39 – 54.

〔2〕 参见周志忍:《政府绩效评估中的公民参与:我国的实践历程与前景》,载《中国行政管理》2008年第1期。

“产出指标”的指标中,其大部分内容也属于投入指标。[1] 不同类型指标之间的相关性是很低的,以全国法治政府评估项目的审查结果为例,投入指标“机构职能及组织领导”与效果指标“社会矛盾化解与行政争议解决”的斯皮尔曼秩系数甚至是负相关(-0.01),与另一个投入指标“制度建设和行政决策”的系数则有0.53。所以,在同一个指标体系中,应该设计同一类型的指标,以增强其相关性和科学性。另外,法治建设的最终目标是要取得良好的社会效果,如人权得到充分保障,而当前的中国法治评估指标绝大多数由投入指标和产出指标构成,其中主要是投入指标,这造成了法治评估体系内容上的重大缺陷。未来的中国法治评估,应该更倾向于效果指标,以效果指标来检验投入指标的产出质量,最大限度地利用法治建设的各种投入资源。

第三,区分专家评估和公众评估的利弊,合理安排各自的评估。

首先,评估主体应该具有中立性这一建议早已被众多学者反复强调,本书对此完全同意。需要研究的是,如何充分发挥专家和公众这两种外部评估主体的作用。我国的法治评估更注重专家评估。诚然,专家评估具有专业权威、成本较小(公众调查人数动辄成百上千或上万,而专家只需要几个或几十个即可)等显著优势,但是劣势也很明显:专家并非全才,不可能掌握法治的所有信息,特别是短时间内无法准确地把握、评判某个陌生地域的法治现状。浙江余杭为了“避免内部组和外部组评审出现法治评分不客观、不科学、不公正,从而使整个法治指数分值出现不合理的情况”,[2] 增设了专家组。然而,外地专家可以做到中立、公正,但是未必保证得了客观、科学,有

[1] 中国政法大学设计的一级指标“行政执法”有7个三级指标,除了“违法行为投诉查处实际体验”指标以外,其他6个都属于投入指标。具体内容参见中国政法大学法治政府研究院:《中国法治政府评估报告》(2013),中国人民大学出版社2014年版,第45~48页。

[2] 钱弘道等:《法治评估的实验——余杭案例》,法律出版社2013年版,第242页。

的专家已经“有点担心”。[1] 因此，如果是由专家来进行法治评估，必须给专家留下充足的调查时间，尽量避免在短时间内仓促地作出判断。

其次，应该充分发挥广大公众的评估主体作用。法治建设的最终目的，是为了广大人民群众的根本利益；公众是法治效果的最终感受者，是最有资格评估法治建设的主体。并且，公众能够提供法律实践各个领域的体验信息，弥补专家评估的相应缺陷，因此，在未来的法治评估中，公众应当是最主要的评估者。但是，在实践中，公众评估的领域和地位却被大大限制了。这种限制主要表现在两个方面：一是把公众的评估领域限定为各种“满意度”；二是压缩公众满意度的分值比重。这些做法都是应该改正的。如上所述，公众满意度调查的意义很小，公众完全可以对政府的各项外部行为进行客观评估，而且其评估结果应当成为最基本的评价依据。

最后，鉴于余杭法治指数的评估主体模式为云南昆明等地所借鉴，对于其他地方的法治评估实践影响深远，有必要提出专门的改进建议。余杭将评估主体划为内部组、外部组、专家组和群众组四类，其中，由教授、高中教师、记者、企业家、律师等组成的“外部组”，与人民群众实质上是一类评估主体，很难完全区分。因此，建议将这两者合并，同时取消“群众满意度调查”，使这一新的“外部组”评估余杭法治建设领域的各个方面。根据上文的分析，四类评估主体的得分以不同权重聚合加总的计算方法，没有合理的根据，稳健性也不足。因此，可以将新的外部组、内部组和专家组的分数并列展示出来，以内部组和专家组的打分作为参考依据，以外部组的打分为最终得分，尽可能发挥法治评估的“体检”功能。

---

〔1〕 参与余杭法治指数评估的司法部专家王公义研究员曾说：“专家打得这么准确，好像真是专家厉害，作为打分者之一的我有点担心，我是否真的这么了解余杭的法治建设现状，把握得这么准吗？答案是不敢肯定。”郑成良教授也建议：“我觉得专家组的打分权重以后可不可以再压低一点。因为专家组成员大部分都是外地的，外地的就完全靠这种间接的资料来打分，恐怕将来对社会一公布会引起一些质疑。”参见钱弘道主编：《中国法治增长点——学者和官员畅谈录》，中国社会科学出版社2012年版，第47页、第57页。

第四,采取科学合理的权重分配和计算规则,将结果划分为不同等次进行评估。

统计学与社会学理论均指出:权重的配置,通常采取均等分配的方式,除非有确切的特别说明。[1] 国内的法治评估一般采取两种方法:一是通过德尔菲法来分配不等的权重;二是均等分配。采取第一种方法的评估,应该注意保持权重在一定周期的稳定性,避免每年分配一次的频繁更替,以保障指数的比较功能。采取第二种方法的评估较多,但是往往都具有每个指标满分不等的问题,以致造成了各个指标的实际重要性不均。对于这类问题,首先应该明确各个指标的权重均等,然后调整各个指标内部的题目数量和分数设置,对各个指标的得分进行标准化处理,保障其实际权重一致。

我们需要特别强调量化结果的使用问题。国内最流行的做法,是给出一个数据作为评估结果,而且还要精确到小数点后一位或后两位,看起来似乎很科学、很准确。例如,昆明市法治指数的第一次测评结果是72.96分,最近的测评结果是72.68分;广东省对22个地方政府和39个省直单位进行"法治政府考评",最高分90.9分,最低分71.76分,平均分82.22分。[2] 但是,任何统计数据都会有不同程度的误差,特别是上述评估都引入了抽样调查。误差不是错误,而是统计调查固有的随机性所决定的。如果为了比较排名,人为地确定一个固定的分数、不提供相应的测量误差,这其实是人为地制造不公平。如果不同测量对象的分值比较接近、在对方的误差范围内,可以认为它们之间没有显著差异,属于同一个层次。因此,笔者建议,在涉及统计调查的评估实践中,取消以单个分值论高低的流行做法,采取分等次的方法进行评估。这种做法看起来比较粗糙,事实上最科学、最公平。

---

[1] See Michaela Saisana and Andrea Saltelli, "Rankings and Ratings: Instructions for Use", *Hague Journal on the Rule of Law* 3, 2011, p. 254. [美]艾尔·巴比:《社会研究方法》(第11版),邱泽奇译,华夏出版社2009年版,第162页。

[2] 参见邓圩:《广东首次"体检"法治政府》,载《人民日报》2014年10月27日,第11版。

第五,对定量评估结果进行统计审查。

法治的定量评估是法治理论与社会科学定量方法结合而成的共同产物,两者缺一不可。由于国内的法治评估基本上由法学界所主导,社会科学定量方法、特别是统计方法的应用相对不多。事实上,对于法治的定量评估,尤其是法治指数而言,统计方法有着不可或缺的作用。这一作用首先体现在指数的编制环节。经济合作与发展组织把综合指数的建构过程分为十步,即发展理论框架、选择变量、插补缺失值、多变量分析、数据的标准化、权重与聚合、稳健性与敏感性、回归细节、与其他变量关联、展示与传播。[1] 除前两步是定性分析外,其他都离不开统计方法。法治指数出台以后,更需要接受统计审查,以保证数据的科学性,并为未来的改进提供指引。因此,我们建议:未来的法治定量评估,特别是法治指数,应该进行常规的信度和效度检验,并提供测量误差,此外,还可以检验指标体系的一致性和稳健性,通过相关的反馈结果来进一步完善指标体系和评估方法。

---

〔1〕 See OECD/EC JRC, *Handbook on Constructing Composite Indicators: Methodology and User Guide*, Paris, OECD, 2008, pp. 19 – 43.

第二部分

法治大数据

第五章
世界法治状况的大数据分析

2012 年以来，“大数据”（big data）开始成为中国的热词，由于互联网的飞速发展和数码传感器的广泛使用，数据开始以指数的形式迅速积累。2013 年是世界的“大数据元年”，同时也是中国的“法律大数据元年”，因为这一年的 7 月 1 日，全球最大的裁判文书数据库——中国裁判文书网上线。海量裁判文书，将对中国的法学研究带来无法估计的影响。随着科技的发展，数据的来源越来越多，除了传统的统计调查以外，互联网和移动通信工具、智能电器等都在源源不断地产生数据。不过，对于法治研究而言，互联网等现代科技工具产生的数据，还没法直接用于法治分析，因为，法治是包括了明确的主观价值诉求的，在现实世界没有直接对应的实物。迄今为止，法治的数据仍然主要是评估机构通过专门的统计调查而获得的数据。国家信息中心在《大数据看改革开放新时代》一书中，依据 2013 年 1 月 1 日至 2018 年 5 月 20 日主要媒体、论坛、微信、博客、微博等渠道中与“依法治国”话题直接相关的 142.76 万条信息，发布了《党的十八大以来全面推进依法治国成效大数据分析报告》,[1]开辟了利用互联网大数据分析法治的先例。但是,这种大数据只限于反映公民的法律意识和法治满意度,价值有限。

迄今为止,国际上已经出现了8个反映世界法治状况的指数。限于篇幅,本书选择其中调查范围最广、公信力最高、数据最全面的世界正义工程的法治数据,来展示世界法治状况的面貌。该指数也是迄今为止唯一一个专门测量世界各国法治的综合指数,已经有10多年的统计调查实践,积累了近百万人次的调查资料,调查事项涉及法律的各个基本领域,建立了一个弥足珍贵的数据库。该指数在国际上的影响力正在与日俱增,如今也是中国最关注的国际法治指数。本章将首先介绍世界正义工程法治指数诞生的过程,然后基于该指数的历年数据库,以世界各大区域为单元,介绍世界各国及其所在区域的法治状况和发展趋势。

一、世界正义工程的法治测量

在世界正义工程出现之前,国际上已经有传统基金会、世界银行、自由之家、贝塔斯曼基金会提供法治数据,但是,这些法治数据存在内涵狭窄、数据来源有限等问题,还都是"小数据"。到了2006年,时任美国律师协会主席、微软公司首席律师诺伊康发起了名为"世界正义工程"的计划,开始创建法治指数。这一指数参考了世界银行的全球治理指标和营商环境指标、透明国际的腐败感知指数、自由之家的世界自由指数、美国律师协会法治倡议的司法建议和其他制度建议、非洲易卜拉欣治理指数和贝塔斯曼转型指数,[2]以及经济合作

---

〔1〕 参见国家信息中心:《大数据看改革开放新时代》,商务印书馆2018年版,第64~73页。

〔2〕 See Mark David Agrast, Juan Carlos Botero, Alejandro Ponce-Rodríguez and Claudia Dumas, *The World Justice Project Rule of Law Index: Measuring Adherence to the Rule of Law Around the World*, Presented at the World Justice Forum, Vienna, Austria, 3 July 2008, p. 5.

与发展组织提出的综合指标建构方法。[1] 2008 年 7 月世界正义工程发布了第一个法治指标体系(1.0 版),并在阿根廷、澳大利亚、哥伦比亚、西班牙、瑞典和美国的大城市中进行了测试。2009 年世界正义工程成为一个独立的、非营利性的、跨学科的非政府组织,在美国首都华盛顿和西雅图市设立了办公地点,旨在推动法治研究、编制法治指数、促进全球合作。

世界正义工程对于法治的测量,严格地遵循了标准化的方法逻辑。首先,世界正义工程谨慎地界定了“法治”。2007 年诺伊康提出了世界正义工程的法治概念,并经由 100 多个国家的上千名专家反复推敲,以摆脱法治的西方色彩,超越文化、国别、民族等具体制约因素,达成一个全球公认的法治概念。最后达成的定义如下:法治是一个以规则为基础、由四个普适性原则支撑的系统;这四个原则分别为:(1)政府及其官员、代表负有法律责任;(2)法律明确、公开而稳定,保障人身安全和财产安全在内的基本权利;(3)法律制定、实施与执行的程序是可接近的、公平而高效;(4)审判者、律师或代理人、司法官员提供接近正义的机会,他们人员充足,能干、独立而有德性,有充分的资源,体现了他们所服务的共同体的构成。[2] 这一定义明确、清晰,涉及主体、过程和结果等方面,相对较为全面,符合社会科学的概念要求。

在上述法治概念的基础上,世界正义工程专家马克 · 大卫 · 亚格拉斯特(Mark David Agrast)发展了法治的具体指标体系:因子(factor)框架。以实证研究而闻名的美国维拉司法研究所(Vera Institute of Justice),也为世界正义工程的法治指数体系开发了一些因子。[3] 2008 年至今,这一因子体系先后演变出 7 个版本,测量的国家数量也不断扩大,具体情形见表 5 - 1:

---

〔1〕 See OECD/EC JRC, *Handbook on Constructing Composite Indicators: Methodology and User Guide*, Paris, OECD, 2008.

〔2〕 See Juan C. Botero and Alejandro Ponce, “Measuring the Rule of Law”, *The World Justice Project-Working Papers Series* No. 001, 2011, p. 5.

〔3〕 See Vera Institute of Justice, *Developing Indicators to Measure the Rule of Law: A Global Approach*, A Report to the World Justice Project, July 2008.

表5－1 世界正义工程法治指标体系的演变

版本	年份	因子数量	次级因子数量	测量的国家和地区
1.0版	2008	13个	50个	6个国家进行了试验，未公布具体得分
2.0版	2009	16个	68个	35个
3.0版	2010	10个	49个	35个
4.0版	2011	9个	52个	66个(从此以后包括中国)
5.0版	2012～2013	9个	48个	97个
6.0版	2014	9个	47个	99个
7.0版[1]	2015	9个	47个	102个
	2016～2018	9个	47个	113个
	2019	9个	47个	126个

世界正义工程的因子体系分为四级，在迄今公布的唯一一个完整版本——2011年4.0版——中，因子体系由9个因子、52个次级因子、76个三级因子、14个四级因子组成。[2] 四级因子最后还要分解为一个个具体的变量，使其可以直接得到观察测量，2014年的变量多达541个。所谓“变量”就是一个可以变化的概念，拥有不同的属性。不同的属性分别指称不同的实践现象，可以不同的数值来表示，以实现法治的测量。各个版本的因子内容见表5－2和表5－3：

表5－2 2008年和2009年世界正义工程法治指数的一级指标

2008年1.0版	2009年2.0版
1. 政府及其官员、代表的权力，受到宪法或其他基本法的界定与限制，无论这些法律是否成文； 2. 政府及其官员、代表的权力，受到政府和非政府的制约；	1. 政府权力受到宪法限制； 2. 政府与非政府的制约； 3. 负责的政府官员与代表；

[1] 因子和次级因子的数量与6.0版一致，但是“开放政府”因子的4个次级因子全部更换。

[2] See Juan C. Botero and Alejandro Ponce, “Measuring the Rule of Law”, *The World Justice Project-Working Papers Series* No. 001, 2011, pp. 39－54.

续表

2008 年 1.0 版	2009 年 2.0 版
3. 政府受到其加入的国际法协议的制约，以及国际惯例的制约； 4. 政府及其官员、代表遵守法律； 5. 法律明确、公开而稳定； 6. 法律是公正的； 7. 法律保护基本权利； 8. 法律保护个人安全； 9. 法律保护财产安全； 10. 法律制定、实施与执行的程序能够被公众接近； 11. 法律被公平而高效地实施与执行； 12. 执法的官员、律师或代理人、法官是能干、独立、有德性的，他们人数充足，有充分的资源，体现了他们所服务的共同体构成； 13. 任何人，不管其经济或社会地位如何，无论其种族、肤色、民族或社会出身、国籍、外国身份、宗教、语言、政治观念或所属派系、性别、婚姻状况、性取向或性别认同、年龄、残疾如何，都不得禁止其接近司法	4. 负责的军官、警官与狱官； 5. 遵守国际法； 6. 法律清晰、公开而稳定； 7. 法律保护基本权利； 8. 法律保护个人安全； 9. 法律保护财产安全； 10. 可接近的程序； 11. 公平而有效的执行； 12. 公正而负责的司法； 13. 高效、可接近而有成效的司法； 14. 能干而独立的律师和代理人； 15. 公平而高效的替代性纠纷解决； 16. 公平而高效的传统司法

表 5－3　2010 年以来世界正义工程法治指数的一级指标

2010 年 3.0 版	2011 年 4.0 版	2012～2013 年 5.0 版	2014 年 6.0 版
1. 有限的政府权力； 2. 没有腐败； 3. 清晰、公开而稳定的法律； 4. 秩序与安全； 5. 基本权利； 6. 开放政府； 7. 监管执行； 8. 接近民事司法； 9. 有效的刑事司法； 10. 非正式司法	1. 有限的政府权力； 2. 没有腐败； 3. 秩序与安全； 4. 基本权利； 5. 开放政府； 6. 有效的监管执行； 7. 接近民事司法； 8. 有效的刑事司法； 9. 非正式司法	1. 有限的政府权力； 2. 没有腐败； 3. 秩序与安全； 4. 基本权利； 5. 开放政府； 6. 监管执行； 7. 民事司法； 8. 刑事司法； 9. 非正式司法	1. 有限的政府权力； 2. 没有腐败； 3. 开放政府； 4. 基本权利； 5. 秩序与安全； 6. 监管执行； 7. 民事司法； 8. 刑事司法； 9. 非正式司法

世界正义工程的因子体系一直在变动。[1] 因子1“有限的政府权力”测量法治的传统要件:统治者遵守法律。因子2是“没有腐败”,腐败可以直接说明政府官员滥用权力的程度或履行职务的程度,对于法治指数的测量而言,腐败是最佳的替代性指标。世界正义工程测量3种形式的腐败:贿赂、公私利益的不正当影响、公共资金或其他资源的侵吞(贪污)。因子3“开放政府”测量政府的开放程度,这也是公众有效监督的基础。因子4“基本权利”测量“实质法治”的核心内容。世界正义工程选取“基本权利”的标准,是《世界人权宣言》《公民权利和政治权利国际公约》《国际劳工组织关于劳动的基本原则和权利的宣言》等国际法文件。[2] 这些文件被众多国家批准,具有最广泛的适用性和法律效力,也最容易受到各个国家的认同。因子5“秩序与安全”测量三类威胁秩序与安全的事物:犯罪(特别是传统犯罪,如杀人、绑架、盗窃、暴力抢劫、敲诈勒索、诈骗)、政治暴力(包括恐怖主义、武装冲突、政治动乱),以及社会认可的、报复个人怨恨的暴力行为(私力救济)。[3] 因子6“有效的监管执行”测量规则被执行和实施的效果。这里有一个难题:规范的数量太多,执行的机构也很多,究竟选择哪些规则来衡量整体实施效果?基于跨国比较的考虑,世界正义工程选取了所有国家都具备的四种执法场景,即环境保护领域、公共卫生领域、工作场所安全领域、商事活动领域。[4] 接近正义也是法治的核心要素。最后3个因子测量的就是这一点。因子7“民事司法”测量普通人能否通过民事司法制度和平、有效地解决纠纷。因子8“刑事司法”涉及的对象相对有限,包括警察、律师、检察官、法官、罪犯等。

---

〔1〕 See Michaela Saisana and Andrea Saltelli, “The Joint Research Centre audit on the WJP Rule of Law Index”, in *the WJP Rule of Law Index* 2010, pp. 119 – 120.

〔2〕 See Juan C. Botero and Alejandro Ponce, “Measuring the Rule of Law”, *The World Justice Project-Working Papers Series* No. 001, 2011, p. 11.

〔3〕 See the World Justice Project, *WJP Rule of Law Index* 2014, p. 7.

〔4〕 See Juan C. Botero and Alejandro Ponce, “Measuring the Rule of Law”, *The World Justice Project-Working Papers Series* No. 001, 2011, p. 13.

因子9“非正式司法”比较特殊。这是世界正义工程的一个创新,考虑到了非发达国家的情形。非正式司法包括传统的、部落的、宗教的、社区的司法组织。对于正规司法制度无力解决的纠纷,以及对于无法接近或无法利用的正规司法制度而言,非正式司法可以发挥很大的补充性功能。它包括如下次级因子:非正式司法及时而有效(9.1),非正式司法是公正的、免受不当影响(9.2),非正式司法尊重、保障基本权利(9.3)。不过,测量这一因子非常困难,各个国家的非正式司法过于复杂,即使是本国国民也无法充分辨认。从2010年至今,世界正义工程仅仅尝试测量了12个国家。由于不同国家的非正式司法差异太大,跨国之间的比较也无甚意义,因此这些调查数据只用于国内不同地方的比较,不计入总的指数得分,也不用于国家之间的排名比较。世界正义工程的统计审查也指出,该因子与其他因子的相关性很低,不能与其他8个因子一起汇总成一个指数。

世界正义工程评估的领域广泛,不仅包括立法、行政和司法等典型的法律体制,还涉及社会秩序、非正式司法等社会体制,其指标也全部是效果指标,测量的是“法治效果”,[1]这些效果可归纳为三大方面:政府及其官员的负责程度、公民基本权利的保障程度、接近正义的程度。9个因子之间构成了一个衔接递进的完整体系:因子1、因子2测量政府及其官员遵守法律与滥用权力的程度;因子3测量政府与公民之间的互动合作关系;因子4、因子5、因子6从正面测量公民权利保障和法律实施的效果;因子7、因子8、因子9则从反面测量法律与权利被保障的程度,也就是在法律被违反、权利被侵害的状态下法治自我修复的程度。这些因子包括了政府、官员、公民、社团等最主要的法律主体,测量了法律主体遵守法律的程度、相互之间的沟通关系、法律实施的效果,提供了一幅完整的法治图景,基本上符合互斥性、穷尽性和单项性的指数属性要求。

---

〔1〕 See the World Justice Project, *WJP Rule of Law Index* 2014, p. 4.

因子体系确定以后，接下来就需要收集各个因子变量的数据。为了保证数据的质量，世界正义工程亲自采集数据，对于那些无法通过调查获得数据的情形，世界正义工程引入第三方数据作为补充。2014 年世界正义工程法治指数依赖的变量数据一共有 541 种，536 种数据完全属于世界正义工程自行采集的第一手数据，只有 5 种数据来自其他组织的提供，这些数据分别是：恐怖袭击事件的数量和死亡人数（来自 Center for Systemic Peace），战死的人数、单方暴力导致的伤亡数量（来自 Uppsala Conflict Data Program），政变的数量（来自 Center for Systemic Peace）。

世界正义工程的数据来自统计调查，被调查的对象非常广泛，既包括普通大众，也包括法律专业人士和公共卫生专家。为了充分实施这些调查，世界正义工程专门制定了一种面向公众的调查问卷（General Population Poll, GPP），以及 4 种面向不同领域的专业响应者调查问卷（Qualified Respondents' Questionnaires, QRQ）。GPP 问卷由世界正义工程会同全国咨询中心（centro nacional de consultoría）、盖洛普公司、摩根研究公司等世界著名民意调查机构的研究人员制定而成，[1] 并由世界正义工程在数个国家对不同民族、不同文化、不同社会经济背景的答卷人进行了试验，根据反馈结果不断修改调整而成。[2] QRQ 问卷由世界正义工程采取哈佛大学的方法制定而成，最初包括 200 多个涉及各个领域的问题，先在数个国家进行试验，然后在此基础上制定了民商法、刑事司法、劳动法和公共卫生 4 个领域的专业问卷，之后再进行测试，最后修改调整而成。[3]

问卷的设计需要很高的技巧。设计专家们遵循了社会学、心理学等研

---

〔1〕 See Mark David Agrast, Juan Carlos Botero, Alejandro Ponce-Rodríguez and Claudia Dumas, *The World Justice Project Rule of Law Index: Measuring Adherence to the Rule of Law around the World*, Presented at the World Justice Forum, Vienna, Austria, 3 July 2008, p. 16.

〔2〕 See Juan C. Botero and Alejandro Ponce, "Measuring the Rule of Law", *The World Justice Project-Working Papers Series* No. 001, 2011, p. 22.

〔3〕 See Mark David Agrast, Juan Carlos Botero, Alejandro Ponce-Rodríguez and Claudia Dumas, p. 18.

究方法,对于那些可能引起政府官员敌视的敏感问题以及答卷人不愿意如实回答的敏感问题,设计者们与各个国家的调查公司进行了沟通,予以事先排除。问卷问题必须是每一个国家都会面对的,不然就无法进行国际横向比较和排名。对于某些子因子,一个问题可能无法涵盖其所有内容,因此就设计了多个问题。例如,为了测量"政府规章的执行与实施是否免于贿赂或不当影响",鉴于政府规章数量众多,世界正义工程用了几十个问题来测量不同的规章实施领域,包括劳工、环境、公共卫生、商业调整与消费者保护、公共服务等。[1]

问卷的问题有两类:基于经验的(experience-based)问题和基于感知的(perception-based)问题。基于经验的问题要求答卷人根据他们自身的经验来回答。这类问题可以提供可靠的数据,但是适用范围有限,因为个人的社会经验总是有限的。为了克服这一局限,世界正义工程引入了基于感知的问题,该类问题设置了一些虚拟的情境,由答卷人结合自身的感知进行回答。这类回答提供的数据不够客观准确,但是对于一些几乎不可能进行客观测量的情形,如腐败程度、出版自由受到保障的程度、法官独立审判的程度等,该类问题可以提供一些低成本的替代性信息。总之,这两种问题可以相互取长补短,实现对于各个法治领域的调查。

问卷答案转化为具体的数据,是定性判断转向定量数值的枢纽环节。世界正义工程问卷提供的问题答案都不是能够以数字回答的问题,而是反映答卷者看法的选项,如"同意"或"反对"、"可能"或"不可能"、"有效"或"无效"等。为了量化各种答案,世界正义工程采取了调查研究最常见的量化方法:李克特量表(Likert scale)。该量表将每一种回答对应一定的分值,如"非常可能""可能""不可能""非常不可能"分别对应的分值可以是1分、0.667分、0.333分、0分(也可以倒过来赋分),以实现定性答案的量化。例

[1] See Juan C. Botero and Alejandro Ponce, "Measuring the Rule of Law", *The World Justice Project-Working Papers Series* No. 001, 2011, pp. 47－49.

如,GPP问卷有一道问题“如果某一公务员被发现为了私人利益而非法颁发许可证,这一公务员被开除的可能性有多大?”,选项有4个,选“非常可能”的为1分,选“可能”的为0.667分,选“不可能”的为0.333分,选“非常不可能”的为0分。以事件统计为基础的数据也同样可以转化为其他数值,如CSP提供的政变数量,如果出现了“成功的政变”得0分,出现了“预谋的、策划的或受指控的政变”得0.5分,没有政变的得1分。世界正义工程为问卷的每一道问题答案都设定了对应分值,这样就为指数的加总奠定了基础。[1]

调查问卷确定之后,接下来就要开展调查。世界正义工程首先根据收入水平、人口规模和法律传统,在不同的地区选择被调查国家,以保障国家的多样性和代表性。在2014年调查的99个国家中,每个区域选择的国家数量分别是:东亚与太平洋地区15个、东欧与中亚地区13个、拉美与加勒比海地区16个、中东与北非地区7个、南亚地区6个、撒哈拉以南的非洲地区18个、西欧与北美地区24个。[2] 公众调查与专家调查分别进行。问卷都会翻译成当地语言,表达力求通俗易懂。

GPP问卷调查委托给各个国家权威的民意调查公司,由其在该国3个最大的城市随机抽样1000人左右进行调查(不一定限于1000份,2011年在中国抽样了1006份,2018年在中国抽样了508份,[3]2013年在秘鲁抽样了1231份、在巴西和智利抽样了850份),调查之前会进行试验。被调查者全部是18岁以上的成年人,根据社会经济地位进行了分层,男性与女性尽可能各占一半。[4] 调查均是匿名进行。调查方法有3种:电话调查(CATI)、面

[1] See Juan C. Botero and Alejandro Ponce, “Measuring the Rule of Law”, *The World Justice Project-Working Papers Series* No. 001, 2011, pp. 39 – 54.

[2] See the World Justice Project, *WJP Rule of Law Index* 2014, pp. 40 – 46.

[3] See the World Justice Project, *WJP Rule of Law Index* 2019, pp. 164.

[4] See Juan C. Botero and Alejandro Ponce, “Measuring the Rule of Law”, *The World Justice Project-Working Papers Series* No. 001, 2011, p. 19.

对面调查(Face-to-face,F2F)和在线调查(ONLINE)。[1] 在2014年调查的99个国家中,4个国家使用了电话调查,19个国家使用了在线调查(均是网络普及率很高的国家),1个国家综合使用了电话调查和面对面调查,75个国家使用了面对面调查。[2] GPP调查在每个国家每隔一年进行一次。在2014年的法治指数报告中,16个国家的GPP调查实施于2011年春季,34个国家在2012年春季,49个国家在2013年秋季。[3]

QRQ调查由世界正义工程指数组直接实施。世界正义工程首先会在每个国家选取300人以上的专家,其次进行抽样,向被抽中的专家发放QRQ,并与其保持联系,最后回收问卷。QRQ调查每年实施一次,被调查的法律专家来自律师事务所、大学、研究机构、非政府组织(如中国著名的“小小鸟”组织)。公共卫生问卷的响应者还包括公共卫生领域的专家和执业医生。为了避免利益冲突,被调查的专业人士不包括现任政府官员、法官和检察官。以2014年为例,法治指数报告一共收集了2423份有效QRQ,每个国家平均24份专家问卷、每个专业领域平均6份专家问卷,调查是在2013年7月至12月实施的。[4]

问卷回收之后,就开始进行数据处理和加总计算。世界正义工程指数组首先要进行编辑审查,去掉严重残缺的调查问卷、可疑数据和异常值(outlier)。计算方法是简单的均值计算法,每个因子、子因子、三级因子、四级因子的权重均相等。GPP和QRQ问卷的各个问题,会分配到每个因子、子因子、三级因子和四级因子之下,最后两级因子一般会包括多个问题,而且往往是同时包含GPP和QRQ问卷问题,以汇聚公众和专家对同一事项的看法。属于同一类问卷(要么是GPP问卷,要么是QRQ问卷)的数个问题,

---

〔1〕 See Juan C. Botero and Alejandro Ponce, “Measuring the Rule of Law”, *The World Justice Project-Working Papers Series* No. 001, 2011, p. 32.

〔2〕 See the World Justice Project, *WJP Rule of Law Index* 2014, p. 172.

〔3〕 Ibid., p. 171.

〔4〕 Ibid.

按照权重均等的算术计算法,算出其均值,然后再与另一类问卷的均值相加计算平均数。如果问卷的某些选项没有得分,出现了缺失值(missing values),那就以无条件均值代替,后者是同一因子或子因子其他变量的均值。[1] 世界正义工程问卷收集的数据,除了"非正式司法"存在较多缺失值以外(8 个问题选项,有 2 ~3 个答案缺失),其他因子的调查回答比较容易,缺失值极少,不影响大局。最后,世界正义工程计算出每个国家每个因子(不包括"非正式司法")的得分,分值统一分布在 0 ~ 1 之间,1 分是最大值。

在 2014 年之前的指数报告中,世界正义工程并没有提供每一个国家的法治总分,而是提供了被测量国家的每个因子和子因子的得分("非正式司法"除外),理由如下:一是各个因子之间的关系极为复杂,未必符合指数的单项性要求,因此没有加总;二是单一的法治指数得分信息含量少,不能反映法治具体领域的优点和缺陷,不能为改革者们提供实践指导。[2] 不过,自 2010 年以来,欧盟委员会联合研究中心对 9 个因子进行了主成分分析,指出除了"非正式司法"以外,其他因子之间存在一个容量很大的潜在主成分,可以进行加总计算。[3] 在 2014 年的指数报告中,世界正义工程开始提供被调查国家的法治总分,结果显示:丹麦和挪威以 0.88 分(满分 1 分)并列第一,委内瑞拉以 0.31 分位居最后,中国香港特别行政区以 0.76 分的成绩与爱沙尼亚、比利时并列第 15 位,是全球法治程度最高的地区之一。[4]

---

[1] See Juan C. Botero and Alejandro Ponce, "Measuring the Rule of Law", *The World Justice Project-Working Papers Series* No. 001, 2011, p. 21.

[2] See Mark David Agrast, Juan Carlos Botero, Alejandro Ponce-Rodríguez and Claudia Dumas, p. 13.

[3] See Michaela Saisana and Andrea Saltelli, "The Joint Research Centre audit on the WJP Rule of Law Index", in *the WJP Rule of Law Index* 2010, p. 116.

[4] See the World Justice Project, *WJP Rule of Law Index* 2014, pp. 14 – 15.

二、世界法治状况的大数据

全世界有200多个国家,数量太多,世界正义工程由于经费有限,不可能对所有国家一一调查,只能选取一些国家。世界正义工程首先根据各国所处的地理位置和法律文化传统,划分了7个大区:东亚和太平洋地区,东欧和中亚地区,拉丁美洲和加勒比海地区,欧盟、欧洲自由贸易区和北美地区,中东和北非地区,南亚地区,撒哈拉以南非洲地区。在每个调查年度里,世界正义工程根据该大区的人口分布和经济社会状况,选取了该大区内具有代表性的国家和地区。2013年之前,世界正义工程不提供被调查国家的总体法治指数。所以,下面将列举2014年以后世界各大区域代表性国家的法治指数,然后计算该区域国家法治指数的均值,以反映该大区2014年以来的法治发展趋势。

(一)东亚和太平洋地区

这一区域一共调查了15个国家和地区,历年指数得分见表5-4:

表5-4　东亚和太平洋地区历年法治指数得分

国家/地区	2014年	2015年	2016年	2017~2018年	2019年
澳大利亚	0.82	0.80	0.81	0.81	0.80
韩国	0.77	0.79	0.73	0.72	0.73
菲律宾	0.50	0.53	0.51	0.47	0.47
柬埔寨	0.40	0.37	0.33	0.32	0.32
马来西亚	0.58	0.57	0.54	0.54	0.55
蒙古	0.51	0.53	0.54	0.54	0.55
缅甸	0.41	0.42	0.43	0.42	0.42
日本	0.78	0.78	0.78	0.79	0.78
泰国	0.52	0.52	0.51	0.50	0.50
新加坡	0.79	0.81	0.82	0.80	0.80

续表

国家/地区	2014 年	2015 年	2016 年	2017 ~ 2018 年	2019 年
新西兰	0.83	0.83	0.83	0.83	0.82
印度尼西亚	0.52	0.52	0.52	0.52	0.52
越南	0.48	0.50	0.51	0.50	0.49
中国	0.45	0.48	0.48	0.50	0.49
中国香港特别行政区	0.76	0.76	0.77	0.77	0.77

这一区域的法治指数差异最大。法治得分最高的新西兰和澳大利亚，两者都是普通法系国家。其次是日本、韩国、新加坡、中国香港特别行政区。这4个国家和地区的共同特点是，都属于东亚“儒家文化圈”的国家，都是经济社会高度发达的地区，在一定程度上受到普通法系的影响。由此，我们似乎可以得出一个初步结论：法治与经济社会发展水平高度相关，普通法系对于法治的提升较为显著。柬埔寨则是法治水平最低的国家之一。这一区域法治指数的总体变化趋势见图5－1：

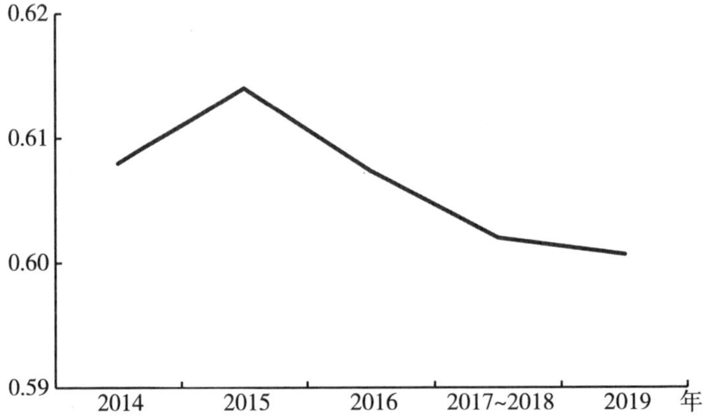

图5－1

（二）东欧和中亚地区

这一区域的国家一共13个，绝大多数都是苏联解体后出现的，相互之间历史渊源很深。历年指数得分见表5－5：

表 5－5　东欧和中亚地区历年法治指数得分

国家/地区	2014 年	2015 年	2016 年	2017～2018 年	2019 年
阿尔巴尼亚	0.49	0.52	0.50	0.51	0.51
白俄罗斯	0.51	0.53	0.54	0.51	0.52
波斯尼亚和黑塞哥维那	0.55	0.57	0.56	0.53	0.53
俄罗斯	0.45	0.47	0.45	0.47	0.47
格鲁吉亚	0.60	0.65	0.65	0.61	0.61
哈萨克斯坦	0.47	0.50	0.50	0.51	0.52
土耳其	0.50	0.46	0.43	0.42	0.42
吉尔吉斯斯坦	0.45	0.47	0.47	0.47	0.48
马其顿	0.58	0.55	0.54	0.53	0.54
摩尔多瓦	0.45	0.48	0.49	0.49	0.49
塞尔维亚	0.51	0.50	0.50	0.50	0.50
乌克兰	0.47	0.48	0.49	0.50	0.50
乌兹别克斯坦	0.45	0.46	0.45	0.46	0.46

或许是法律传统的影响过于强大的缘故，这一区域各个国家的法治水平大致相近，法治状况最好的格鲁吉亚也与其他国家相差很少。在世界范围内，这一区域的法治水平处于中游。从近 5 年的发展趋势来看，该区域虽有反复波折，但大致稳定。图 5－2 是该区域法治指数的变化趋势：

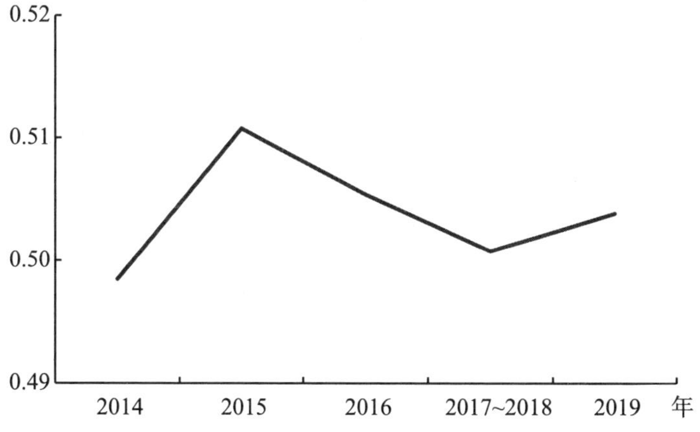

图 5－2

(三)拉丁美洲和加勒比海地区

这一区域的国家数量众多,2016 年以来世界正义工程大幅度增加了该区域被调查国家的数量,有 30 个之多。各个国家历年指数得分见表 5 - 6:

表 5 - 6 拉美和加勒比海地区历年法治指数得分

国家/地区	2014 年	2015 年	2016 年	2017 ~ 2018 年	2019 年
阿根廷	0.50	0.52	0.55	0.58	0.58
安提瓜和巴布达	—	—	0.67	0.63	0.63
巴巴多斯	—	—	0.67	0.65	0.65
巴哈马	—	—	0.61	0.60	0.61
巴拿马	0.50	0.53	0.52	0.52	0.52
巴西	0.54	0.54	0.55	0.54	0.53
玻利维亚	0.39	0.41	0.40	0.38	0.38
伯利兹	—	0.49	0.47	0.47	0.48
多米尼加	—	—	0.60	0.60	0.59
多米尼加共和国	0.47	0.48	0.47	0.47	0.46
厄瓜多尔	0.45	0.47	0.45	0.47	0.48
哥伦比亚	0.49	0.50	0.51	0.50	0.50
哥斯达黎加	—	0.68	0.68	0.68	0.69
格林纳达	—	—	0.66	0.61	0.60
圭亚那	—	—	0.49	0.50	0.50
洪都拉斯	—	0.42	0.42	0.40	0.40
秘鲁	0.49	0.50	0.51	0.52	0.51
墨西哥	0.45	0.47	0.46	0.45	0.45
尼加拉瓜	0.43	0.43	0.42	0.43	0.40
萨尔瓦多	0.48	0.51	0.49	0.48	0.48
圣基茨和尼维斯	—	—	0.66	0.66	0.65
圣卢西亚	—	—	0.64	0.63	0.61
圣文森特和格林纳丁斯	—	—	0.61	0.61	0.62

续表

国家/地区	2014 年	2015 年	2016 年	2017 ~ 2018 年	2019 年
苏里南	—	—	0.53	0.51	0.51
特立尼达和多巴哥	—	—	0.57	0.56	0.54
危地马拉	0.44	0.44	0.44	0.44	0.46
委内瑞拉	0.31	0.32	0.28	0.29	0.28
乌拉圭	0.69	0.71	0.72	0.71	0.71
牙买加	0.53	0.56	0.57	0.58	0.56
智利	0.68	0.68	0.68	0.67	0.68

这个区域的国家,大多曾是西班牙和葡萄牙的殖民地,属于大陆法系中的伊比利亚支系。虽然有着共同的法律传统,但是该区域内的国家法治指数差异较大。最高的是南美国家乌拉圭,是一个中等发达水平的国家,人均GDP、人均生活水平、政府清廉度、政治稳定度也位居南美洲前列。最低的则是委内瑞拉,其法治水平在全球也是最低层级,这个国家近年来因为政治动荡和经济危机而闻名。该区域的法治水平正在逐渐提升,图 5 - 3 是该区域法治指标的变化趋势:

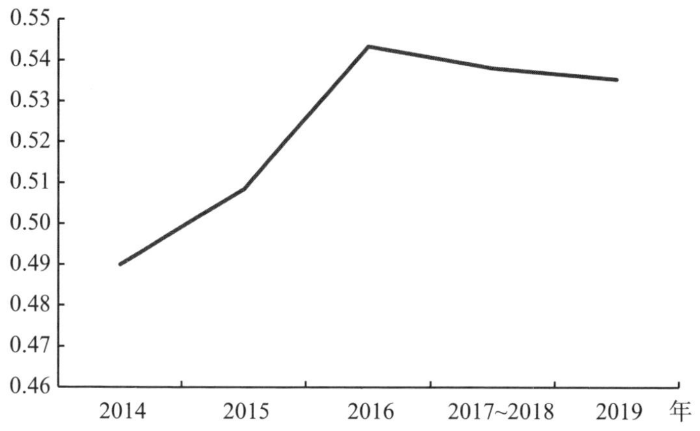

图 5 - 3

(四)欧盟、欧洲自由贸易区和北美地区

这一区域一共包括24个国家,是世界上最发达的地区。各个国家历年指数得分见表5-7:

表5-7 欧盟、欧洲自由贸易区和北美地区历年法治指数得分

国家/地区	2014年	2015年	2016年	2017~2018年	2019年
爱沙尼亚	0.76	0.77	0.79	0.80	0.81
奥地利	0.80	0.82	0.83	0.81	0.82
保加利亚	0.53	0.55	0.54	0.53	0.54
比利时	0.76	0.77	0.79	0.77	0.79
波兰	0.67	0.71	0.71	0.67	0.66
丹麦	0.88	0.87	0.89	0.89	0.90
德国	0.80	0.81	0.83	0.83	0.84
法国	0.74	0.74	0.72	0.74	0.73
芬兰	0.84	0.85	0.87	0.87	0.87
荷兰	0.83	0.83	0.86	0.85	0.84
加拿大	0.78	0.78	0.81	0.81	0.81
捷克共和国	0.67	0.72	0.75	0.74	0.73
克罗地亚	0.57	0.60	0.61	0.61	0.61
罗马尼亚	0.59	0.62	0.66	0.65	0.64
美国	0.71	0.73	0.74	0.73	0.71
挪威	0.88	0.87	0.88	0.89	0.89
葡萄牙	0.66	0.70	0.71	0.72	0.71
瑞典	0.85	0.85	0.86	0.86	0.85
斯洛文尼亚	0.65	0.66	0.67	0.67	0.67
西班牙	0.67	0.68	0.70	0.70	0.71
希腊	0.59	0.60	0.60	0.60	0.62
匈牙利	0.61	0.58	0.57	0.55	0.53
意大利	0.63	0.64	0.64	0.65	0.65
英国	0.78	0.78	0.81	0.81	0.80

这一区域的法治水平是世界最高的，北欧的法治指数高于中南欧，西欧的法治指数高于东欧。其中，北欧四国——丹麦、芬兰、挪威、瑞典是世界上法治水平最高的国家。这4个国家都属于大陆法系中的斯堪的纳维亚支系。东欧诸国的法治水平整体上不如西欧，在世界上也是中上水平，但是，爱沙尼亚的法治进步显著，目前已成为"法治发达国家"（世界正义工程指数0.8以上的，可视为"法治发达国家"）。[1] 大陆法系中的德国支系（德国、奥地利）以及深受德国影响的荷兰，法治水平仅次于斯堪的纳维亚支系，比英美法系的法治水平也高。南欧国家、特别是东南欧国家，是整个欧洲地区法治水平最低的。北美两国，加拿大属于法治发达国家，美国的法治水平在世界范围内只是中等偏上。图5－4是该区域法治指数的变化趋势：

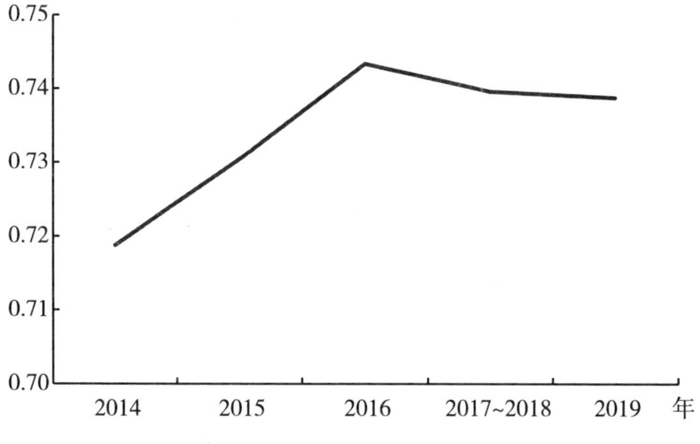

图5－4

（五）中东和北非地区

这个区域的国家有8个，都是伊斯兰国家。各个国家历年指数得分见表5－8：

〔1〕 爱沙尼亚是苏联加盟国之一，近年来其治理水平和科技水平飞速发展，"甩开了"苏联的其他加盟国。该国人口只有100多万人，居然诞生了Skype、Playtech、TransferWise、Taxify这4家估值10亿美元以上的独角兽公司，其表现"惊艳全球"。爱沙尼亚的转型经验，非常值得研究。

表 5-8 中东和北非地区历年法治指数得分

国家/地区	2014 年	2015 年	2016 年	2017～2018 年	2019 年
阿尔及利亚	—	—	—	—	0.51
阿拉伯联合酋长国	0.65	0.67	0.66	0.65	0.64
埃及	0.45	0.44	0.37	0.36	0.36
黎巴嫩	0.51	0.48	0.46	0.47	0.47
摩洛哥	0.51	0.52	0.53	0.51	0.50
突尼斯	0.55	0.56	0.53	0.53	0.53
伊朗	0.44	0.43	0.47	0.48	0.45
约旦	0.57	0.56	0.59	0.60	0.57

这些国家都是伊斯兰法系国家，宗教的影响很大，同质性程度非常高，相互之间差异不大。阿拉伯联合酋长国的法治指数最高，也是该区域人均收入最高的国家，亦是世界上最富裕的国家之一。埃及的法治指数相对最低，近 3 年甚至有加剧恶化的趋势。从该区域的整体法治状况来看，近 5 年来一路走低，值得注意。图 5-5 是该区域法治指数的变化趋势：

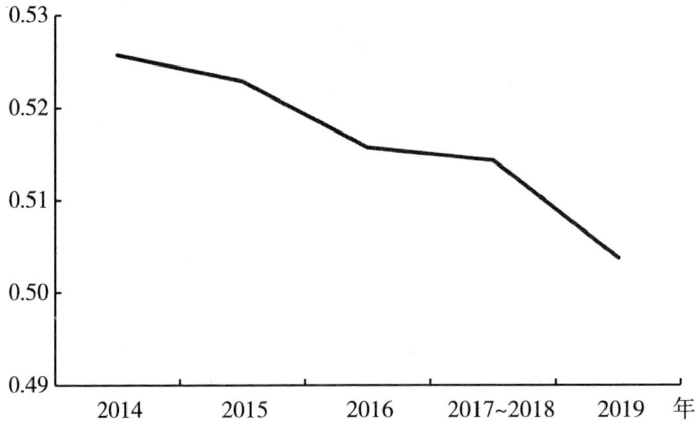

图 5-5

（六）南亚地区

该区域有 6 个国家，包括了中亚地区的阿富汗，各个国家历年指数得分见表 5-9：

表 5－9　南亚地区历年法治指数得分

国家/地区	2014 年	2015 年	2016 年	2017～2018 年	2019 年
阿富汗	0.34	0.35	0.35	0.34	0.35
巴基斯坦	0.36	0.38	0.38	0.39	0.39
孟加拉国	0.39	0.42	0.41	0.41	0.41
尼泊尔	0.50	0.53	0.52	0.53	0.53
斯里兰卡	0.52	0.51	0.51	0.52	0.52
印度	0.48	0.51	0.51	0.52	0.51

阿富汗和南亚次大陆构成了一个相对独立的地理区域。这个区域受到伊斯兰教、印度教、佛教和其他宗教的影响，文化非常多元，宗教冲突和民族冲突比较多，多年来深受恐怖主义的影响，以至于该区域成为世界上法治水平最低的区域。不过，该区域国家的法治水平差异比较明显，尼泊尔、斯里兰卡、印度的法治水平相对好一些，这 3 个国家都是信仰印度教或佛教的国家，而阿富汗、巴基斯坦和孟加拉国都是伊斯兰国家。不过，不能就此推论伊斯兰国家的法治水平就低，因为，这 3 个国家的法治水平，与中东北非的伊斯兰国家的法治相比也很低，这显然是宗教以外的其他因素影响所致。近年来，该区域的法治水平有明显上升的势头。图 5－6 是该区域法治指数的变化趋势：

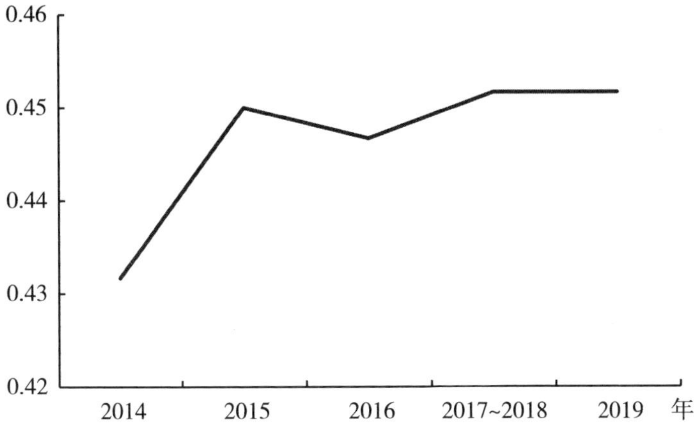

图 5－6

（七）撒哈拉以南非洲地区

2018 年之前，该区域被调查的国家相对比较少，只有 18 个；2018 年之后，世界正义工程大幅度增加了该区域的国家数量，如今达到 30 个。各个国家历年指数得分见表 5－10：

表 5－10　撒哈拉以南非洲地区历年法治指数得分

国家/地区	2014 年	2015 年	2016 年	2017～2018 年	2019 年
埃塞俄比亚	0.42	0.42	0.38	0.38	0.39
安哥拉	—	—	—	—	0.41
贝宁	—	—	—	—	0.50
博茨瓦纳	0.67	0.64	0.58	0.58	0.59
布基纳法索	0.51	0.47	0.48	0.51	0.50
多哥	—	—	—	—	0.45
刚果民主共和国	—	—	—	—	0.33
几内亚	—	—	—	—	0.44
加纳	0.57	0.60	0.58	0.59	0.58
津巴布韦	0.34	0.37	0.37	0.37	0.40
喀麦隆	0.39	0.40	0.37	0.37	0.37
科特迪瓦	0.46	0.47	0.46	0.47	0.46
肯尼亚	0.43	0.45	0.43	0.45	0.45
利比里亚	0.42	0.45	0.45	0.45	0.46
卢旺达	—	—	—	—	0.61
马达加斯加	0.45	0.45	0.45	0.44	0.43
马拉维	0.51	0.50	0.51	0.51	0.51
马里	—	—	—	—	0.45
毛里求斯	—	—	—	—	0.61
毛里塔尼亚	—	—	—	—	0.35

续表

国家/地区	2014 年	2015 年	2016 年	2017 ~ 2018 年	2019 年
莫桑比克	—	—	—	—	0.43
纳米比亚	—	—	—	—	0.62
南非	0.55	0.58	0.59	0.59	0.58
尼日尔	—	—	—	—	0.44
尼日利亚	0.39	0.41	0.44	0.44	0.43
塞拉利昂	0.44	0.44	0.45	0.45	0.45
塞内加尔	0.54	0.57	0.57	0.55	0.55
坦桑尼亚	0.47	0.47	0.47	0.47	0.47
乌干达	0.41	0.41	0.39	0.40	0.40
赞比亚	0.47	0.47	0.48	0.47	0.47

这一区域一直是世界上最不发达的地区,法治的整体水平也不高。目前表现最好的是纳米比亚,在世界上也只是中上水平。刚果民主共和国、毛里塔尼亚等国甚至是法治水平最低的国家之一。图 5－7 是该区域法治指数的变化趋势:

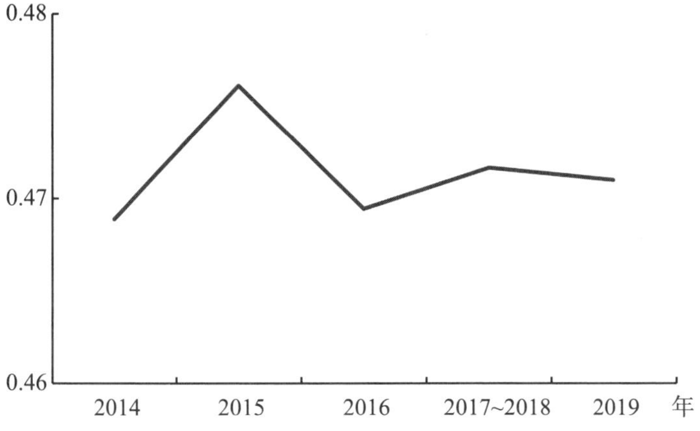

图 5－7

三、趋势与问题

图5－8汇集了各个区域近5年来的法治指数发展趋势：

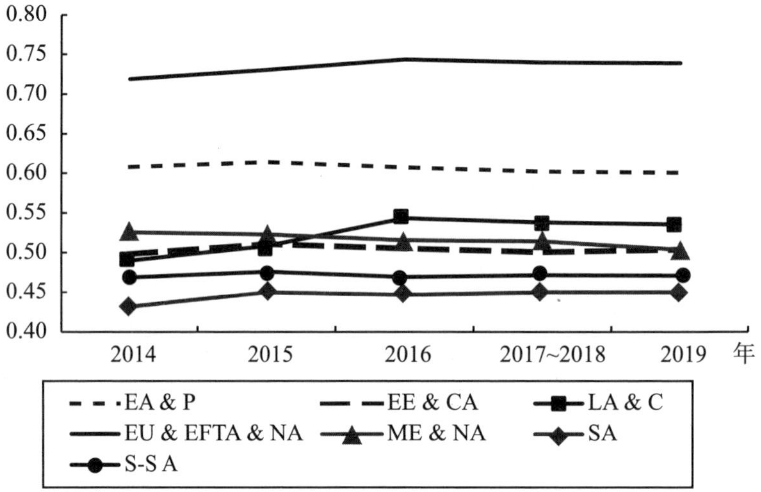

图5－8

注：EA & P(East Asia & Pacific)代表东亚和太平洋地区；EE & CA(Eastern Europe & Central Asia)代表东欧和中亚；LA & C(Latin America & Caribbean)代表拉丁美洲和加勒比海；EU & EFTA & NA(EU & EFTA & North America)代表欧盟、欧洲自由贸易区和北美；ME & NA(Middle East & North Africa)代表中东和北非；SA(South Asia)代表南亚；S-S A(Sub-Saharan Africa)代表撒哈拉以南非洲。

从图5－8可见，世界上法治水平最高的欧盟、欧洲自由贸易区和北美地区的法治总体水平高出其他地区不少。其次是东亚和太平洋地区，这一地区内部的法治水平差异最大，法治水平最高的新西兰可以跻身于全球前五，最低的柬埔寨则是全球法治水平最低的国家之一。不过，由于该区域发达国家的优秀表现，使该区域的整体法治水平也比较高。这两个区域的法治，短时间内还看不到被赶超的可能。中东和北非地区的法治水平其实并不低，如果考虑到没有被调查的以色列，其整体的实际法治水平可能更高一些，不过该区域近年来由于埃及的加剧退化，总体水平被拉低了。其他4个区域，法治整体水平其实相当，差异不大，拉丁美洲和加勒比海地区的法治进步最快,目前整体水平已位居世界第三。剩余的3个区域,总体上发展稳定。南亚地区由于阿富汗的"拖累",目前法治水平全世界最低,但是该区域的法治呈现上升的趋势。撒哈拉以南非洲地区的法治水平在全球倒数第二,近年来变化平稳。从近年来全球法治的发展来看,2015年是个转折点,之前的全球法治总体上是在上升,之后都陆续出现了一定程度的下滑,出现这一衰退的主要原因可能是全球性的经济衰退及其引发的政治和社会问题。

图5-9是2019年世界正义工程发布的126个国家和地区的得分和排名:〔1〕

从上述分析来看,各个国家的法治水平,受到政治、经济、宗教、文化、法律传统等各种因素的综合影响,不存在一个主导性的因素。此外,有意思的是,法治似乎与国家幅员和人口规模有一定相关性。超大规模的国家,如俄罗斯、中国、美国、巴西等国家,指数得分相对都不是很高。领土面积位居全球前十的加拿大和澳大利亚都是法治发达国家,但是近年来加拿大人口只有3700万人左右,澳大利亚人口只有2600万人左右,还不如中国的一个省人口多,算不上超大国家。法治水平最高的国家,如北欧四国和荷兰,都是小国家。在人口超过1亿人、领土面积位居全球前十的超大国家中,法治得分最高的是美国,但其法治在全世界也只是中上水平,与最好的北欧四国相比差了不少。印度、中国、俄罗斯、巴西等"金砖四国"也面临同样问题。如何促进超大国家的法治,看来是一个世界性难题,值得我们研究。

---

〔1〕 由于图表过大,部分国家及其指数没有显示。详细情况,参见 the World Justice Project, WJP Rule of Law Index 2019, pp. 16-17。

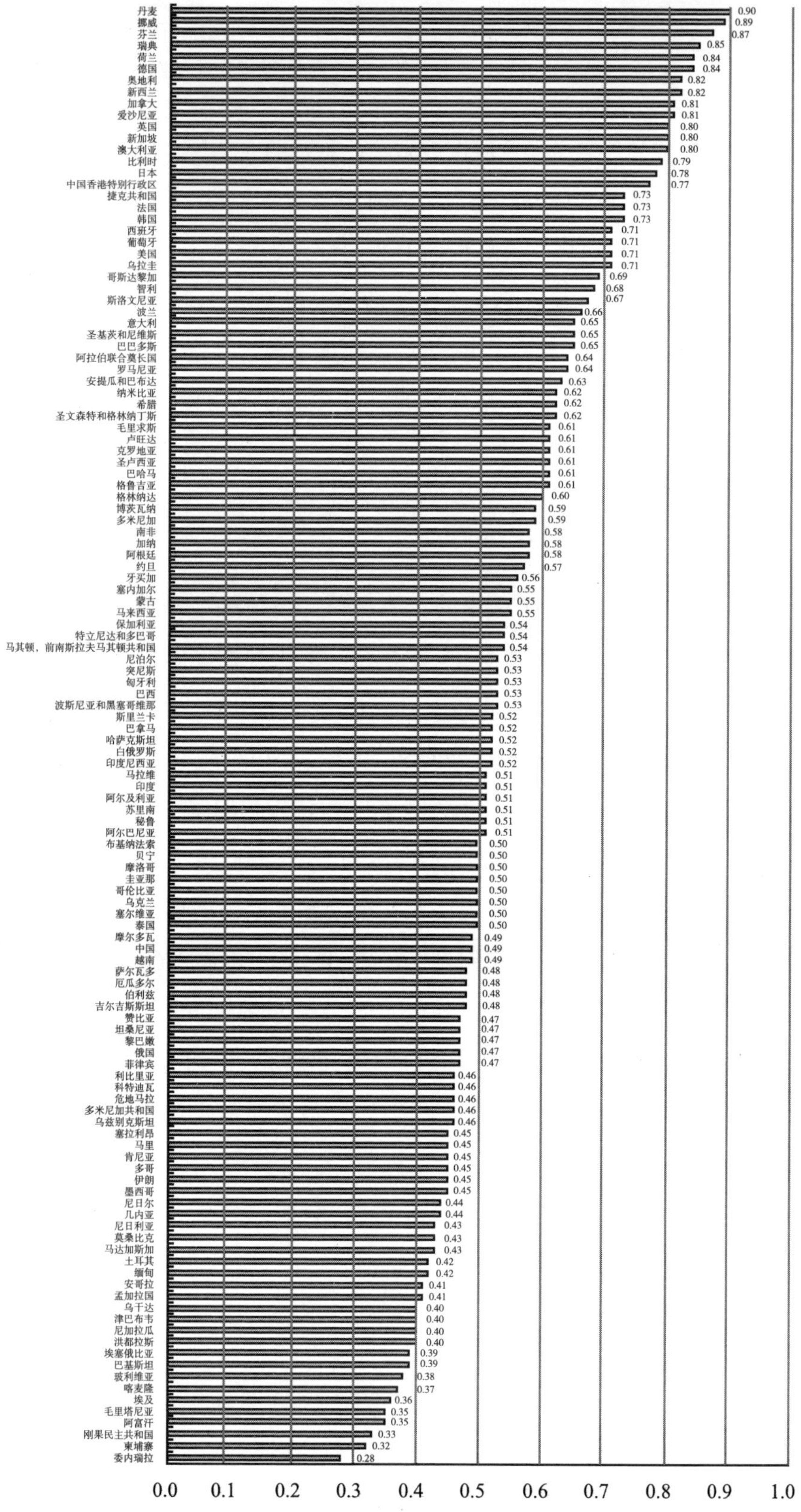

丹麦 0.90
挪威 0.89
芬兰 0.87
瑞典 0.85
荷兰 0.84
德国 0.84
奥地利 0.82
新西兰 0.82
加拿大 0.81
爱沙尼亚 0.81
英国 0.80
新加坡 0.80
澳大利亚 0.80
比利时 0.79
日本 0.78
中国香港特别行政区 0.77
捷克共和国 0.73
法国 0.73
韩国 0.73
西班牙 0.71
葡萄牙 0.71
美国 0.71
乌拉圭 0.71
哥斯达黎加 0.69
智利 0.68
斯洛文尼亚 0.67
波兰 0.66
意大利 0.65
圣基茨和尼维斯 0.65
巴巴多斯 0.65
阿拉伯联合酋长国 0.64
罗马尼亚 0.64
安提瓜和巴布达 0.63
纳米比亚 0.62
希腊 0.62
圣文森特和格林纳丁斯 0.62
毛里求斯 0.61
卢旺达 0.61
克罗地亚 0.61
圣卢西亚 0.61
巴哈马 0.61
格鲁吉亚 0.61
格林纳达 0.60
博茨瓦纳 0.59
多米尼加 0.59
南非 0.58
加纳 0.58
阿根廷 0.58
约旦 0.57
牙买加 0.56
塞内加尔 0.55
蒙古 0.55
马来西亚 0.55
保加利亚 0.54
特立尼达和多巴哥 0.54
马其顿，前南斯拉夫马其顿共和国 0.54
尼泊尔 0.53
突尼斯 0.53
匈牙利 0.53
巴西 0.53
波斯尼亚和黑塞哥维那 0.53
斯里兰卡 0.52
巴拿马 0.52
哈萨克斯坦 0.52
白俄罗斯 0.52
印度尼西亚 0.52
马拉维 0.51
印度 0.51
阿尔及利亚 0.51
苏里南 0.51
秘鲁 0.51
阿尔巴尼亚 0.51
布基纳法索 0.50
贝宁 0.50
摩洛哥 0.50
圭亚那 0.50
哥伦比亚 0.50
乌克兰 0.50
塞尔维亚 0.50
泰国 0.50
摩尔多瓦 0.49
中国 0.49
越南 0.49
萨尔瓦多 0.48
厄瓜多尔 0.48
伯利兹 0.48
吉尔吉斯斯坦 0.48
赞比亚 0.47
坦桑尼亚 0.47
黎巴嫩 0.47
俄国 0.47
菲律宾 0.47
利比里亚 0.46
科特迪瓦 0.46
危地马拉 0.46
多米尼加共和国 0.46
乌兹别克斯坦 0.46
塞拉利昂 0.45
马里 0.45
肯尼亚 0.45
多哥 0.45
伊朗 0.45
墨西哥 0.45
尼日尔 0.44
几内亚 0.44
尼日利亚 0.43
莫桑比克 0.43
马达加斯加 0.43
土耳其 0.42
缅甸 0.42
安哥拉 0.41
孟加拉国 0.41
乌干达 0.40
津巴布韦 0.40
尼加拉瓜 0.40
洪都拉斯 0.40
埃塞俄比亚 0.39
巴基斯坦 0.39
玻利维亚 0.38
喀麦隆 0.37
埃及 0.36
毛里塔尼亚 0.35
阿富汗 0.35
刚果民主共和国 0.33
柬埔寨 0.32
委内瑞拉 0.28
0.0 0.1 0.2 0.3 0.4 0.5 0.6 0.7 0.8 0.9 1.0

图 5－9

第六章
中国法治状况的大数据分析

中国本土发起的法治评估事例非常多,但是近年来唯一一个以定量方法全面评估中国法治状况的只有一个,即中国人民大学法治评估研究中心2016年发布的"中国法治评估报告"。[1] 该报告对中国2015年的法治状况进行了全面评估,调查了28个省、自治区和直辖市的法治状况(由于特殊原因,新疆和西藏没有调查)。除此之外,中国众多的法治评估,要么是地方性的——只评估某一个地区,如四川省法治评估、余杭法治指数等;要么是部门性的——只评估法治的某一领域,如司法文明指数、透明度指数、法治政府评估。针对中国整体状况的法治评估十分罕见。不过,这种状况的出现也是可以理解的:首先,评估中国整体的法治状况是最难的,中国的法治体系极其复杂,包括立法、法律实施、法治保障、法律监督等领域,此外还包括了党内法规,这种复杂的法治构成体系在全世界都是独一份;其次,

[1] 参见朱景文主编:《中国法律发展报告2015:中国法治评估指标》,中国人民大学出版社2016年版。

评估中国法治状况所需的费用很高,仅仅是全国性的公众调查,就需要 4000 份以上,按照当前的入户调查行情,仅此一项支出就高达 40 万元以上。理论和现实的双重制约,使全国性的法治评估目前只有"一支独苗"。

评估中国整体的法治状况,显然是非常必要的。我国正处于"全面推进法治中国建设"的关键阶段,首先需要全面认识、了解中国法治的状况,对中国法治进行"体检",然后才能"对症下药",把有限的资源用在"刀刃"上。与国内缺乏整体法治评估的状况相反,国际上关于中国的法治评估,大都是整体性的评估。传统基金会、世界银行、世界正义工程、自由之家、贝塔斯曼、全球廉正的法治评估都包括了中国。在这 6 个评估中国的国际指数中,值得我们关注的是前 3 个:传统基金会、世界银行、世界正义工程,这 3 个评估基于大量的调查材料,计算规则比较科学,在世界范围应用较多。后 3 个国际评估,法治指标比较偏狭,计算过程比较粗率(评估一个国家,只依赖几个专家打分),数据质量有待检验。本章将介绍前 3 个国际评估关于中国的评估结果,然后基于中国人民大学法治评估研究中心 2015 年法治调查的资料,提出一些新的指标体系来反映中国的法治状况,从不同角度反映中国法治的复杂面貌。

一、国际评估中国法治的数据

(一)传统基金会的评估

最早评估中国法治状况的,是美国传统基金会,从 1995 年就开始了。从 1995 年到 2016 年,传统基金会的法治指数由两个指标构成,即财产权、政府廉正,2017 年之后增加了"司法效果"指标。3 个指标的满分都是 100 分,权重都一样,其均值构成了法治指数得分。不过,传统基金会对于中国的法治评估虽然最早,但是 1995 年至 2016 年的数据质量却很有问题。中国在这 21 年的"财产权"得分,从 1995 年至 2006 年都是 30 分,从 2007 年到 2016 年都是 20 分,这显然不符合中国实际,无视中国在这 21 年里财产法律制度的快速发展。2016 年之后,传统基金会改变了计算规则,引入了新的指标,法治指数建构更为科学。表 6－1 列出了 2017 年至今传统基金会对于中国法治评估的结果：

表 6－1　传统基金会对于中国法治的评估得分

年份	法治	财产权	政府廉正	司法效果
2017	50.2	48.3	41.6	60.7
2018	53.1	46.7	47.3	65.4
2019	58.1	49.9	49.1	75.2

从上述数据来看，中国法治在最近 3 年进步较快，政府廉正和司法效果的进步尤其显著，司法改革成就斐然。目前，中国的法治大概处于世界中等水平，正在向中上水平努力。

（二）世界银行的评估

世界银行对中国的法治评估始于 1996 年，评估依赖于第二手数据，采取特定模型计算，评估结果在世界范围内广为引用。表 6－2 是世界银行对于中国法治的评估数据。

表 6－2　世界银行对于中国法治的评估数据

年份	估值	标准误差	数据来源	百分位数	置信下限	置信上限
1996	－0.55	0.19	8.00	33.67	22.11	43.72
1998	－0.46	0.19	9.00	36.50	25.00	47.00
2000	－0.53	0.16	10.00	34.16	26.24	42.08
2002	－0.50	0.17	11.00	37.13	26.73	48.02
2003	－0.53	0.17	11.00	34.65	24.26	45.05
2004	－0.53	0.16	13.00	35.89	24.40	43.06
2005	－0.59	0.15	13.00	33.49	22.97	43.06
2006	－0.64	0.15	14.00	31.10	21.53	43.06
2007	－0.54	0.15	15.00	35.41	24.40	45.93
2008	－0.42	0.14	15.00	39.90	31.25	49.04
2009	－0.41	0.14	16.00	42.65	31.75	49.76

续表

年份	估值	标准误差	数据来源	百分位数	置信下限	置信上限
2010	-0.41	0.14	16.00	40.76	31.28	49.29
2011	-0.46	0.13	17.00	39.44	30.05	47.42
2012	-0.54	0.13	17.00	35.68	26.76	46.01
2013	-0.52	0.13	16.00	38.97	27.70	45.54
2014	-0.41	0.15	14.00	38.94	29.81	49.52
2015	-0.41	0.14	14.00	39.90	30.29	49.52
2016	-0.33	0.16	13.00	41.35	31.25	51.92
2017	-0.26	0.15	13.00	44.71	32.69	51.92

注:标准误差,反映了法治指数的点估计值的变动大小;数据来源,是指计算法治指数所依赖的数据来源;百分位数,是指中国法治在所有国家中排名——范围从0(最低)到100(最高)排名——的百分位数;置信上限和下限,分别是90%置信区间的上下限,以百分位数表示。

世界银行的数据,清晰地反映了中国法治1996年以来的状况,大体上是不断进步的,2012年以来进步较为显著。

(三)世界正义工程的评估

世界正义工程从2011年开始对中国法治的状况进行评估,表6-3展示了中国法治一级指标的得分和总分:

表6-3 世界正义工程对于中国法治的评估数据

指标	2011年	2012~2013年	2014年	2015年	2016年	2017~2018年	2019年
有限的政府权力	0.53	0.36	0.35	0.41	0.38	0.40	0.33
没有腐败	0.60	0.52	0.48	0.51	0.52	0.55	0.55
开放的政府	0.54	0.42	0.41	0.43	0.44	0.45	0.42
基本权利	0.40	0.35	0.31	0.32	0.32	0.31	0.32
秩序与安全	0.81	0.78	0.81	0.78	0.76	0.80	0.79
有效的监管执行	0.50	0.41	0.41	0.46	0.45	0.48	0.48
民事司法	0.52	0.43	0.41	0.48	0.52	0.54	0.54
刑事司法	0.61	0.54	0.43	0.45	0.47	0.48	0.47
法治总分	—	—	0.45	0.48	0.48	0.50	0.49

需要说明的是,2014 年之前,世界正义工程是不提供法治总分的,只有各个一级指标的得分。另外,从 2011 年到 2014 年,法治一级指标的名称和数量虽然没变,但是二级指标的数量和内容一直在变动,因此,2011 年至 2014 年的一级指标得分没有可比性。2014 年以来,中国的法治处于上升的进程中。图 6－1 更加直观地反映了中国法治各个一级指标的变化趋势。

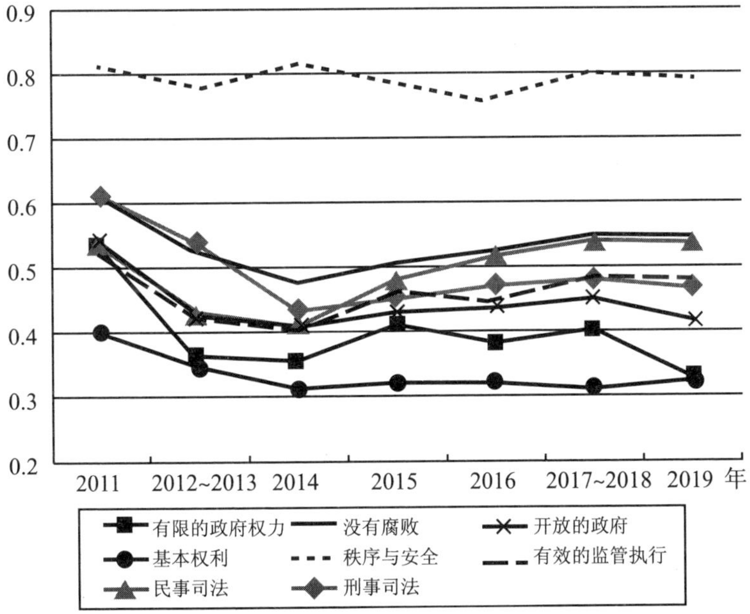

图 6－1

从图 6－1 可见,中国的"秩序与安全"得分一直遥遥领先于其他指标,在国际上也处于优秀之列。反腐的成绩也比较突出;民事司法则是近年来改善最大的;最需要加强的是基本权利保障和政府权力监督。中国法治的各个领域差别较大,未来需要补足短板,从而大幅度提升中国法治的整体水平。表 6－4 进一步展示了中国法治二级指标的得分。[1]

〔1〕 2014 年以前的二级指标没有具体数值。另外,2014 年"开放的政府"二级指标内容与 2015 年之后的内容不同,2014 年,3.1 指标是"法律公开、可接近",得分 0.69;3.2 指标是"法律稳定",得分 0.23;3.3 指标是"向政府申诉的权利和公众参与",得分是 0.24;3.4 指标是"官方信息经请求可得到",得分是 0.48。

表 6－4　世界正义工程关于中国法治二级指标的数据

一级指标	二级指标	2014年	2015年	2016年	2017～2018年	2019年
有限的政府权力	政府权力被立法机关有效制约(1.1)	0.58	0.62	0.58	0.60	0.39
	政府权力被司法机关有效制约(1.2)	0.40	0.46	0.38	0.40	0.31
	政府权力被独立的审计审查机构有效制约(1.3)	0.37	0.48	0.46	0.50	0.41
	政府官员的不法行为会受到制裁(1.4)	0.45	0.57	0.48	0.49	0.50
	政府权力被非政府组织有效制约(1.5)	0.08	0.12	0.14	0.14	0.12
	权力依法转移(1.6)	0.23	0.22	0.21	0.27	0.24
没有腐败	行政部门的政府官员不以权谋私(2.1)	0.46	0.47	0.48	0.50	0.50
	司法部门的政府官员不以权谋私(2.2)	0.34	0.40	0.51	0.58	0.57
	军警部门的政府官员不以权谋私(2.3)	0.62	0.65	0.65	0.69	0.69
	立法部门的政府官员不以权谋私(2.4)	0.49	0.51	0.42	0.41	0.44
开放的政府	法律和政府数据公开(3.1)	0.69	0.52	0.42	0.44	0.45
	知情权(3.2)	0.23	0.53	0.63	0.61	0.56
	公众参与(3.3)	0.24	0.21	0.21	0.21	0.21
	投诉机制(3.4)	0.48	0.46	0.49	0.52	0.45
基本权利	平等对待和免受歧视(4.1)	0.53	0.49	0.45	0.43	0.45
	生存权利与人身安全被有效保障(4.2)	0.39	0.48	0.48	0.45	0.45
	法律正当程序与被告的权利(4.3)	0.46	0.48	0.51	0.51	0.51
	言论与表达自由被有效保障(4.4)	0.08	0.13	0.14	0.14	0.12
	信仰与宗教自由被有效保障(4.5)	0.20	0.23	0.30	0.30	0.22
	不受任意干涉的隐私自由被有效保障(4.6)	0.36	0.22	0.22	0.22	0.30
	集会与结社自由被有效保障(4.7)	0.17	0.19	0.18	0.18	0.17
	基本的劳动权利被有效保障(4.8)	0.32	0.31	0.30	0.27	0.32

续表

一级指标	二级指标	2014年	2015年	2016年	2017～2018年	2019年
秩序与安全	犯罪被有效控制(5.1)	0.78	0.79	0.79	0.79	0.79
	民事冲突被有效限制(5.2)	1.00	0.83	0.77	0.92	0.92
	人民无须诉诸暴力来修复个人怨恨(5.3)	0.65	0.73	0.71	0.69	0.66
有效的监管执行	政府规章被有效执行(6.1)	0.46	0.57	0.50	0.54	0.50
	政府规章的执行与实施免受不当影响(6.2)	0.54	0.49	0.54	0.58	0.58
	行政程序的实施免受无理的拖延(6.3)	0.51	0.53	0.57	0.58	0.62
	正当程序在行政程序中受到尊重(6.4)	0.26	0.32	0.23	0.28	0.32
	政府必须对征收的财产给予充分的补偿(6.5)	0.29	0.38	0.41	0.42	0.37
民事司法	人民能够接近并利用民事司法(7.1)	0.49	0.57	0.59	0.59	0.66
	民事司法免于歧视(7.2)	0.49	0.47	0.43	0.44	0.49
	民事司法免于腐败(7.3)	0.33	0.38	0.45	0.45	0.43
	民事司法免受政府的不当影响(7.4)	0.17	0.25	0.23	0.25	0.22
	民事司法不会被无理拖延(7.5)	0.67	0.73	0.76	0.71	0.76
	民事司法被有效执行(7.6)	0.33	0.48	0.58	0.63	0.57
	ADR是可接近的、公正的、有效的(7.7)	0.39	0.52	0.62	0.70	0.67
刑事司法	犯罪调查体制是有效的(8.1)	0.46	0.56	0.65	0.60	0.57
	犯罪审判体制及时而有效(8.2)	0.45	0.50	0.65	0.59	0.57
	矫正体制对于减少犯罪行为是有效的(8.3)	0.50	0.52	0.37	0.47	0.50
	刑事体制是公正的(8.4)	0.44	0.36	0.40	0.36	0.34
	刑事体制不腐败(8.5)	0.53	0.60	0.60	0.61	0.58
	刑事体制免受政府的不当影响(8.6)	0.19	0.11	0.11	0.20	0.20
	法律正当程序与被告的权利(8.7)	0.46	0.48	0.51	0.51	0.51

从表 6 - 4 来看，首先，中国对于民事冲突的治理成绩最为优异，甚至达到过满分的水平，近两年也在 0.9 以上；其次，则是对于犯罪的控制，得分接近 0.8，在世界上也是优秀水准；最后，是民事司法的效率和军警部门的反腐，得分都在 0.7 左右。最需要加强的则是非政府组织的监督力量、独立行使审判权和检察权。图 6 - 2 更为直观地反映了中国法治二级指标的变化趋势。

二、中国法治状况的多维评估

国际对于中国法治的评估，从不同角度反映了中国法治的状况，在世界上影响较大，给我国提供了参考。不过，国际评估面临着样本较少的共同问题，数据误差比较大，有待弥补。法治是一个非常复杂、内涵广泛的事物，特别是中国的法治，如果仅仅依据国家法律来认识中国法治，必然会遗漏一些重要事项、造成较大偏差；如对于“权力监督和控制”这一法治原则而言，党的纪律检查委员会发挥着最大的监督和控制功能，而这属于党内法规的调整领域。所以，中国法治还需要更多的评估，从不同维度反映中国的法治状况，为法治建设提供精准指导。本章第二部分将基于中国人民大学 2015 年的全国性调查资料展开。关于这次调查，我们已经出版了一些研究成果，发布了相关的数据，这次将公开另一些研究成果。

（一）评估指标体系

本研究采取定量评估的方法，遵循法治指数的建构逻辑，建立新的指标体系。在已出版的研究成果中，我们建构了一个综合性的指标体系来反映中国的法治状况；这次，笔者将建构 3 个指标体系，从不同维度来反映中国法治的状况。指标建构的依据是党的十八届四中全会审议通过的《中共中央关于全面推进依法治国若干重大问题的决定》（以下简称《决定》），《决定》规定了“中国特色社会主义法治体系”：完备的法律规范体系、高效的法治实施体系、严密的法治监督体系、有力的法治保障体系和完善的党内法规体系。

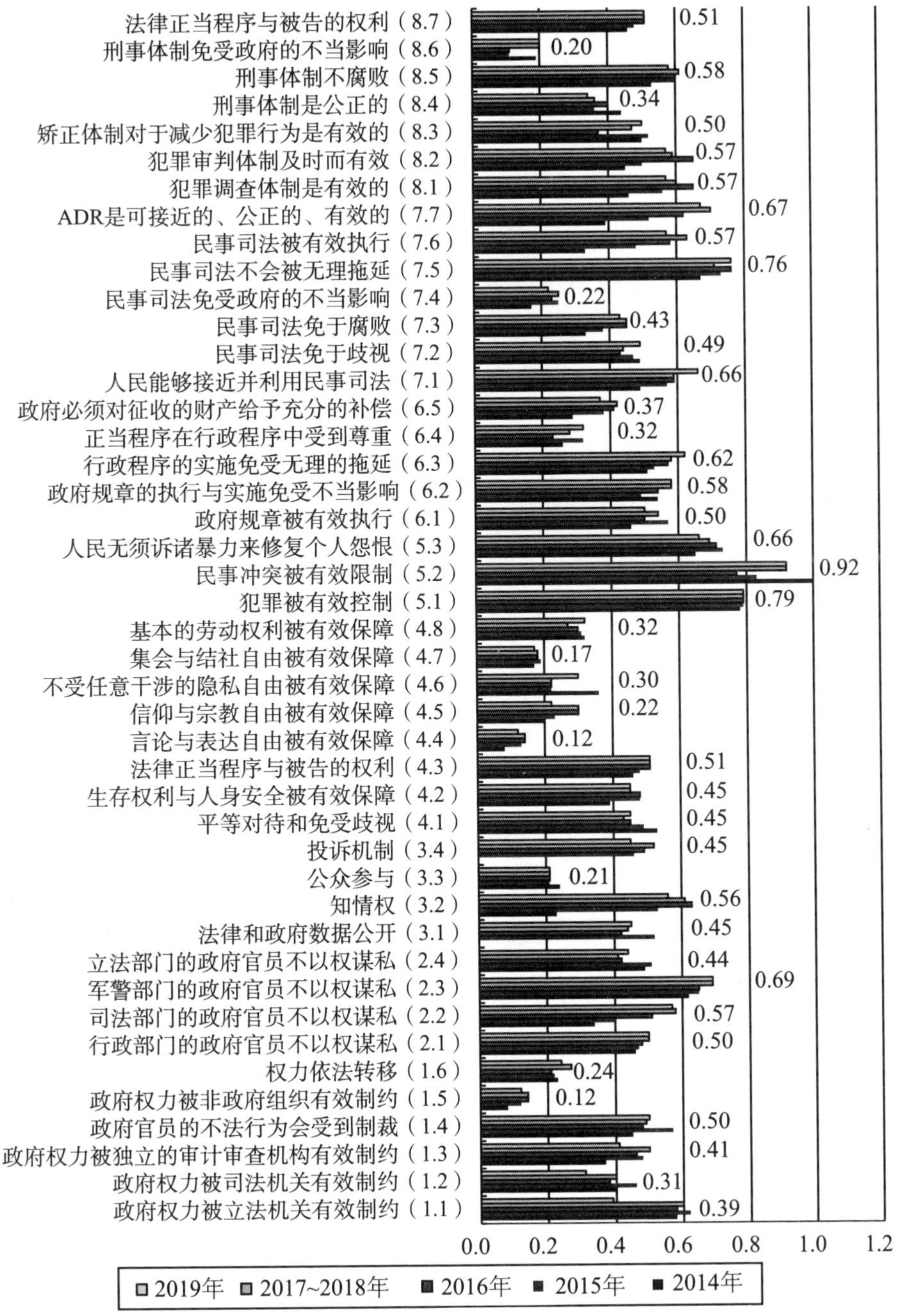
法律正当程序与被告的权利（8.7）
刑事体制免受政府的不当影响（8.6）
刑事体制不腐败（8.5）
刑事体制是公正的（8.4）
矫正体制对于减少犯罪行为是有效的（8.3）
犯罪审判体制及时而有效（8.2）
犯罪调查体制是有效的（8.1）
ADR是可接近的、公正的、有效的（7.7）
民事司法被有效执行（7.6）
民事司法不会被无理拖延（7.5）
民事司法免受政府的不当影响（7.4）
民事司法免于腐败（7.3）
民事司法免于歧视（7.2）
人民能够接近并利用民事司法（7.1）
政府必须对征收的财产给予充分的补偿（6.5）
正当程序在行政程序中受到尊重（6.4）
行政程序的实施免受无理的拖延（6.3）
政府规章的执行与实施免受不当影响（6.2）
政府规章被有效执行（6.1）
人民无须诉诸暴力来修复个人怨恨（5.3）
民事冲突被有效限制（5.2）
犯罪被有效控制（5.1）
基本的劳动权利被有效保障（4.8）
集会与结社自由被有效保障（4.7）
不受任意干涉的隐私自由被有效保障（4.6）
信仰与宗教自由被有效保障（4.5）
言论与表达自由被有效保障（4.4）
法律正当程序与被告的权利（4.3）
生存权利与人身安全被有效保障（4.2）
平等对待和免受歧视（4.1）
投诉机制（3.4）
公众参与（3.3）
知情权（3.2）
法律和政府数据公开（3.1）
立法部门的政府官员不以权谋私（2.4）
军警部门的政府官员不以权谋私（2.3）
司法部门的政府官员不以权谋私（2.2）
行政部门的政府官员不以权谋私（2.1）
权力依法转移（1.6）
政府权力被非政府组织有效制约（1.5）
政府官员的不法行为会受到制裁（1.4）
政府权力被独立的审计审查机构有效制约（1.3）
政府权力被司法机关有效制约（1.2）
政府权力被立法机关有效制约（1.1）
0.51
0.20
0.58
0.34
0.50
0.57
0.57
0.67
0.57
0.76
0.22
0.43
0.49
0.66
0.37
0.32
0.62
0.58
0.50
0.66
0.92
0.79
0.32
0.17
0.30
0.22
0.12
0.51
0.45
0.45
0.45
0.21
0.56
0.45
0.44
0.69
0.57
0.50
0.24
0.12
0.50
0.41
0.31
0.39
0.0
0.2
0.4
0.6
0.8
1.0
1.2
2019年
2017~2018年
2016年
2015年
2014年

图 6－2

党的十八届五中全会公报提出“全面提高党依据宪法法律治国理政、依据党内法规管党治党的能力和水平”。党的十九大报告也提出“依法治国与依规治党有机统一”。这些都表明，中国的法治体系由依法治国和依规治党两大体系所组成。这两个体系是不同的，需要用不同的指标予以反映。笔者将建立两个指标体系，分别评估依法治国和依规治党。从中国法治体系的具体建设内容来看，中国法治体系主要是形式法治，鉴于法治的完整性，有必要再设立一个评估实质法治的指标体系。我们将根据党的十八届四中全会《决定》提出的相关目标价值进行设定。这样一来，中国法治评估由 3 个体系构成，即依法治国的评估、依规治党的评估、实质法治的评估。最后一个评估，可以检验形式法治的效果。

根据《决定》，依法治国的评估指标体系可以设定如表 6－5 所示：

表 6－5　依法治国的指标体系

一级指标	二级指标	三级指标
完备的法律规范体系	立法完备	法律体系完备
	立法科学	立法的公正性
		立法的现实性
	立法民主	公众参与立法
		专家参与立法
	法律公开	法律查询方便
高效的法治实施体系	依法行政	权责法定
		执法严明
		行政高效
		政务公开
	公正司法	独立行使审判权和检察权
		司法公正
		政法公开
		司法便民
		政法效率

续表

一级指标	二级指标	三级指标
高效的法治实施体系	法治社会	社会治安
		市场秩序
		食品安全
		城市建设
		环境污染
		道路交通
		纠纷解决
严密的法治监督体系	监督立法	法律监督
		司法解释监督
	监督执法	政府内部监督
		审计监督
		行政复议
		人大监督
	监督司法	司法内部监督
		检察监督
		舆论监督
		人大监督
有力的法治保障体系	人才队伍	法官
		检察官
		律师
		警察
	经费装备	工作经费
		工资福利
		装备设施
	法学教育	法科毕业生供给
		法科毕业生质量
	普法	普法满意度

依规治党的评估指标体系可以设定如表 6－6 所示。

表 6－6　依规治党的指标体系

一级指标	二级指标	三级指标
依规治党	党内法规的制定	党内法规体系完善
		党规国法相协调
	党内法规的实施	党内法规执行力
		党员干部遵纪守法
	党内监督	纪委监督

实质法治的指标体系设计相对比较困难。《决定》不仅注重价值效果，还特别提出“增强全民法治观念”。对于法治观念的强调，成了中国实质法治的一大特色。本指标体系首先设置了“法治效果”和“法治观念”两个一级指标。“法治效果”指标，则根据《决定》的表述，结合实质法治理论，设置了3个二级指标，分别评估权力的监督制约、基本权利的保障和法律秩序的基础。“全民法治观念”中的“全民”，则划分为党政干部、法律职业者和人民群众三大群体，尤其突出法律职业者的法治观念，因为法律职业者是法治事业的主要推动者，这一群体的法治观念值得特别关注，有必要单列出来。具体指标体系设定如表 6－7 所示：

表 6－7　法治效果的指标体系

一级指标	二级指标	三级指标
法治效果	法律权威	权力法定
		依法行使权力
		依法决策
		清廉
		问责
	人民权益	公民权利
		经济权利
		社会权利
	安全稳定	安全感

续表

一级指标	二级指标	三级指标
法治观念	党政干部	
	法官	
	检察官	
	警察	
	律师	
	普通百姓	

(二)评估主体与评估过程

本研究采取问卷调查的方法,调查时间是2015年10月至12月。调查对象分为三类:公众、专家和执业者。我们针对这三类主体的认知能力,分别设计了3份不同的问卷,委托中国人民大学的中国调查与数据中心进行调查。[1]

公众问卷采取抽样问卷形式,共回收3983份,分布在全国28个省、直辖市、自治区。由于“一国两制”的原因,本次调查不评估我国港澳台地区的法治;而西藏、新疆受特殊条件影响,无法开展入户调查。全国28个调查区域的具体数量分布见图6-3:

专家问卷以法学专家为调查对象。相比于公众调查,专家这一群体人数少,调查比较难。所幸中国人民大学法治评估研究中心同时也是中国法学会的法治研究基地,中心的调查研究得到了中国法学会的大力支持,得以选取中国法学会下属的专业研究会的理事为调查对象。专家问卷发放248份,调查对象包括法理学、宪法、行政法、刑法、刑事诉讼法、民法、商法、财税法、经济法、环境法、法学教育、比较法、立法学、国际经济法等研究会的理

[1] 中国人民大学中国调查与数据中心(National Survey Research Center at Renmin University of China, NSRC)是中国人民大学直属的跨学科、跨院系的综合性研究机构,拥有中国第一个社会科学调查数据资料库——中国国家调查数据库(CNSDA),代表中国加入国际社会调查合作组织(ISSP),发布的“中国发展指数”(RCDI)、《中国发展报告》、《中国综合社会调查报告》、《中国大学生发展报告》、《中国宗教调查报告》等在国内有巨大的影响力。

事。专家的工作单位构成依次是高等院校占85.1%，科研院所占4.8%，国家机关政策研究室占2.4%，其他占7.7%。专家主要来自高等院校，这和我国专家的分布大体一致。

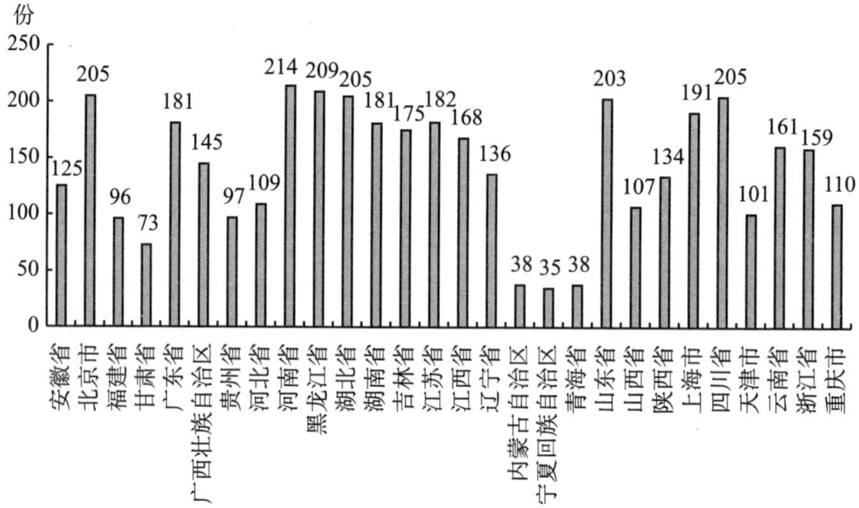

图6-3

执业者问卷以法官、检察官、律师、警察、人大代表、从事行政立法和执法工作的行政机关工作人员为问卷对象，这些都是中国最主要的法律职业者。执业者问卷共发放251份，回收有效问卷211份。其中律师占34.2%、法官占21.4%、检察官占18.7%、行政机关工作人员占15%、警察占4.8%、人大代表占4.3%。在这些执业者中，中共党员占68.5%，群众占26.3%，民主党派占5.2%。执业者的主要执业地，包括从乡镇到中央的各个层级。

（三）计算方式

调查问卷的每个问题，都有5个选项，分别对应很好、较好、中间、较差、很差5个层级，每个层级的分值是5、4、3、2、1。问卷回收以后，我们首先计算公众问卷、专家问卷和执业者问卷的各自得分，然后按照权重均等的原则，计算三卷的平均分，最后算出各个指标和总指数的分值。

各问卷指标得分的计算公式分别如下：

$$公众问卷指标得分=\frac{\sum_{i=1}^{5}(第\,i\,个选项分值\times 第\,i\,个选项频数)}{公众问卷有效回答样本总数}$$

$$专家问卷指标得分=\frac{\sum_{i=1}^{5}(第\,i\,个选项分值\times 第\,i\,个选项频数)}{专家问卷有效回答样本总数}$$

$$执业者问卷指标得分=\frac{\sum_{i=1}^{5}(第\,i\,个选项分值\times 第\,i\,个选项频数)}{执业者问卷有效回答样本总数}$$

指数得分计算公式：

$$指数得分=\frac{1}{3}(公众问卷指标得分+专家问卷指标得分+执业者问卷指标得分)$$

（四）依法治国的评估数据

依法治国的指标体系由4个一级指标体系构成：完备的法律规范体系、高效的法治实施体系、严密的法治监督体系、有力的法治保障体系。

第一，完备的法律规范体系。

该体系由4个二级指标和6个三级指标组成，分别评估中国的法律规范是否完备、立法是否遵行科学原则和民主原则、法律公开的状况。这里特别说一下法律公开状况的评估。中国的法律体系构成非常复杂，包括法律、行政法规、地方性法规、部门规章、地方性规章、自治条例、单行条例、经济特区条例等，数量繁多；这么多法律、法规和规章，应当都是公开了的，但是公开不等于人民群众可以方便地查询利用，如果查询不方便，公开的效果就会大打折扣。因此，我们就以“法律查询方便”这一指标，来评估“法律公开”。图6－4反映了三级指标的具体得分。

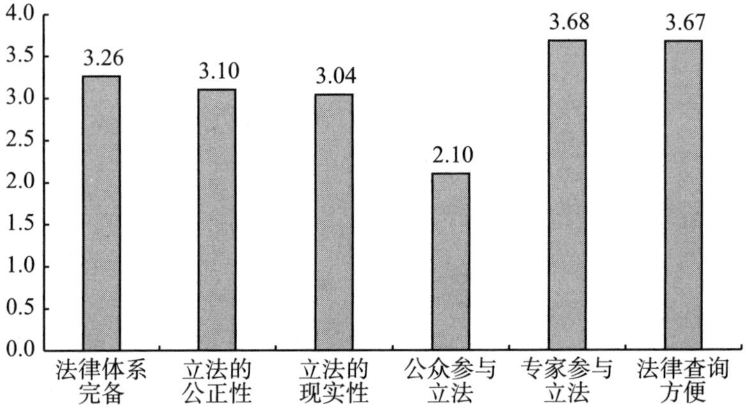

图 6－4

从图 6－4 可见，公众参与立法是中国立法体制最需要改进的短板。“立法的现实性”评估法律规范是否“接地气”、具有可行性，“立法的公正性”评估法律规范的内容是否公平合理，结果显示这两个指标都刚刚达到合格标准，提升的空间还很大。中国特色社会主义法律体系已经基本形成，评估表明：当前的法律体系仍然满足不了人民的需求，在高科技发展日新月异、社会复杂性加速的时代，未来仍需要加强立法工作，科技法、行政法、社会法是最需要完善的。“法律查询方便”得分不错，中国的互联网应用技术高度发达，该指标以后应该达到 4 分以上的层级。“专家参与立法”得分最高，反映了中国立法机构对于专家的重视。

第二，高效的法治实施体系。

该体系由 3 个二级指标和 16 个三级指标组成。根据党的十八届四中全会《决定》，该体系的内容涉及行政、司法和社会治理 3 个方面。在依法行政领域，“权责法定”包括政府权责明确、政府依法用权、政府不作为 3 个四级指标；“执法严明”选择了 4 个最常见的执法领域，即交警执法、城管执法、违章建筑、餐馆卫生；“行政高效”选择了 4 个事项，即交通事故处理效率、企业污染处理效率、身份证办理效率、政府部门开证明的效率；“政务公开”选择最常见的“财政经费收支公开”和“政府办事材料公开”。在司法领域，评估的对象不限于法院,还包括公安局、检察院和监狱。社会治理的领域太多,我们选取了最常见、对人民群众的生活影响最大的7个社会领域:治安、市场秩序、食品安全、城市建设、环境污染、道路交通、纠纷解决。图6-5反映了该体系三级指标的分值。

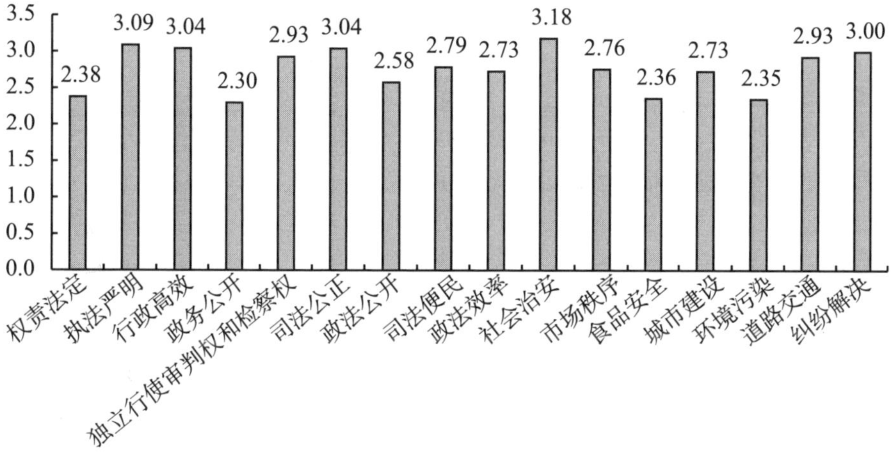

图6-5

从数据来看,这一体系各个指标得分普遍不高,16个三级指标里面,有11个指标未达到最低合格标准:权责法定、政务公开、独立行使审判权和检察权、政法公开、司法便民、政法效率、市场秩序、食品安全、城市建设、环境污染、道路交通。其中,社会治理的7个指标,有5个不合格。这反映了我国社会治理的艰巨任务。在行政领域,执法严明和行政效率刚刚合格,权责法定和政务公开离合格还差了一段距离。在司法领域,法院的司法公正、司法公开、司法便民都合格,司法效率有待提高,公安局、检察院和监狱等其他政法机构与法院的差距比较明显,应是未来司法改革的重点。

第三,严密的法治监督体系。

该体系由3个二级指标和10个三级指标组成,分别评估立法、行政执法和司法这3个主要法律领域受到监督的状况。立法监督包括法律监督和司法解释监督,这里的"立法"是广义上的,司法解释虽然不包括在中国法律体系之内,但是在司法实践中影响很大,有纳入监督的必要,所以这里专设一指标。我国对于行政机构执法的监督,主要包括内部监督(行政监察)、审计监督、行政复议和人大监督。[1] 我国对于司法机构的监督,也包括内部监督(如审计监督)、检察监督、舆论监督、人大监督。图 6-6 反映了法治监督三级指标的得分。

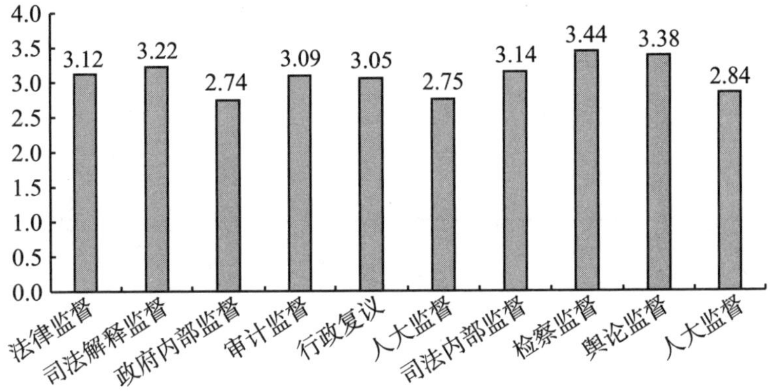

图 6-6

由图 6-6 可见,当时的政府内部监督、人大监督是比较弱的,其他监督力量都比较强。由于当时政府内部监督和外部的人大监督较弱,以至于行政执法所受的监督未能满足最低合格标准。如今,各级监察委员会已经成立,监督权力、监察事项都有了很大的扩展,中国的法治监督体系发生了重大变化,法治监督的效果应该会更好。未来,在条件允许的情况下,我们需要对中国的法治监督体系进行新的评估。

第四,有力的法治保障体系。

该体系由 4 个二级指标和 10 个三级指标组成。二级指标包括人才队伍、经费装备、法学教育、普法。人才队伍指标评估中国最主要的四类法律职业者,即法官、检察官、律师和警察,分别评估其人数是否充足、专业水平

---

[1] 该调查是 2015 年作出的,国家监察体制改革尚未开始,目前,行政监察已经独立出来,成为相对独立的监察委员会了。

和职业道德。装备经费指标评估“公检法”这 3 个国家机构的工作经费、工资福利和装备设施。人才队伍和经费装备指标,全部由专家和法律执业者来评估。法学教育包括两个指标:法科毕业生的供给数量和质量,由法律执业者评估。普法由公众评估。图 6 - 7 是法治保障体系三级指标的得分。

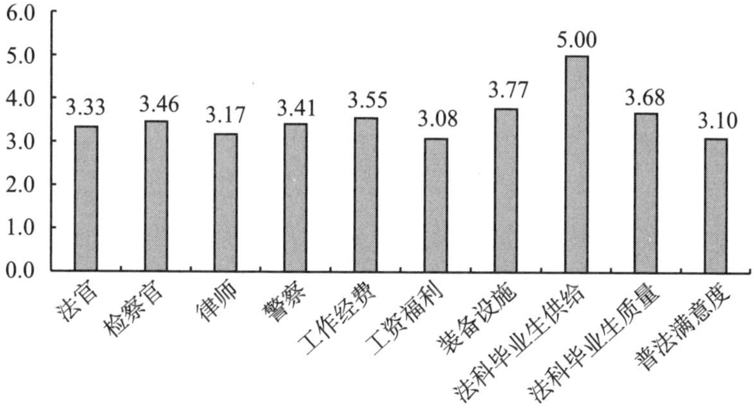

图 6 - 7

这一体系的得分,在依法治国 4 个一级指标中是最高的,所有的三级指标都合格,法科毕业生的供给数量甚至达到了满分,出现了“供给过剩”的局面。

依法治国体系的所有二级指标得分,见图 6 - 8:

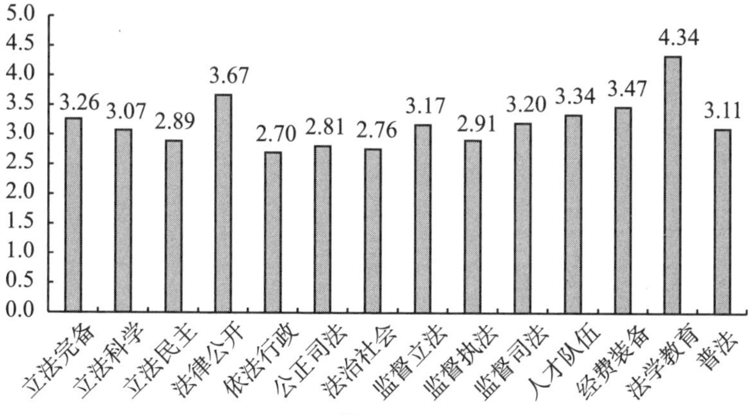

图 6 - 8

在14个二级指标中,满足最低合格标准的指标有9个,得分最高的是法学教育,达到了比较好的水平,法律公开指标次之——该指标未来也可以达到满分。5个指标没有满足最低合格标准,它们分别是立法民主、依法行政、公正司法、法治社会、监督执法。未来的法治建设应该重点放在这5个领域。依法治国的4个一级指标,完备的法律规范体系得分3.22,高效的法治实施体系得分2.76,严密的法治监督体系得分3.09,有力的法治保障体系得分3.57。依法治国的均值是3.16。

(五)依规治党的评估数据

与依法治国相比,依规治党的构成内容相对比较简单,主要包括党内法规的制定、实施,以及党内的监督。党内法规的制定,包括两个指标:党内法规体制本身的完善状况,党规与国法的协调程度。党内法规的实施,包括党内法规的执行状况,以及党内干部的遵纪守法状况。党的纪律检查委员会是党内监督的专职机构,因此党内监督只评估纪委监督的状况。党员干部遵纪守法状况的评估,由公众、专家和执业者共同评估;其他的评估主体,全部由专家和执业者中的党员来评价。表6-8是依规治党的评估数据。

表6-8　依规治党的评估数据

一级指标	二级指标	三级指标
依规治党3.12	党内法规的制定2.79	党内法规体系完善3.07
		党规国法相协调2.5
	党内法规的实施2.95	党内法规执行力2.64
		党员干部遵纪守法3.26
	党内监督3.62	纪委监督3.62

从表6-8可见,纪委监督的得分最高,反映了党的纪律检查委员会的卓越成就。党员干部遵纪守法的状况也比较好。我们在调查中,把党员干部分为三类:党组织领导、党组织办事人员、普通党员。调查发现,普通党员的遵纪守法状况最好,党组织领导较差,由此可见,全面从严治党,必须要抓住

领导干部这个“关键少数”。党规国法相协调、党内法规执行力两个指标，未能满足合格标准。这指出了依规治党的未来重点。在党内法规中，纪律性法规执行状况最好，以后有必要加强其他党内法规的执行状况。

（六）法治效果与法治观念的评估数据

这部分评估，反映了实质法治的状况。法治效果侧重于实质法治的客观方面，由3个二级指标和9个三级指标组成。法律权威指标由5个三级指标组成。权力法定指标，评估国家权力机构、行政机构、审判机构和检察机构的职权是否被法律明确限定，是否有越权等行为。依法行使权力指标，也评估这4个国家机构的权力行使状况，如是否有不作为、乱作为等。依法决策指标，选择了5个关系国计民生的领域，即重大工程项目、医保改革、设定和征收新税种、房屋限购、机动车限行。清廉指标，选择了六类官员：党组织领导、人大领导、政府领导、警察、法官、检察官。问责指标，选择了六类违法违规事项：干部违规考察提拔、人大越权立法、政府放任污染、法院审判不公、检察院放纵犯罪嫌疑人、公安超期羁押。人民权益指标，按照基本权利的分类，由公民权利、经济权利和社会权利所组成。其中，公民权利指标包括平等权、选举权、表达自由、人身自由和信仰自由，经济权利通过财产权利来反映，社会权利指标由医疗保障权和教育权指标组成。安全稳定指标，由人民群众的安全感来反映。表6－9是法治效果各个指标的得分。

表6－9 法治效果的评估数据

一级指标	二级指标	三级指标
法治效果3	法律权威2.3	权力法定3.58
		依法行使权力3.26
		依法决策2.71
		清廉2.80
		问责2.14

续表

一级指标	二级指标	三级指标
法治效果 3	人民权益 3.0	公民权利 3.03
		经济权利 2.60
		社会权利 3.38
	安全稳定 3.8	安全感 3.80

从表 6－9 可见,我国人民群众的安全感很高,人民权益的保障也基本合格,法律权威的最低标准未能满足。依法行使权力、依法决策、清廉、问责、经济权利,构成了法治效果的 5 个短板。基本权利是实质法治的核心,图 6－9 反映了我国基本权利领域的得分状况。

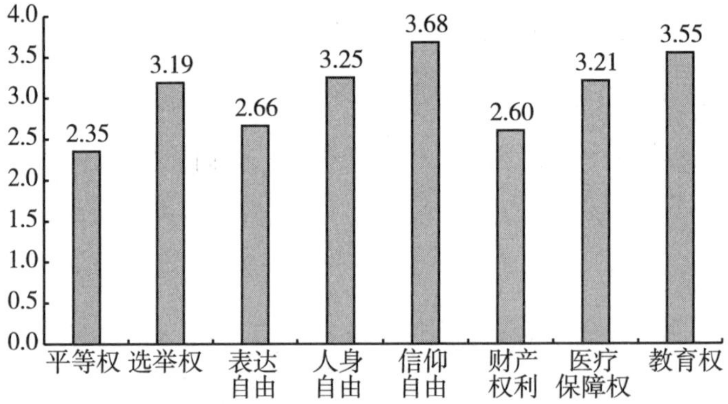

图 6－9

法治观念指标,反映了被调查者的法治信仰程度。法治信念越高,法治的运行越有保障。国际法治指数目前没有法治观念指标,不过在中国,法治观念得到了特别强调。我们课题组在设计调查方案时,专门设计了这一指标,让公众、专家和执业者对六类人士的法治观念进行评价。评估结果见图 6－10。

从图 6－10 来看,最典型的三类法律职业者——法官、检察官、律师的法治观念程度最高,另一重要的法律职业——警察的法治观念有待提升。党政干部和普通百姓的法治观念也都需要加强。这是一项任重而道远的事业。

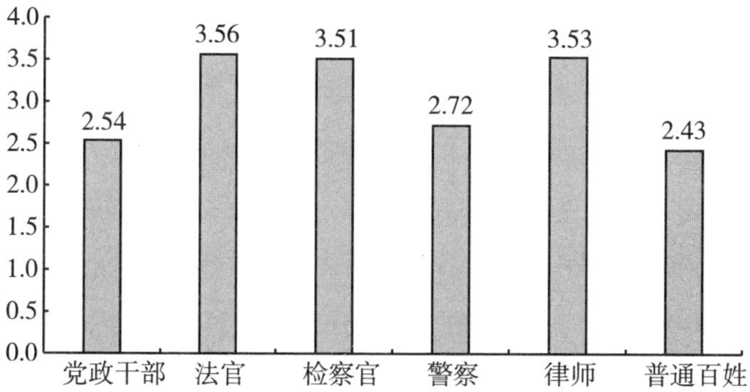

图 6－10

（七）余论

本章从多个角度展示了中国法治整体状况的数据，依法治国和依规治党的评估，主要是形式法治层面的，法治效果和法治观念的评估主要是实质法治层面的。将这些评估总分进行比较，可以发现：我国对于依法治国投入较大，法治保障体系的得分尤其能反映这一点；依规治党是党的十八大以后才加强的，目前投入正在增强。但是，法治效果和法治观念的评估结果表明，依法治国和依规治党的巨大投入，产生的效果并不是很理想，投入与产出不成比例。所以，未来有必要改进法治建设的方式，以法治实质效果的提升为核心，让每一份投入都能产生更大的效益。

第七章 地方法治理论的大数据检验

近年来,地方法治成为我国法学界重要的理论创新话题,各种新术语、新理论层出不穷,如“地方法治”“区域法治”“先行法治化”“地方法治竞争”“承包型法治”等。上述这些新术语、新理论,至今在国际法治理论领域还没有出现过。这些新的理论主张如果能够成立,将是中国法学界对于国际法治理论的一个贡献。不仅如此,地方法治理论还有着鲜明的实践导向,它们或者要求“认真对待地方法治”,[1]或者要求“区域率先发展与跨区域合作”,[2]或者要求中央改变传统的“压力型体制”,[3]等等。由此可见,地方法治的理论研究,并不是部分学者的“自娱自乐”,而是兼具理论与现实意义的。既然地方法治的研究很有价值,那么接下来的基础问题就是:“地方法治”能否成立?各种关于地方法治的理论主张,哪些主张更为可取?

---

〔1〕 黄文艺:《认真对待地方法治》,载《法学研究》2012 年第 6 期。

〔2〕 林海:《“区域法治先行”概念基础与实践径路的再检讨》,载《南京师范大学学报》(社会科学版)2016 年第 3 期。

〔3〕 周尚君:《地方法治竞争范式及其制度约束》,载《中国法学》2017 年第 3 期。

第一个问题直接挑战了传统的“国家本位”法治理论,[1]在地方法治观念刚刚萌芽之际就已出现。早在2004年,就有学者认为:行政区划化的“法治”,会割裂以国家为主体的法治单元,割裂法律体系的完整性和统一性,导致各种地方法治观念混杂丛生,形成法治的地方割据。[2] 这一质疑影响很大,随后激发了一系列捍卫地方法治的理论主张。[3] 直到最近,仍有学者努力“证成”地方法治。[4] 如今,在诸多学者的努力下,质疑地方法治的声音已经非常罕见,[5]地方法治的独立性在相当程度上成为中国法学界的共识。第二个问题是地方法治理论当前面临的主要问题,各个理论之间的交锋较为激烈。“先行法治化”理论主张法治可以在东部发达地区率先实现,一些学者则认为中西部地区的法治发展未必落后于东部地区,如“法治湖南”“法治湖北”。[6] “地方法治竞争”主张鼓励地方政府“为法治而竞争”,[7]地方之间存在显著的法治竞争,[8]但也有研究认为地方法治竞争是不可能的。[9] 最新出现的“承包型法治”理论,[10]尽管尚未见到公开发表的商榷论

---

〔1〕 法治理论有两个起源,英美法系的“法治”(Rule of Law)和欧洲大陆的“法治国”(Rechtsstaat、Etat de droit、Estado de derecho、Stato di diritto)理论,两者都是针对“国家”而言的。

〔2〕 参见杨解君、赵会泽:《法治的界域:由“法治××(区划)”引发的思考》,载《湖南社会科学》2004年第4期。

〔3〕 参见陈柳裕、王坤、汪江连:《论地方法治的可能性——以“法治浙江”战略为例》,载《浙江社会科学》2006年第2期;陈柳裕、唐明良:《“地方法治”的正当性之辩——在特殊性与统一性之间》,载《公安学刊》2006年第2期;李燕霞:《地方法治概念辨析》,载《社会科学战线》2006年第6期;黄文艺:《认真对待地方法治》,载《法学研究》2012年第6期。

〔4〕 参见倪斐:《地方法治概念证成——基于治权自主的法理阐释》,载《法学家》2017年第4期。

〔5〕 参见刘治斌:《法治路径选择中的地方法治(制)问题》,载《宁夏师范学院学报》(社会科学版)2011年第5期。刘治斌教授对“地方法治”概念和“先行法治化”理论进行了质疑,认为:一旦因“地方先行法治”而失去了“国家权威”,实际上就可能意味着“失序”和“混乱”。

〔6〕 吴华琛:《从“法治国家”到“法治地方”——地方法治研究述评》,载《中共福建省委党校学报》2013年第4期。

〔7〕 马怀德:《法律实施有赖于“法治GDP”的建立》,载《人民论坛》2011年第29期。

〔8〕 参见万江:《中国的地方法治建设竞争》,载《中外法学》2013年第4期;韩业斌:《当代中国地方法治竞争的现状与动力》,载《法学》2017年第10期。

〔9〕 参见李晟:《“地方法治竞争”的可能性——关于晋升锦标赛理论的经验反思与法理学分析》,载《中外法学》2014年第5期。

〔10〕 参见丁轶:《承包型法治——理解“地方法治”的新视角》,载《法学家》2018年第1期。

文,但在学术会议研讨时也出现了一些争议。

地方法治理论是针对中国法治实践而兴起的,其能否成立、何种理论更可取,应当接受实证的检验。目前这种检验还比较少见。如何设计这样一种检验,也是个不容忽视的难题。本章将尝试回应这一难题,首先研究迄今为止地方法治的各种理论主张,其次设计一套测量地方法治的研究方案,开展实地调研评估,根据测量结果对“先行法治化”“地方法治竞争”“承包型法治”等理论主张进行检验,评判其理论主张是否符合法治实践,最后在实证研究的基础上,结合学界之前的研究成果,对地方法治理论进行整体反思,重新界定国家法治与地方法治之间的分工。

一、地方法治理论的两种模式

地方法治理论自诞生以来就出现了两种论证路径:横向层面和纵向层面。横向层面的地方法治理论,聚焦于“地方”自身的特殊性,注重“地方”与“地方”之间的差异;如果每一个地方的法治都不一样,那么地方法治将基于其独特的存在而成立。纵向层面的地方法治理论,从中央与地方的关系出发,强调“地方”相对于“中央”的自主性,通过这种自主性而论证其独立性。这两种路径,在理论上也穷尽了地方法治的论证可能性。以下分别阐述两种模式的地方法治理论。

(一)横向层面的地方法治理论

这一层面的理论文献最多、影响最大,目前有两个:“先行法治化”理论和“地方法治竞争”理论。先行法治化理论强调政府以外的经济社会因素的决定作用;地方法治竞争理论则强调地方政府自身的自主性和能动性。[1]最早出现的是先行法治化理论。2006 年地方法治理论的最早倡导者陈柳裕教授等学者就认为,“法治是经济、政治、文化和社会发展到一定程度的产

---

〔1〕 这里的“地方政府”,是广义上的地方政府,包括党委、人大、政府、司法机构等公权力机构在内,不限于狭义上的行政机构。

物”,法治的实现是一个渐进的过程,[1]由于我国各个地方的经济、政治和文化存在明显的差异,各地政府在地方立法、执法和司法等领域的能动性也存在显著的不同,所以各个地方的法治差异是较大的,每个地方的法治都有自己的特殊性,因而也具备了独立存在的可能。2009 年孙笑侠教授等学者在此基础上正式提出了“先行法治化”理论。[2] 这一理论同样主张经济和社会对于法治的决定性作用,认为经济发展的水平越高、民众的法治需求也越多,以江浙沪为代表的“东部地区的地方政府能与人民的要求良性互动,从而使经济发展和制度的良性演变得以实现”,从而率先推进区域法治化。[3]

“先行法治化”理论是由东部发达地区的学者提出的,出现之后就受到了一些西部地区学者的质疑。检验这一理论是否正确,最有效的方法就是测量发达地区的法治是否明显领先于不发达地区。这类实证检验,直到最近才出现,有两个:

一个是中国社会科学院法学研究所对于四川省 21 个设区的市(州)法治状况的评估报告,研究发现四川省内各市(州)的法治差异程度较大,具体评估结果见表 7－1。[4]

表 7－1　四川省 21 个设区市(州)法治状况的评估数据

排名	市(州)	总分	依法执政(15%)	人大制度(15%)	法治政府(25%)	司法建设(25%)	社会法治(10%)	法治保障(10%)
1	成都	83.99	81.40	76.50	90.58	70.96	99.20	100.00

〔1〕 参见陈柳裕、王坤、汪江连:《论地方法治的可能性——以“法治浙江”战略为例》,载《浙江社会科学》2006 年第 2 期。

〔2〕 参见孙笑侠、钟瑞庆:《“先发”地区的先行法治化——以浙江省法治发展实践为例》,载《学习与探索》2010 年第 1 期。

〔3〕 同上。

〔4〕 参见中国社会科学院国家法治指数研究中心、中国社会科学院法学研究所法治指数创新工程项目组:《四川省依法治省第三方评估报告》(2016),中国社会科学出版社 2017 年版,第 15～16 页。

续表

排名	市(州)	总分	依法执政(15%)	人大制度(15%)	法治政府(25%)	司法建设(25%)	社会法治(10%)	法治保障(10%)
2	眉山	81.24	89.92	78.80	78.50	68.65	97.44	94.00
3	乐山	79.85	89.56	69.80	84.05	61.74	96.16	98.80
4	泸州	79.38	94.96	89.20	77.86	50.72	96.16	100.00
5	资阳	78.35	84.01	85.90	68.29	64.58	100.00	96.40
6	德阳	77.68	84.96	75.80	80.54	56.19	97.44	96.40
7	广元	77.36	86.92	75.60	75.43	58.04	96.16	100.00
8	绵阳	77.03	87.76	82.30	70.88	57.56	94.08	100.00
9	巴中	76.70	82.27	80.40	69.75	61.47	94.88	100.00
10	宜宾	76.60	84.96	89.00	76.51	46.55	97.44	100.00
11	广安	75.52	75.22	94.70	73.02	52.16	94.88	92.50
12	内江	75.48	77.76	54.90	82.75	63.00	97.44	94.00
13	遂宁	75.24	80.64	74.10	73.37	58.75	93.60	96.40
14	自贡	74.71	82.72	80.00	76.06	50.87	92.32	93.40
15	南充	73.80	69.97	72.50	71.14	59.09	98.72	100.00
16	雅安	72.80	68.59	85.70	70.93	50.16	97.44	96.40
17	达州	72.42	74.71	79.60	69.59	48.54	97.44	100.00
18	凉山	68.04	67.74	65.50	63.57	51.63	96.16	96.40
19	甘孜	67.66	58.12	78.80	70.53	43.56	92.00	94.00
20	攀枝花	66.80	60.96	76.40	62.51	47.93	100.00	85.90
21	阿坝	64.93	43.48	75.80	70.15	50.42	89.92	79.00

另一个是中国政法大学法治政府研究院团队对100个城市法治政府建设的评估研究，研究发现中国各个城市的法治存在显著的差异，东部发达城市的法治发展水平明显高于中西部地区城市，城市的法治差异与

GDP 等经济指标存在明显的正相关性。[1] 至此,先行法治化理论似乎得到了验证。

不过,上述两项实证检验,虽然有很高的学术水准和扎实的调研证据,但并不能反映中国地方法治差异的全貌。首先,以行政区域为标准,我国的“地方”可以分为四级:省级、地级、县级和乡级,地方法治理论倡导者所谓的“地方”,是以省为单位的;[2]上述两个研究的对象都是设区的市,主要是地级市,不能反映省级地方的法治状况。其次,就评估领域而言,四川的城市法治评估不涉及地方立法,全国法治政府的评估更是仅限于行政领域,而中国的法治领域是包括立法、行政、司法、社会、执政等在内的,法治的整体状况未能得到反映。最后,在研究的方法层面,也有可商榷之处。法治政府的评估选择了 48 个东部城市、32 个中部城市、20 个西部城市,中部和西部的城市样本数量较少,测量误差比较大;评估指标的设计也存在一些争议。[3] 总体而言,先行法治化理论还需要更为全面的实证检验。

最近几年,在社会科学研究的启发下,法学界又提出了另一个横向层面的地方法治理论:地方法治竞争理论。该理论是受社会科学领域的地方政府竞争理论、特别是“政治锦标赛”(political tournament)理论的影响而出现的。地方政府竞争理论是经济学界解释中国经济发展的主流理论之一,包括“兄弟竞争”“财政联邦主义”“政治锦标赛”“登顶比赛”(race to the top)等几种类型,[4]其中影响最大的是 2004 年北京大学周黎安教授提出的政治

---

〔1〕 代表性文献,参见王敬波:《我国法治政府建设地区差异的定量分析》,载《法学研究》2017 年第 5 期。

〔2〕 参见陈柳裕、王坤、汪江连:《论地方法治的可能性——以“法治浙江”战略为例》,载《浙江社会科学》2006 年第 2 期;倪斐:《地方法治概念证成——基于治权自主的法理阐释》,载《法学家》2017 年第 4 期。

〔3〕 详细分析,参见孟涛、江照:《中国法治评估的再评估——以余杭法治指数和全国法治政府评估为样本》,载《江苏行政学院学报》2017 年第 4 期。

〔4〕 关于地方政府竞争理论的综述,参见周业安、李涛:《地方政府竞争和经济增长——基于我国省级面板数据的空间计量经济学研究》,中国人民大学出版社 2013 年版,第 56 ~ 73 页。

锦标赛理论,[1]该理论如今已被经济学界、社会学界和政治学界广泛接受,是对中国经济奇迹最具影响力的理论之一。该理论的核心主张为:改革开放以来,地方官员的选拔晋升标准由过去的纯政治指标变成经济绩效指标,如 GDP 增长、财政收入等,地方官员的晋升依赖于更好的经济指标成就,这就在地方政府之间形成了一个强激励的竞争机制,地方主政者的首要任务就是调动本地方所有资源、"以经济建设为中心"全力发展经济,最终造就了中国的经济奇迹。[2]

政治锦标赛的研究引起了法学界的关注和兴趣。马怀德教授认为:中国法律难以有效实施的根本原因在于缺少推行法治的动力,建设法治国家与发展经济都需要政府方面的强大动力,应该借鉴经济锦标赛的模式,把法治建设纳入领导干部绩效考核体系,建立"法治 GDP"。[3] 这些建议如今已经得到了部分实现,党的十八届三中全会提出"建立科学的法治建设指标体系和考核标准",党的十八届四中全会提出"把法治建设成效作为衡量各级领导班子和领导干部工作实绩重要内容、纳入政绩考核指标体系",四川等地也开展了具体的法治考核工作。[4] 还有学者研究表明,地方政府之间确实存在"地方法治建设竞争",如为招商引资而开展的法治环境建设,地方政府主动优化治安、提高效率、保护产权、改进司法。[5] 最新的此类研究则进一步分析了地方法治竞争的动力和现状,研究了招商引资领域的地方法治竞争状况,认为竞争动力有 4 个:获得更多财政支配权的经济动力、获得更好政绩的政治动力、提高地方司法环境的司法动力、改善地域生态环境的环境

---

[1] 该理论的代表性文献,参见周黎安:《晋升博弈中政府官员的激励与合作——兼论我国地方保护主义和重复建设长期存在的原因》,载《经济研究》2004 年第 6 期;周黎安:《中国地方官员的晋升锦标赛模式研究》,载《经济研究》2007 年第 7 期。

[2] 参见周黎安:《中国地方官员的晋升锦标赛模式研究》,载《经济研究》2007 年第 7 期;张五常:《中国的经济制度》,中信出版社 2008 年版,第 141 ~ 170 页。

[3] 参见马怀德:《法律实施有赖于"法治 GDP"的建立》,载《人民论坛》2011 年第 29 期。

[4] 参见裴佩:《把法治考核"指挥棒"舞起来》,载《四川党的建设》2017 年第 15 期。

[5] 参见万江:《中国的地方法治建设竞争》,载《中外法学》2013 年第 4 期。

动力。[1] 还有研究分析了中国的地方法治竞争为什么会出现，原因在于传统的压力型发展模式已经逐渐丧失比较优势，负效应明显，必须让位于以"规则型治理"为核心的法治竞争。[2] 上述研究，涉及地方法治竞争的背景、动力、现状等方面，内容丰富，有理论和现实的双重支持，具有较强的说服力和解释力。

然而，"地方法治竞争"也受到强烈质疑。有研究通过实证分析证明：省级层面不存在以 GDP 增长速度为考核指标的"晋升锦标赛"；当代中国官员的选拔任用体制也不是政治锦标赛体制，而是要求官员晋升需要经历多个不同职务的锻炼、需要严格的逐级提拔、需要在不同地区或不同系统之间交流。[3] 这一研究，对于"地方法治竞争"理论的倡导者而言，有着极大的"杀伤力"，至今还未见到相应的回应文章。还有学者认为，当前各地政府为响应中央制作的"法治时间表"，争先恐后地开展了"法治大跃进"运动，以至于法治建设沦为"口号法治""运动式法治"，很有可能对中国法治建设造成不可估量的现实伤害。[4] 此外，"地方法治竞争"理论的倡导者自己也认为，地方法治竞争"也有走向法治反面的可能"，如一些地方可能会开展无序竞争，不支持地方法治竞争的良性运转。[5] 总之，从上述研究来看，地方法治竞争理论面临着各种现实因素、思想因素和制度因素的约束乃至否决，其适用范围需要进一步厘清。

(二)纵向层面的地方法治理论

这类理论从中央与地方的关系入手，理论种类比横向层面的地方法治理论丰富，但总体影响力不及后者。迄今，该类理论已有 5 种，即"放权论"

---

[1] 参见韩业斌：《当代中国地方法治竞争的现状与动力》，载《法学》2017 年第 10 期。

[2] 参见周尚君：《地方法治竞争范式及其制度约束》，载《中国法学》2017 年第 3 期。

[3] 参见李晟：《"地方法治竞争"的可能性——关于晋升锦标赛理论的经验反思与法理学分析》，载《中外法学》2014 年第 5 期。

[4] 参见姚建宗、侯学宾：《中国"法治大跃进"批判》，载《法律科学》(西北政法大学学报)2016 年第 4 期。

[5] 参见周尚君：《地方法治竞争范式及其制度约束》，载《中国法学》2017 年第 3 期。

“试错论”“封建论”“治权论”“承包论”。最早出现的是“放权论”。“地方法治”概念的最早提出者之一李燕霞认为，中央对地方下放了立法权，以解决地方自己的特殊问题，地方法治因此而出现。[1] 这种通过地方立法权来论证地方法治的做法，此后受到了其他学者的支持。[2] 地方法治理论的最早倡导者陈柳裕教授等学者则认为：中央下放给地方的权力更多，包括立法权、行政权和司法权，这些构成了“地方法治”正当性的实践基础。[3] 这种观点如今是“放权论”的通说。黄文艺教授提出了“放权论”的理论依据——“地方中心主义法治观”，主张地方才是国家法治建设的主战场，地方法治在国家法治格局中处于中心地位，地方是规则制度的主要创新者、宪法法律的主要实施者、矛盾纠纷的主要解决者、公平正义的主要输送者。[4] 总之，“放权论”可以说是纵向层面的地方法治理论的核心观点，但这类观点也有局限性：既解释不了中央“放权”的动力，也解释不了拥有权力的地方为什么要开展法治建设。

“试错论”可以很好地弥补“放权论”的局限。试错论认为，中国的法治建设与发展秉持国家试错策略，也就是国家在发展过程中采取先试点探索、后逐步跟进、再逐渐向全国推广的策略，“试错可以针对国家主权范围内的一切事项，可以在某一区域范围内进行”。[5] 中国之所以推行这一策略，是因为中国的法治建设事业前所未有。通过试错，国家可以把法治建设的风险控制在一定地域内，成熟之后再向其他地方推广。中国“宜粗不宜细”的立法原则，就是这一法治建设策略的典型表现。党的十八届三中全会以来，

---

〔1〕 参见李燕霞：《地方法治概念辨析》，载《社会科学战线》2006 年第 6 期。

〔2〕 参见封丽霞：《认真对待地方法治——以地方立法在国家法治建设中的功能定位为视角》，载《地方立法研究》2016 年第 1 期。

〔3〕 参见陈柳裕、唐明良：《“地方法治”的正当性之辩——在特殊性与统一性之间》，载《公安学刊》2006 年第 2 期。

〔4〕 参见黄文艺：《认真对待地方法治》，载《法学研究》2012 年第 6 期。

〔5〕 付子堂、张善根：《地方法治实践的动力机制及其反思》，载《浙江大学学报》（人文社会科学版）2016 年第 4 期。

虽然中国的法治建设采取了“顶层设计”的方式，但是仍然强调“加强顶层设计和摸着石头过河相结合。整体推进和重点突破相促进”。[1] 最近我国的自由贸易区法治试验、国家监察体制改革，也都采取了地方试错的方式。根据“试错论”的观点，中央的放权是为了改革试验，地方开展法治建设既来自中央的部署，也来自地方自身的改革动力。不过，有学者认为“试错论”也有局限性：它限定了地方法治的时空范围，将地方法治视为国家法治不成熟时的权宜之计以及少数省份的特殊实践。[2] 另外，“试错论”也解释不了为什么地方会有主动改革的动力。

“封建论”回应的是一个“发生学”问题，即为何在当代中国会出现“地方法治”的概念？这一理论的两位倡导者认为：“地方法治”在当代中国的提出绝非偶然，是中国作为世界上唯一的单一制大国在建设现代民族国家进程中所遭遇“现代困境”后，复兴传统政治智慧的一种体现，亦为中国传统“封建”政治思路的现代表达。[3] 具体而言，中国从西周初年开始实施封建制度，各诸侯国分土而治；春秋战国时期，“郡县制”开始出现，强调中央集权、统一性和均质性；秦国一统天下后，郡县制推广全国，封建制名义上式微，但实践中则是“寓封建之意于郡县之中”。19 世纪末，中国开始建设“现代民族国家”，国家权力不断向地方渗透，在 20 世纪六七十年代臻至顶峰；改革之后，封建的政治思路再度展现，地方法治也出现了 3 个层次：特别行政区“高度自治”下的地方法治、民族自治地方“区域自治”下的地方法治、传统正式行政区域的地方法治。[4] 这一研究论证了“地方法治”概念和命题的历史渊源，使“地方法治”有了厚重的传统基础。

---

[1] 付子堂、张善根：《地方法治实践的动力机制及其反思》，载《浙江大学学报》（人文社会科学版）2016 年第 4 期。

[2] 参见倪斐：《地方法治概念证成——基于治权自主的法理阐释》，载《法学家》2017 年第 4 期。

[3] 参见才圣、杜宴林：《地方法治：中国传统“封建”政治思路的现代表达》，载《东北师大学报》（哲学社会科学版）2015 年第 5 期。

[4] 同上。

与“封建论”的历史视角相反，“治权论”从现代理论的角度予以论证。“治权论”认为，反对地方法治的最有力观点，当属主权法治理论，该观点认为法律是主权者的命令，没有主权就没有法治，法治以主权为基础。[1] 治权论者倪斐教授认为，法治是一种国家治理方式，与主权并非绝对的一一对应关系，主权国家不一定都实行法治，实行法治的地方也不一定都是主权国家，如我国的特别行政区。[2] 随后，倪斐提出，在法治国家，主权通过法律转化为治权发挥作用，治权是国家通过国家机关统治、治理和管理国家和社会公共事务的权力的统称，主权与治权可以分离，治权具有自主性。[3] 中国的宪法、法律和有关规范性文件明确规定了地方治权在事权范围、权力行使和责任承担等方面的自主性，地方治权自主理论根源于纵向分权理论、功能解释论和回应型法治理论，可以回应当前一些理论和实践难题，如地方法治的主体层级、评判“先行先试”、界定国家法治与地方法治的关系。[4] 这一论证思路看起来比较新颖，但是实质内容与“放权论”相差无几：“治权”实际上就是立法权、行政权和司法权的统称。

最近，同样是在周黎安教授的理论影响下，有学者提出了“承包型法治”理论。[5] 这一次对周黎安教授学术成果的借鉴，不是政治锦标赛理论，而是“行政发包制”理论。[6] 该理论最早出现于2008年，经过周黎安教授和其他学者的深入研究，如今已经成为一个颇具影响力的理论。[7] 行政发包制是指上下级政府之间的发包关系，既有别于韦伯意义上的科层

---

〔1〕 参见张彪、周叶中：《区域法治还是区域法制？——兼与公丕祥教授讨论》，载《南京师范大学学报》（社会科学版）2015年第4期。

〔2〕 参见倪斐：《地方法治概念证成——基于治权自主的法理阐释》，载《法学家》2017年第4期。

〔3〕 同上。

〔4〕 同上。

〔5〕 参见丁轶：《承包型法治——理解“地方法治”的新视角》，载《法学家》2018年第1期。

〔6〕 该理论的主要文献，参见周黎安：《行政发包制》，载《社会》2014年第6期。

〔7〕 参见周雪光：《行政发包制与帝国逻辑——周黎安〈行政发包制〉读后感》，载《社会》2014年第6期。

制，也有别于纯粹的外包制，而是居于两者之间的一种混合形态，与后两者存在3个维度上的系统差异：在行政权分配上，上级政府（发包方）拥有正式权威（如人事权、监察权、审批权等）和剩余控制权（如不受约束的否决权和干预权），下级政府（承包方）拥有具体的执行权和决策权；在经济激励（财政预算和人员激励）方面，上下级政府是财政或预算分成关系，下级政府的支出能力高度依赖其筹集财政收入或收费的能力；在内部控制方面，与强调程序和规则的科层制相比，行政发包制的内部控制是一种结果导向的、人格化的责任分担。[1] 作为一种治理方式，行政发包制很早就出现在古代中国了，如今依然有着强大的生命力，可以解释中国政府一系列看似独立甚至带有悖论性质的深层体制现象，如压力型体制、职责同构等。

"承包型法治"基于行政发包制理论而出现。该理论的倡导者丁轶教授把法治区分为3种：代理型法治、自治型法治和承包型法治，分别对应单一制、联邦制和行政发包制国家。在行政发包制的背景下，地方政府有充分的主动性和积极性来建设法治，具有法治建设强激励的特点；中央作为发包方，拥有最高权威和剩余控制权，可以通过设定指标、监督检查等方式对地方法治强力控制，但是，由于地方政府拥有大量的自由裁量权和信息优势，中央很难控制地方政府实现指标的过程和手段，结果出现了一种"弱控制"局面；当地方法治和国家法治发生冲突时，"组织连带"机制将法治冲突"条条化解决"，"责任连带"机制将法治冲突"块块化解决"，此外还包括大量的非正式解决方式，诸如上下级政府间的非正式沟通、协商、讨价还价、利益交换、默认不成文做法等。[2] 承包型法治具有两面性，容易导致政绩驱动型法治和权利选择性保护、法治试验的创新性和投机性、指标控

---

〔1〕 参见周黎安：《转型中的地方政府：官员激励与治理》（第2版），格致出版社、上海三联书店、上海人民出版社2017年版，第29～76页。

〔2〕 参见丁轶：《承包型法治——理解"地方法治"的新视角》，载《法学家》2018年第1期。

制与指标应对、柔性运作与法制化解决之间的一系列二元张力，这些使承包型法治的未来具有不确定性，取决于行政发包制的变化。[1] 与此前的纵向层面地方法治理论相比，承包型法治理论有着较为深厚的社会科学理论基础，体系完整、逻辑严密，但该理论完全是理论推演的结果，缺乏事实的佐证。

综上所述，经过10多年的发展，我国法学界发展出了两个层面的地方法治理论，完整地覆盖了地方法治理论的各个维度。在横向层面，先行法治化理论强调政府以外的因素，地方法治竞争理论强调政府自身的因素，两者影响都很大；在纵向层面，放权论指出了地方法治的核心内容，试错论指出了地方法治的压力机制，封建论指出了地方法治的历史传统，治权论尝试用现代理论全面论证地方法治，承包论兼及地方法治的内容、特征、历史、现状、未来等方面，堪称这一层面的地方法治理论的集大成者，具备与先行法治化理论、地方法治竞争理论相抗衡的潜力。我国法学界已经出现了各种地方法治理论争鸣的局面。接下来，我们将通过实证研究，来检验哪一类地方法治理论更符合现实。

二、地方法治实证检验的方案与结果

我们的实证检验，采取的是“测量法治”的方法。在法学与社会科学的共同努力下，法治测量的方法论已经成熟了。本书前面几章已经叙述了法治测量的具体步骤。本章研究就是基于这个步骤展开的。

（一）地方法治的指标体系

我国法学界已经发表了不少关于“地方法治”的论著，但迄今为止还没有对“地方法治”的概念和内涵达成明确共识。这一概念甚至可能永远也达不成共识，就如同“法治”没有一个全球性的普适概念。如何寻找一套可以

---

〔1〕 参见丁轶：《承包型法治——理解“地方法治”的新视角》，载《法学家》2018年第1期。

统一衡量各个地方的法治指标体系,是本研究的首要难题。不过,党的十八届四中全会《决定》解决了这个问题。《决定》为中国的法治建设规定了统一的标准和详细的措施,为地方法治建设提供了明确的指引。各个地方也在《决定》的基础上,相继推出了“全面推进依法治省(市、区)”之类的意见,并予以实施。这些意见的内容大同小异。我们可以根据《决定》,设计出衡量各个地方法治的指标体系。

我们的指标设计,遵循如下思路:第一,《决定》规定了 6 个法治领域:立法、行政、司法、社会、队伍和执政,“地方法治”也包括这 6 个方面的内容。但是,《决定》的不少内容属于中央层面的措施要求,如完善立法体制、司法职权配置、依法治军从严治军等。这些不在我们的选择范围之内。第二,一个指数,其内部各个指标应当具备 3 种性质,即互斥性、穷尽性和单项性。我们将基于这一原理,来设计地方法治的指标体系。第三,有些法治指标对应的实体性内容过于广泛,如“依法决策”“执法严明”“行政公开”“社会治理法治化”等指标。我们选择一些重要或常见的事项,如城管执法、财政收支透明度、环境污染治理等,来反映这些指标的实际状况。个别指标不直接对应客观现象,如“科学立法”,我们通过一些相关现象予以反映,如“专家参与立法”,因为专家参与能够在更大程度上保障立法的科学性。

表 7－2 是我们设计的指标体系,一级指标是“地方法治”。

表 7－2　地方法治的指标体系

二级指标	三级指标	四级指标
立法	宪法监督	法规规章符合上位法
	科学立法	专家参与立法;专家影响立法
	民主立法	公众了解法律草案;公众表达渠道畅通;公众意见得到反馈

续表

二级指标	三级指标	四级指标
行政	权责法定	政府职责明确;政府不滥用职权;政府积极履行职权
	依法决策	重大工程项目决策;设定和征收新税种
	执法严明	交警执法;工商执法;城管执法;食药执法
	行政效率	办理营业执照;办理户口;政府部门开证明;环境污染投诉
	监督行政	自我监督;审计监督;人大监督;上级政府监督
	行政公开	本地政府财政收支透明度
司法	独立行使审判权和检察权	独立行使审判权;独立行使检察权
	司法效率	审判效率;执行效率
	司法便民	立案便捷;诉讼费合理
	监督司法	检察监督;自我监督;诉讼监督;人大监督;舆论监督
	司法公开	审判公开;裁判文书公开
法治社会	普法宣传教育	树立法治观念;了解法律知识;普法形式主义较少
	社会治理	环境污染治理;征地建设治理;道路交通治理;社会治安;食品安全治理;市场秩序治理
	法律服务体系	律师服务;政府法律援助
	纠纷解决机制	信访;协商;调解;其他非暴力方式
法治工作队伍	法治专门队伍	法官;检察官;警察
	法律服务队伍	律师
依法执政	党内法规	党内法规执行效果;党委监督;纪委监督
	党员干部遵纪守法	党组织领导遵纪守法;党组织工作人员遵纪守法;普通党员遵纪守法

（二）评估主体与量化规则

评估主体有两类：专业人士和社会公众。中国社会科学院和中国政法大学的法治评估，都是由法学专家开展的。专家评估的优点是定性准确，但限于人手、时间和精力，评估的对象往往有限。评估建立在了解事实的基础上，而专家对于一个陌生地方的了解往往很有限。[1] 我们这次评估的领域非常广泛，仅仅依赖我们专家团队，在有限时间内无法完成这一任务，必须要借助被调查省份的专业人士和社会公众。这里的“专业人士”，并不仅仅指法学专家，而是根据评估内容择取了六类人士：参与立法工作的人大代表、行政机关工作人员、警察、法官、检察官、律师和法学教研人员。这些专业人士由我们研究团队前往当地寻找，采用一对一的方式进行调研和访谈，期间获得了当地相关单位的大力协助和配合。社会公众调查则委托专门的社会调查公司，采用面对面入户访问的方式进行。我们针对不同的评估主体，分别制定了不同的调查问卷，使其能够在知情的范围内回答。调查的问题以客观事实问题为主，如是否存在某种现象行为，少数属于主观评价问题，如普法效果的评价。

评估的实施需要大量的人力和财力支持，否则就因缺少足够的样本数据而丧失准确性——这也是跨地区的法治评估在国内难以开展的重要原因。我们研究团队在相关组织和课题的支持下，筹集了大约 50 万元资金，才得以展开这项调研。评估时间是 2017 年。根据统计学的要求，特定专业主体每个省至少需要 50 个有效样本，社会公众的最低有效样本量为每个省 400 个。在调查样本成本、预算资金等的约束下，[2] 我们最多只能选择 9 个省（自治区、直辖市）。由于这一因素，本次调查遵循多阶段随机抽样的原

---

〔1〕 这个问题，在中国内地第一个法治指数——余杭法治指数——诞生的时候就有了。司法部王公义研究员说：“作为打分者之一的我有点担心，我是否真的这么了解余杭的法治建设现状，把握得这么准吗？答案是不敢肯定。”引自钱弘道主编：《中国法治增长点——学者和官员畅谈录》，中国社会科学出版社 2012 年版，第 47 页。

〔2〕 每个样本的平均调查成本至少在 100 元以上。

则,按照经济发展水平的高、中、低抽取了9个省份,分别是东部地区的广东省、河北省和江苏省,中部地区的河南省、吉林省[1]和江西省,西部地区的陕西省、四川省和云南省。每个省的社会调查,分别抽取3个代表高、中、低经济发展水平的城市,每个城市再抽取一定数量的城市、城镇和村级单位(居委会或村委会)居民。社会公众全部是合格的受访者(年龄18周岁及以上,在当地居住时间超过6个月),各个年龄段的人口皆有适当的比例。最终,此次调查共回收3754个成功访问的样本,剔除108个不合格样本,最终有效样本数为3646个,其中,城市样本1467份、城镇样本1087份、农村样本1092份,男性1799份、女性1847份。专业人士问卷一共回收485份,每个省的有效问卷数量都在50份以上。[2]

调查问卷的每个问题,都有5个选项,分别对应好、较好、中间、较差、差5个等级,每个等级对应的分值分别是5、4、3、2、1分。5分是最好的状况,3分说明该指标反映的状况符合法治最低要求,3分以下说明该指标现象未达到法治的最低标准。调查问卷回收以后,我们根据各个指标权重均等、评估主体权重均等的原则,算出了各个指标的分值。调查结束之后,我们邀请统计人士进行信度与效度评估。信度是采用同样的方法对同一对象重复测量时所得结果的一致性程度,效度是测量在多大程度上反映了被测事物的真实含义。经检验,本次调查的信度和效度都满足统计学要求。[3]

(三)地方法治的测量结果

在第一个指标"地方立法"中,9个省三级指标的得分如表7-3所示。

---

[1] 根据经济发展水平以及区位地理因素,吉林省在本次调查中属于中部地区省份。

[2] 本次调查属于抽样调查,必然有抽样误差。经计算,本次调查公众卷的抽样误差是0.016229971,专业卷的抽样误差是0.043826932。

[3] 信度在0.8以上,表明合格。经计算检验,本次调查公众卷的信度为0.9,专家卷的信度为0.945,符合统计要求。效度的检验方法是KMO检验和巴特利球体检验(Bartlett's Test of Sphericity),当KMO检验系数大于0.5、巴特利特球体检验P值小于0.05时,问卷才有效度。经检验,公众卷的KMO检验系数为0.933,专家卷的KMO检验系数为0.790,P值均小于0.05,都符合统计要求。

表 7－3　地方立法的指标得分

地方	广东	河北	江苏	河南	吉林	江西	陕西	四川	云南
宪法监督	3.25	3.67	3.00	3.06	2.84	3.29	3.00	2.81	3.20
科学立法	3.79	4.12	3.87	3.70	3.83	3.99	3.93	3.17	3.81
民主立法	2.91	2.51	2.38	2.42	2.56	2.47	2.64	2.54	2.54
均值	3.25	3.43	3.08	3.06	3.08	3.25	3.19	2.84	3.18

调查发现：地方法规和地方规章，总体上能够符合宪法和法律，但是有少数省未能做到；各个省的科学立法工作做得最好，民主立法普遍不足。不过，在科学立法工作中，各个省普遍能够邀请法学专家参与立法，但是专家对立法结果的最终影响程度，却普遍低于参与程度。“民主立法”的 3 项指标：公众了解法律草案、公众表达取得畅通、公众意见得到反馈，9 个省的得分全部在 3 分以下。由此可见，“民主立法”是一个普遍性短板，应该在未来的地方立法工作中大力弥补。总体来看，各个省的立法状况差异较大。

在第二个指标“地方行政”中，9 个省三级指标的得分如表 7－4 所示。

表 7－4　地方行政的指标得分

地方	广东	河北	江苏	河南	吉林	江西	陕西	四川	云南
权责法定	2.86	3.17	2.46	2.98	2.86	2.82	2.79	3.06	2.63
依法决策	3.22	3.43	3.17	3.15	3.44	3.23	3.01	3.09	3.28
执法严明	3.44	2.99	2.94	3.12	3.23	3.16	2.73	3.03	3.05
行政效率	2.97	3.08	2.85	2.98	3.37	3.13	2.85	3.12	2.69
监督行政	3.23	3.21	2.87	3.05	2.80	3.17	3.04	2.88	3.03
行政公开	2.35	2.11	2.29	1.97	2.17	2.20	2.53	2.48	2.28
均值	3.01	3.00	2.76	2.87	2.98	2.95	2.82	2.94	2.83

各个省地方行政的差异比较大，调查结果普遍比地方立法低，仅有两个东部省份勉强达到法治的最低要求，另一个东部省份的得分却是最低。不过，9 个省也面临着共同问题：权责法定和行政公开。在各个四级指标得分中，有 3 个指标 9 个省得分全部在 3 分以下：“政府积极履行职权”“环境污

染投诉”“财政收支透明度”,9 个省均值分别是 2.59、2.61 和 2.26。这反映出 9 个省政府普遍面临政府不作为、环境污染治理不力和财政收支不透明的问题,其中尤以财政收支不透明最为严重。[1]

第三个“地方司法”指标,9 个省三级指标得分如表 7－5 所示。

表 7－5　地方司法的指标得分

地方	广东	河北	江苏	河南	吉林	江西	陕西	四川	云南
独立行使司法权	3.41	3.50	3.22	3.33	3.34	3.40	3.25	3.30	3.35
司法效率	2.74	2.80	2.64	2.63	2.69	2.67	2.78	2.64	2.70
司法便民	2.59	2.70	2.80	2.71	2.68	2.80	2.66	2.83	2.59
监督司法	3.36	3.54	3.11	3.24	3.16	3.42	3.51	3.09	3.35
司法公开	3.34	3.36	3.36	3.18	3.34	3.31	3.31	3.15	3.31
均值	3.09	3.18	3.03	3.02	3.04	3.12	3.10	3.00	3.06

司法指标的结果略好于行政,9 个省全部达到法治的最低标准,这反映了 2012 年以来司法改革取得了显著效果。从得分来看,各个省司法状况的普遍规律性更为明显,与法治政府各个领域参差不齐的状况形成了明显对比,这大概是因为中央政法机构的强有力指导和协调所致。在最近几年的司法改革中,司法权的独立运行效果最好,而司法效率和司法便民全部不达标——这两个指标都是由社会公众评估的,反映了社会公众对于高效便民的强烈诉求,这可能是未来司法改革的着力点。从四级指标来看,得分最低的是“执行效率”。最近 5 年来,部分法院宣布已经在一定程度上破解了“执行难”问题,[2]但是距离社会公众的要求仍有很大的改进空间。

在“地方法治社会”指标中,9 个省三级指标得分如表 7－6 所示。

---

〔1〕 2015 年 12 月,中共中央、国务院发布的《法治政府建设实施纲要(2015—2020)》提出到 2020 年基本建成法治政府,从我们的评估结果来看,多数地方政府还面临着艰巨任务。

〔2〕 相关事例,参见中国社会科学院法学研究所、深圳市律师协会联合课题组:《基本解决执行难评估报告——以深圳市中级人民法院为样本》,中国社会科学出版社 2016 年版。

表 7－6　地方法治社会的指标得分

地方	广东	河北	江苏	河南	吉林	江西	陕西	四川	云南
普法宣传教育	3.58	3.36	3.07	3.48	3.78	3.29	3.18	3.35	3.23
社会治理	2.74	2.86	2.60	2.79	2.91	2.69	2.71	2.75	2.84
法律服务体系	3.23	3.33	3.01	3.09	3.51	3.34	2.74	3.22	2.95
纠纷解决机制	3.19	3.24	2.98	3.08	3.29	3.25	3.02	3.05	3.02
均值	3.19	3.20	2.92	3.11	3.37	3.14	2.91	3.09	3.01

各个地方的法治社会同样是参差不齐，西部省份陕西省和东部省份江苏省甚至没达到合格标准。从四级指标的得分来看，9 个省面临的普遍状况如下：社会治理效果不好。我们评估的社会治理包括 6 个方面：环境污染、征地建设、道路交通、社会治安、食品安全、市场秩序。其中，9 个省的社会治安得分全部在 3 分以上，环境污染、征地建设和食品安全都在 3 分以下。普法宣传教育是法治社会建设效果最好的，这大概得益于我国自 1986 年以来持续开展的普法运动。

在“地方法治工作队伍”指标中，9 个省三级指标得分如表 7－7 所示。

表 7－7　地方法治工作队伍的指标得分

地方	广东	河北	江苏	河南	吉林	江西	陕西	四川	云南
法治专门队伍	3.13	3.10	3.17	3.06	3.17	3.11	3.03	3.16	3.00
法律服务队伍	3.50	3.34	3.26	3.15	3.30	3.24	3.26	3.33	3.28
均值	3.32	3.22	3.22	3.11	3.24	3.18	3.15	3.25	3.14

法治工作队伍的整体得分有着较强的普遍规律性。从四级指标得分来看，法官的规律性尤其明显：各个省的法官数量都不充足，但是专业水平和职业道德在 4 类法律职业群体中最高。检察官群体的共同规律性有所下降：

各个省的检察官数量充足状况不一致,[1]不过专业水平和职业道德也都很高。警察队伍是最为参差不齐的,各个省的警察数量、专业水平和职业道德都不一样,反映了各个省警察管理状况差别较大。在律师方面,各个省的主要区别在于律师数量,专业水平和职业道德差别不大。广东省律师数量最为充足,这符合客观实际:2016 年和 2017 年,广东省的执业律师数量均为全国第一,分别是 32,380 人和 37,478 人,占全国律师总量的 1/10 以上。全国第一人口大省河南省的律师数量最不充足,甚至不能满足公众的基本需求。不过,总体来看,法治服务队伍的整体状况要好于专门队伍。

在"地方党委依法执政"指标中,9 个省三级指标的得分如表 7 – 8 所示。

表 7 – 8　地方党委依法执政的指标得分

地方	广东	河北	江苏	河南	吉林	江西	陕西	四川	云南
党内法规	3.53	3.55	3.16	3.38	3.25	3.29	3.36	3.44	3.42
党员干部遵纪守法	3.47	3.39	3.26	3.21	3.35	3.35	3.18	3.12	3.44
均值	3.50	3.47	3.21	3.30	3.30	3.32	3.27	3.28	3.43

依法执政的得分,在法治体系中最高,而且有着共同的规律性。就党内法规而言,我国当前的省级党内法规,大多是对中央党内法规的贯彻落实,依据本地实际情况的创新性法规较少。[2] 所以,本研究考察的是党内法规在地方的实施效果,结果显示:党委监督和纪委监督发挥了至关重要的执行保障作用,两者的均值分别是 3.47 和 3.88。这反映了党的十八大以来党中央发起的"全面从严治党"取得了明显的成效。不过,党委监督和纪委监督的保障重点是党纪执行,其他党内法规的执行效果还不够理想:有 3 个省的

[1] 在本次调查之后,监察体制改革开始在全国推行,全国四级检察院反贪、反渎和职务犯罪预防三个部门的 44,151 名检察官已经被整体转隶,2018 年 3 月 20 日全国人大通过的《监察法》第 47 条第 3 款规定:"人民检察院经审查,认为需要补充核实的,应当退回监察机关补充调查,必要时可以自行补充侦查。……"公益诉讼等新的检察职能也在蓬勃开展,如今检察官的数量又面临整体不充足的问题。

[2] 参见李忠:《党内法规建设研究》,中国社会科学出版社 2015 年版,第 97 页。

党内法规总体执行效果在3分以下。以后应该加强党纪以外的党内法规执行。在党员干部遵纪守法指标中，三类群体——党组织领导、党组织工作人员和普通党员的得分是从低到高，均值分别是3.21分、3.29分和3.43分。这一调查再次表明：领导干部这个群体，仍然是最需要提高遵纪守法程度的“关键少数”。

图7-1反映了9个省各个法治领域的变化状况。

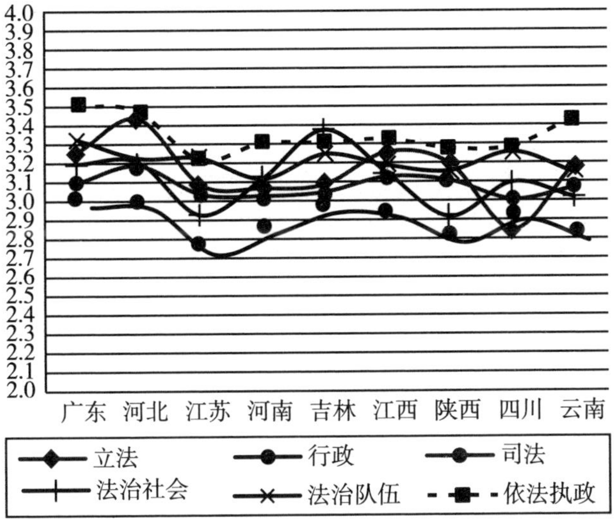

图7-1

图7-2、图7-3反映了9个省的法治总体得分和各个法治领域的情况。

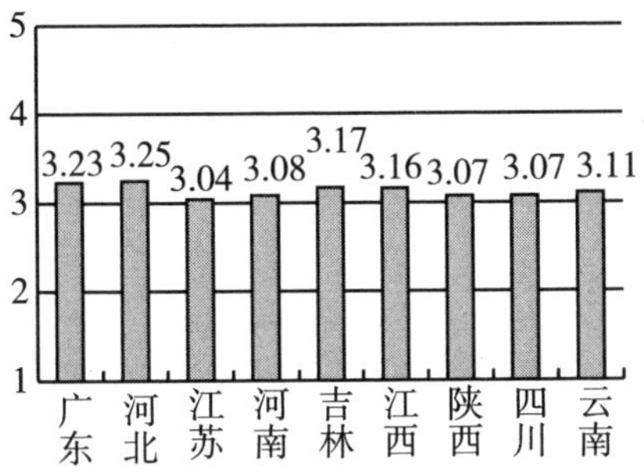

图7-2

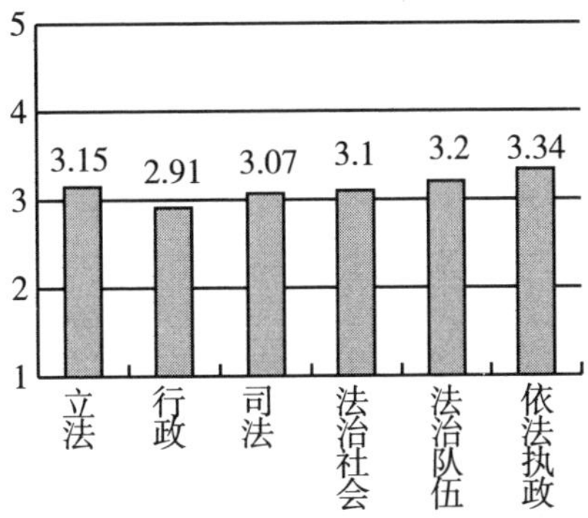

图7-3

三、地方法治理论的检验与反思

上述研究结果反映了9个省的地方法治全貌,我们可以据此对当前的地方法治理论进行验证和反思。

(一)横向层面的地方法治理论的检验

从上述研究来看,先行法治化理论的主张首先应受质疑。该理论认为发达地区的法治发展领先其他地区。但是,本研究结果显示:河北省,这个人均GDP和居民人均收入在东部省份倒数第一的沿海省份,在9个省中得分最高,其次是中国经济最发达省份广东省,而中国经济第二大省江苏省的得分却最低。有学者或许会认为,基于社会调查的评估结果,不能精确反映地方的真实情况,因为评估分值是期望值减去实际值的结果,江苏的得分最低,或许是江苏人民的期望值太高,而非江苏法治的实际值较低。这一观点是不成立的,首先,它不能解释为什么中国经济最发达地区广东的法治水平也相对较高——考虑到统计误差影响,广东事实上与河北处于共同的法治水平。其次,法治的"实际值"不存在,因为法治本身就是蕴含着价值判断的现象,实证研究本身也无法实现绝对的客观性,并且,迄今也没有研究证实不同地区人民的法治期望值差异较大。总之,本研究表明:东部发达省份的整体法治水平,未必都高于中西部省份;法治状况与人均GDP、人均收入等经济指标,不存在明显的相关性。

此外,地方法治竞争,在省级层面是存在的,但是主要体现在经济领域,如营商环境建设。河北的法治建设之所以走在前列,原因在于近两年河北省委省政府大力加强法治建设,通过提升法治环境来增强河北的竞争力,广东、浙江等省也在努力提高法治竞争力。然而,各省法治的发展,主要是为了经济的发展。法治是提升中国经济发展品质的关键因素。[1] 当前中国的

---

〔1〕 参见侯学宾:《法治是提升中国经济发展品质的关键》,载《法制与社会发展》2018年第1期。

地方竞争体制，仍然是一种经济主导的锦标赛体制，经济发展直接影响着地方的财税收入、居民就业等现实利益，经济指标对于地方官员的考核评价影响最大。实践中，各省的考核指标体系都有法治建设的内容，但是比重很少，往往只限于社会治安综合治理、普法宣传教育等容易量化的指标，对地方主政官员的激励程度远远不及经济指标。河北等省开展的建设“法治化营商环境”工作，主要内容是投资环境建设，而不是社会环境、生态环境等的建设。我们对 9 省的调研，没有发现地方主政官员因为法治建设成就卓越而得到晋升的。所以，地方法治竞争是一种有限的竞争，地方法治建设的能动性也是有限的。

横向层面的地方法治理论的核心立论依据，是各个地方的法治存在明显的差异。本研究也发现各个省份的法治水平绝对存在差异，但是，这种差异并不大，我们采取方差分析（Analysis of Variance）的检验方法表明：[1] 各省的调查数据结果在统计学上未体现出明显差异；所以，9 个省的法治处于共同的水平线上。看来，虽然各个省份经济社会发展差异较大，但是作为“上层建筑”的法治，却是相对一致的。并且，我们的上述研究还发现：9 个省的法治都遵循着共同的规律，同构性大于差异性。9 个省的整体法治水平都已达到法治的最低要求，但是距离“较好”还有较大的提升空间。总之，本研究发现，横向层面的地方法治理论的事实依据比较有限，这在一定程度上削弱了该理论的解释力和适用范围。

（二）纵向层面的地方法治理论的检验

这一层面的地方法治理论的核心，是中央对于地方的放权。这一核心有着众所周知的法律依据和事实依据。本研究指标体系的设计，就反映了

---

〔1〕 方差分析是统计学最为常用的一种比较多组独立数据的均值之间是否存在差异的方法，其原理是将影响调查结果的因素分解为因素之间的差异和随机误差两项，通过计算相应的 P 值，与给定的显著性水平（常用 0.05）比较，若 P 值大于显著性水平，则认为多组数据之间的均值没有明显差异。本次调查的 P 值为 0.376，明显大于 0.05，故认为各个省份的调查数据的均值没有明显差异。

中央立法权力、行政权力、司法权力和其他权力的下放。党的十九届三中全会通过的《中共中央关于深化党和国家机构改革的决定》提出,“赋予省级及以下机构更多自主权。增强地方治理能力,把直接面向基层、量大面广、由地方实施更为便捷有效的经济社会管理事项下放给地方”,进一步深化了中央的放权。与横向层面的地方法治理论的核心依据相比,纵向层面的地方法治理论的核心依据更为牢固。

纵向层面的地方法治理论另一个显著特点是,地方法治“对上不对下”。[1] 地方政府相对自主的权力来自中央政府的授予,接受中央政府以目标责任制或指标等方式的控制,社会本身则对地方政府缺乏有效的控制,甚至缺乏有效的沟通渠道;地方从事法治建设,主要是为了完成中央布置的任务目标,建设结果“对上负责”而非对社会负责。我们的研究发现:地方服从中央的指标效果,如宪法监督、普法宣传教育、纪委监督等,往往要好于地方服务社会的指标效果,如民主立法、社会治理、司法便民等。9 个省面临着共同的法治短板:民主立法、政府不作为、行政公开、司法效率、司法便民、社会治理。这六大短板,都发生在地方公权力机构与社会公众直接交往的领域。在具体的法治领域方面,各个省立法、行政和法治社会的差异最大,司法、法治队伍和依法执政的差异相对较小,这倒不是因为中央不重视前三者——事实上法治政府建设是中央最重视的领域之一,而是因为前三者与社会领域的关联既广又深,中央下放的“事权”主要作用于这些领域,结果导致中央无法全面掌控地方对于社会的管理;在司法、法治队伍和依法执政领域,中央可以通过司法改革、法律职业资格考试、纪检监察等方式给予直接有力掌控,所以各省差异相对比较小。这些都直接证实了纵向层面的地方法治“对上不对下”的特征。

总之,我们的研究认为,纵向层面的地方法治理论,比横向层面的地方法治理论更为符合事实,更能揭示中国地方法治的特点和规律。“放权论”

---

〔1〕 付子堂、张善根:《地方法治实践的动力机制及其反思》,载《浙江大学学报》(人文社会科学版)2016 年第 4 期。

"试错论"都是成立的,但内容不及"治权论"和"承包论"全面。不过,后两者也不完全准确。"治权论"本质上是"放权论"的扩大,与"放权论"相比甚至问题更大:"治权"是一个学术上欠规范的概念;主权和治权不具有对应关系,"主权—治权"的分析框架存在很大的逻辑问题。[1] 由于"治权"的内涵模糊不清,几乎无法用实证研究进行证伪,因而不是一种科学意义上的理论。相比之下,"承包论"所立足的行政发包制理论更为成熟、科学,具有充足的经验基础,是当前最具解释力、适用范围更广的地方法治理论。

但是,我们通过调研发现,完全基于理论推演的承包型法治理论,有些论断不符合事实,值得商榷。首先,地方政府的法治建设激励在不同领域表现不同,在经济领域激励较强,在社会领域和生态环境领域则较弱,这也是地方政府的社会治理比较薄弱的主要原因。其次,近年来,中央对地方的管理逐渐加强,最明显的表现就是纪检监察体制的改革,大大加强了中央对地方政府的管理,确保了中央的令行禁止。此外,合宪性审查制度的建立、司法机构和审计机构省级以下地方人财物统一管理的改革、统计管理体制的改革,都在不断强化中央对于地方的监督和管理,断言"中央弱控制"可能不符合实际。最后,关于地方法治和国家法治冲突的问题,在当前中央大力开展"顶层设计"、地方政府强化"四个意识"的大背景下,这种冲突发生的可能性已经非常小了,解决方式的"柔性运作"色彩正在减弱。不过,承包型法治虽然存在上述争议,但目前仍然是最为客观全面的地方法治理论。

(三)地方法治理论的反思

综上所述,两种层面的地方法治理论各有缺陷,横向层面的地方法治理论能够很好地解释地方法治建设的动力问题,但只适用于经济领域;纵向层面的地方法治理论指出了地方法治成立的根源,但对于法治建设动力的解释比较薄弱。按照"放权论"和"治权论"的观点,地方政府只要具备了独立

---

[1] 参见王英津:《论两岸关系研究中"主权—治权"分析框架的缺陷及替代方案》,载《广西师范大学学报》(哲学社会科学版)2014 年第 5 期。

自主的权力,就会“积极回应地方经济社会发展的法治需求”。[1] 这种假设不一定符合现实,事实上,地方政府的权力如果缺乏有效约束,很有可能会向社会和市场伸出“掠夺之手”。[2] 地方法治竞争理论能够很好地解释为什么地方政府主动自我约束、加强法治建设:通过法治建设来促进经济增长,使地方主政官员在晋升锦标赛中脱颖而出。[3] 如果两种层面的地方法治理论,特别是地方法治竞争理论和承包型法治理论能够互相结合、取长补短,就能够形成一个比较完整、符合事实、逻辑有序的地方法治理论。这种理论的核心命题是,中央向地方下放的立法权、行政权、司法权和其他权力,构成了地方法治独立自主的根源;官员晋升的政治锦标赛体制,为地方法治建设提供了激励动力;地方法治是有限的,主要存在于经济领域。

地方法治之所以主要存在于经济领域,根源在于中国特色的政府治理模式:纵向行政发包和横向晋升竞争。行政发包制与政治锦标赛是一种互补的关系,前者为下级政府提供了必要的权力和自主行动空间,后者提供了强大的激励。这种互补性极为重要,如果某一领域的行政发包程度较高,那么横向竞争也必须维持在高水平,两者才能相互支持、相互补强,反之,如果某领域的行政发包程度低,横向竞争也应该处于低水平。[4] 法治建设涉及的领域广泛而全面,包括政治领域、经济领域、社会领域、文化领域、生态环境领域,每个领域都涉及众多公共事项,如选举制度、监察制度、招商引资、义务教育、食品药品监管、自然环境保护,等等。不同领域不同事项的发包程度和竞争程度是不一样的,我们可以整理出一个矩阵组合,见表7-9。[5]

---

〔1〕 参见倪斐:《地方法治概念证成——基于治权自主的法理阐释》,载《法学家》2017年第4期。

〔2〕 参见[美]安德烈·施莱弗、罗伯特·维什尼:《掠夺之手:政府病及其治疗》,赵红军译,中信出版社2017年版,第25~64页。

〔3〕 参见万江:《中国的地方法治建设竞争》,载《中外法学》2013年第4期。

〔4〕 参见周黎安:《转型中的地方政府:官员激励与治理》(第2版),格致出版社、上海三联书店、上海人民出版社2017年版,第360~367页。

〔5〕 本表格的制定,参照了周黎安教授的研究成果。参见周黎安:《转型中的地方政府:官员激励与治理》(第2版),格致出版社、上海三联书店、上海人民出版社2017年版,第361页。

表7－9　不同领域不同事项的发包程度和竞争程度

	高←横向晋升竞争→低	
高 ↑ 纵向行政发包 ↓ 低	多数经济事项（如招商引资、城市基础设施建设） 少数社会事项（如竞技体育）	多数社会和文化事项（如教育、社保、食品、文化遗产） 生态环境领域（如雾霾）
	—	政治事项（如政党、国防、人民代表大会制、选举制度）

表7－9左上方的方格，反映了当前我国纵向发包和横向竞争程度都很高的事项，其中以经济事项为主，地方政府在经济发展领域承担主要的责任、拥有充足的权力，如建设用地征收和出让权力、税收减免权力等；上级政府对下级政府的考核，也以经济指标为主，下级政府在经济领域有着激烈的竞争。右上方的方格，反映的是纵向发包程度高而横向竞争程度低的事项，地方政府对本地的教育、医疗、食品监管、社会保障、安全监督、文化场馆建设等社会文化事项承担属地责任，但是这类事项不属于影响地方官员政绩的关键指标。右下方的方格，反映的是纵向发包和横向竞争都比较低的事项，主要是政治事项，中央直接承担，地方承担的是辅助或试点作用，如监察体制改革在北京市、浙江省和山西省的试点，很少成为或不成为地方主政官员的考核指标。左下方的方格反映的事项，目前还没出现。

地方法治存在的根源，在于中央的纵向发包或放权，所以，地方法治存在于左上方和右上方的方格领域。在右下方的方格领域，也就是政治领域，严格说来是不存在地方法治的，只有国家法治。涉及政治体制的法治改革，要么是在中央的授权之下进行，要么会被中央叫停，如四川省、广东省、云南省个别乡镇试验的乡镇长直选。地方政府开展法治建设，是在受到激励的条件下作出的，这一激励必须能够直接对地方政府的主政官员产生效应。所以，只有在纵向发包和横向竞争程度都很高的事项领域，地方法治才能完整存在。在纵向发包程度高、横向竞争程度低的事项领域，如多数社会领域、文化领域和生态环境领域，也存在地方法治，但是由于地方政府在这些领域的法治建设动力不足,这些领域的地方法治是非常薄弱的。近年来,地方政府在营商环境建设、自贸区试验等经济领域非常积极主动,而在其他领域却消极被动,就反映了这一点。

对于地方法治的未来发展,或许会有人建议,把政治、社会、文化、生态环境领域的更多事项调整为纵向发包和横向竞争程度都很高的事项,从而促进地方法治的发展,例如,把雾霾治理作为地方政绩考核的重要指标。某一事项能否成为纵向发包和横向竞争程度都很高的事项,取决于该事项本身的性质和上级的决策。有些事项的流动性或溢出效应大,如环境污染、义务教育等,其影响范围通常是跨地域的。这类事项性质上不应该属于发包程度高的事项,但是由于上级政府的决策,人为地成为高度发包的事项。有些事项较为繁杂,治理需要很长时间,效果难以测量,如社会保障、文化建设,在性质上难以成为横向晋升竞争的重要考核指标。曾有不少人提出在地方政绩考核指标体系中增加社会、环境等事项,使其成为主要考核指标,推动地方政府开展社会和环境治理,但是经济学理论早已证明:不存在一种能同时有效解决诸多目标的激励问题的锦标赛体制,目标过多会让地方官员无所适从,必然要有主次之分。[1] 在国内经济下行压力较大、国际经济复苏乏力的大背景下,经济发展仍然是绝大多数地方政府工作的第一位。除非社会问题或环境问题在某一时间表现得比较紧迫、严重,否则地方政府不会将其作为主要任务来推动。政治领域的事项,在性质上发包程度和竞争程度可高可低,依赖不同国家的政治体制而定;在我国的政治体制下,这类事项的发包程度和竞争程度都非常低。

总之,在中国,地方法治扩展的空间非常有限,局限于经济领域和少数社会领域;在政治领域、社会领域、文化领域和生态环境领域,应该以国家法治建设为主。其中,社会领域、文化领域和生态环境领域的多数事项,目前

---

〔1〕 参见许成钢:《从体制认识中国经济的结构性问题》,载吴敬琏主编:《比较》(第56辑),中信出版社2011年版,第33页。

是纵向发包程度高而横向竞争程度低,这些领域的地方法治建设动力不足,有些跨地域的事项甚至难以覆盖。对于那些跨行政区域的事项,如空气污染事件等环境事项,应该降低其纵向发包程度,采取中央统筹治理或区域合作治理的方式,推动相关事项的国家法治建设。对于纵向发包程度高而横向竞争程度低的地方事项,如食品药品监管、文化场馆建设等,应该着力解决法治建设的激励问题,改变传统的自上而下的激励机制,引入社会力量,增加社会公众对于下级政府考核的话语权,建立自下而上的激励机制,弥补地方法治“对上不对下”的缺陷。

第八章
营商环境评估的大数据分析

最近国内兴起的营商环境建设和评估，标志着中国的法治建设和法治评估进入了一个新的阶段。改革开放以后，中国的法治建设即已开始，与中国的经济、政治和社会建设同步进行。1997年党的十五大提出了“依法治国、建设社会主义法治国家”的基本方略，中国的法治建设开始有了独立的自主规划，其最重要的标志就是中国特色社会主义法律体系的建设规划，以及随后开始的司法改革和法治政府建设，法治开始了一个相对独立于经济、政治和社会建设的“脱嵌”式发展。这一发展直到2015年党的十八届四中全会臻至顶峰。2017年以后，中国的法治建设又进入了“嵌入”式的发展，法治融入经济建设之中，与其水乳交融，其表现就是当前中国方兴未艾的营商环境建设，营商环境建设是一种与法治建设有着很多交叉的制度建设，它使法治建设与经济建设的联结更为紧密，开启了两者共同进步的“双赢”时代。

对于法治评估而言，营商环境评估不仅复活了之前的法治环境评估，而且“拯救”了逐渐流于形式主义、受到消极对待的法治绩效评估运动。在中央要求法治考核之前，地方主动发起的法治评估事例很少，多数是昙花一现，在各种考核满天飞的中国，评估其实是不受“待见”的，地方政府很少会“自寻烦恼”。[1] 营商环境评估使各地从“逃避评估、应付评估”，变为“寻求评估、主动评估”，这一转变很值得研究。营商环境评估，甚至改变了中国政府对于国际指标治理的态度。指标治理是国际治理的重要方式之一，透明国际的清廉指数、世界银行的全球治理指标和营商环境指数、瑞士洛桑国际管理学院（IMD）的世界竞争力指数等对于国家有着显著的影响；在当前几百种国际治理指标中，中国政府在意的不多，主动对接的国际指标迄今只有一个：世界银行的营商环境指数。营商环境评估的成功实践，对于各类评估有着宝贵的参考价值。

“营商环境”是当前在中国最受关注的“热词”之一。它最早出现于中国香港特别行政区，后来传播到内地，是对英文单词：“business environment”的翻译。英国《经济学人》（*The Economist*）杂志下属的信息部（Economist Intelligence Unit, EIU）曾经发布一个“营商环境排名指数”（Business environment ranking & index），我国香港特别行政区的翻译就是来自这个指数。世界银行的“营商便利度”指数（Ease of doing business index），在国内也被译为“营商环境指数”。熟悉世界正义工程法治指数的读者可能记得，该指数设计的灵感之一就是世界银行的营商环境指数。几年前，笔者在研究世界正义工程法治指数的时候，就注意到了世界银行的这一指数及其巨大的国际影响力，没想到几年之后这一指数在国内“火”了。本章将研究世界银行的营商环境评估，全面介绍该评估的指标内容、评估方法，然后介绍世界银行对于中国营商环境的评估数据，以及中国本土发起的“市场化指数”和“企业经营环境指数”数据，检验法治指数与营商环境指数之间的相关性；最后，研究营商环境建设与评估在中国“从 0 到 1”的兴起方式，分析它们

---

[1] 在 2014 年党的十八届三中全会提出“建立科学的法治建设指标体系和考核标准”之前，曾有学者联系一些地方政府，请求开展“法治评估试验”，结果是消极对待、不了了之。

对于中国法治建设与法治评估的启示。

一、世界银行的营商环境评估

世界银行的营商环境指数主要建立在新制度经济学的研究成果基础上，由保加利亚籍经济学家西蒙·德加科沃(Simeon Djankov)创建，[1]哈佛大学著名经济学教授奥利弗·哈特(Oliver Hart)和安德鲁·施莱弗(Andrei Shleifer)为这一指数研究提供了学术支持。[2] 该指数的指标，除了“办理施工许可证”和“登记财产”以外，其他指标都有一篇研究论文作为学术支持。[3]世界银行的《营商环境报告》启动于2002年，首次发布于2003年，包括5项指标，评估133个经济体。此后，评估指标不断改进扩大、经济体数量也逐渐增加，目前一共包括11项指标，评估了190个经济体，历年的经济体评估数量见图8-1。

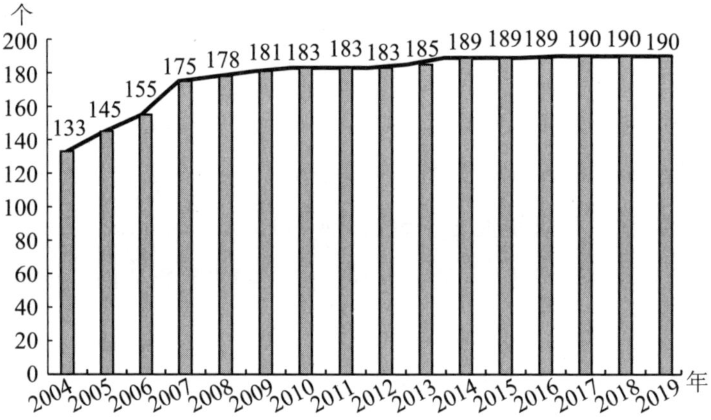

图8-1

(一)评估指标

世界银行的营商环境评估指标以企业为中心，评估那些调整企业设立、

[1] 西蒙·德加科沃，1970年生于保加利亚，1997年获得美国密歇根大学博士学位，长期在世界银行工作，2009～2013年担任保加利亚副总理兼财政部长，如今在英国伦敦经济学院工作。

[2] 奥利弗·哈特，1948年生于伦敦，2016年因为在契约理论方面的贡献，获得诺贝尔经济学奖。安德鲁·施莱弗，1961年生于俄罗斯，是转轨经济学、行为金融学的杰出代表。

[3] See http://chinese.doingbusiness.org/zh/methodology，2019年4月30日最后访问。

运行和成长的监管制度(regulatory regime)。这里的“企业”,全部是内资中小企业,不包括外资企业,也不包括游离于法律规则之外的非正规企业,原因是这些非正规企业做生意,不缴税、不需要信贷、不诉求于法院,无法进行评估。世界银行营商环境指数基于这样一个理论前提:如果企业受到的规制更少、更简单、费用更低,这些企业最易走向繁荣兴旺。由此可见,世界银行评估的是政府监管制度对企业造成的负担。至于监管可能产生的社会或经济效益,如安全生产、环境保护、劳动力保护等,并不在世界银行的评估范围之内。

世界银行营商环境指数由11个指标组成,其内容分别如下。

1.“开办企业”(starting a business)指标

该指标测量一家小型或中型有限责任公司开办和正式运营所需要办理的手续、耗费的时间和费用。在具体的调查过程中,为了使190个经济体的数据具有可比性,调查问卷设计了一个标准化企业,该企业由5位本国人完全拥有,在运营的第一个月内雇佣10~50人,从事一般性的工业或商业活动,不从事外贸行为等特殊活动。考虑到男女平等创业的原则,世界银行调查两类有限责任公司,一类由5位已婚女士所有,另一类由5位已婚男士所有,两类公司其他方面都一样。该指标的分指标内容见表8-1。

表8-1　开办企业指标的具体内容

一级指标	二级指标
开办企业	开办企业手续:男性(数量)
	开办企业时间:男性(天数)
	开办企业成本:男性(人均收入百分比)
	开办企业手续:女性(数量)
	开办企业时间:女性(天数)
	开办企业成本:女性(人均收入百分比)
	最低实缴资本(人均收入百分比)

2.“办理施工许可证”(dealing with construction permits)指标

该指标测量企业建设一个仓库(warehouse)所需要的手续、时间和花费。为了具备跨国的可比性,这个企业同样是一个标准化的企业,由5位本国人全资拥有,是一个有限责任公司,有60位工作人员;这个仓库也是一个标准化仓库,其占地面积、高度、道路设施、消防设施、污染处理设施等都有详细的标准。该指标的分指标内容见表8-2。

表8-2 办理施工许可证指标的具体内容

一级指标	二级指标	三级指标
办理施工许可证	手续(数量)	—
	时间(天数)	—
	成本(仓库价值百分比)	—
	建筑质量控制指数(building quality control index)	建设法规(building regulations)
		施工之前的质量控制
		施工期间的质量控制
		施工之后的质量控制
		责任或保险制度
		专业认证要求

3.“获得电力”(getting electricity)指标

该指标测量一个企业为了使其新建的仓库获得永久性电力连接而办理的手续、花费的时间和费用。仓库是一个标准化的仓库,所谓“电力连接”也有一系列详细的标准要求。该指标由4个分指标组成,前3个分指标测量企业获得电力连接的效率,最后一个指标测量“获得电力”之后的保障措施。该指标的分指标内容见表8-3。

表 8－3　获得电力指标的具体内容

一级指标	二级指标	三级指标
获得电力	手续(数量)	—
	时间(天数)	—
	成本(人均收入百分比)	—
	供电可靠性和电费透明度指数	电力的断供
		断供的监管
		供应可靠性的透明度
		电费的透明度

4.“登记财产”(registering property)指标

该指标设定了一个标准化案例:一家当地的有限责任公司,向另一家当地的有限责任公司购买一处土地和两层高的建筑,这些不动产都已经登记,既没有所有权争议,也没有抵押。这一指标主要测量该企业登记这一份不动产所需要的手续、时间和费用。2017 年该指标新增了一个分指标——土地管理质量指数(quality of land administration index)。目前,该指标的分指标内容见表 8－4。

表 8－4　登记财产指标的具有内容

一级指标	二级指标	三级指标	四级指标
登记财产	手续(数量)	—	—
	时间(天数)	—	—
	成本(财产价值百分比)	—	—
	土地管理质量指数	设施可靠性指数	不动产登记制度
			土地清册/测绘制度
			互连(interconnection)
		信息透明度指数	不动产登记制度
			土地清册/测绘制度
		地理覆盖指数	不动产登记制度
			土地清册/测绘制度

续表

一级指标	二级指标	三级指标	四级指标
登记财产	土地管理质量指数	土地纠纷解决指数	法律依据
			土地纠纷解决正规机制
		平等获得财产权指数	

5.“获得信贷”(getting credit)指标

该指标测量两个问题:征信系统的强弱、担保法制度和破产法制度促进借贷的实际效果。该指标的分指标内容见表8－5。

表8－5　获得信贷指标的具体内容

一级指标	二级指标
获得信贷	合法权利力度指数(strength of legal rights index)
	信贷信息深度指数(depth of credit information index)
	信贷登记机构覆盖率(credit registry coverage,成年人百分比)
	信用局覆盖率(credit bureau coverage,成年人百分比)

6.“保护少数投资者”(protecting minority investors)指标

该指标以有限责任公司和上市公司为评估对象,测量两方面的内容:一是当董事滥用公司财务以获得私人利益时,法律对于少数股东的权利保护力度;二是包括股权、治理保障、公司公开透明等要求在内的各项可以降低股东利益受损风险的措施。该指标的分指标内容见表8－6。

表8－6　保护少数投资者指标的具体内容

一级指标	二级指标
保护少数投资者	披露程度指数
	董事责任程度指数
	股东诉讼便利度指数
	股东权利指数
	所有权和管理控制指数
	公司透明度指数

7.“纳税”(paying taxes)指标

该指标测量一个标准化的中型企业(60 人规模),在其开业之后的第二年期间,必须支付或扣缴的税费和强制性摊派。2017 年该指标新增了一个分指标——报税后流程(postfiling processes),测量三个问题:增值税退税(VAT refund)、税务审计和行政税务上诉。目前,该指标的分指标内容见表 8-7。

表 8-7　纳税指标的具体内容

一级指标	二级指标
纳税	纳税次数(每年)
	时间(小时)
	总税率和社会缴费率(占利润百分比)
	报税后流程指数

8.“跨境贸易”(trading across borders)指标

该指标测量进出口的时间和费用。在最新的调查过程中,该指标测量货物进出口全过程中的 3 组程序——单证合规、边界合规和国内运输相关的累计时间和费用(不包括关税),共由 8 个分指标组成,见表 8-8。

表 8-8　跨境贸易指标的具体内容

一级指标	二级指标
跨境贸易	出口时间:边界合规(小时计)
	出口所耗费用:边界合规(美元计)
	出口时间:单证合规 (小时计)
	出口所耗费用:单证合规(美元计)
	进口时间:边界合规(小时计)
	进口所耗费用:边界合规(美元计)
	进口时间:边界合规(小时计)
	进口所耗费用:边界合规(美元计)

9. “执行合同”(enforcing contracts)指标

该指标测量一家本地初审法院解决一起商业纠纷所花费的时间和费用,以及司法程序质量(quality of judicial processes)。该指标的分指标内容见表8－9。

表8－9　执行合同指标的具体内容

一级指标	二级指标	三级指标	四级指标
执行合同	时间（天数）		
	成本(索赔额百分比)		
	司法程序质量指数	法院自动化	电子归档
			电子程序服务
			电子支付诉讼费
			判决公开
		法院结构和程序	专门化的商事法庭
			小额诉讼法庭
			审前扣押财产
			案件分派
			性别平等
		案件管理	民事案件的时间标准、休庭的时间标准、延期的时间标准
			绩效测量机制
			审前会议
			电子案件管理系统
		替代性纠纷解决(ADR)	仲裁
			自愿调解/调停

10. “办理破产”(resolving insolvency)指标

该指标测量本国企业破产程序所产生的时间、成本和结果,以及破产法律法规的质量。该指标的分指标内容见表8－10。

表 8－10　办理破产指标的具体内容

一级指标	二级指标	三级指标
办理破产	回收率(百分比)	—
	时间(年)	—
	成本(资产价值百分比)	—
	结果(零散销售或持续经营)	—
	破产框架力度指数	程序启动
		债务人资产管理
		重整程序
		债权人参与

11.“劳动力市场监管”(labor market regulation)指标

该指标测量劳动法的规制效果,由 5 个分指标组成:雇佣、工作时长、裁员规则(redundancy rules)、裁员成本(redundancy cost)、工作质量(job quality)。最新的评估调查特别关注工作质量。该指标的评估结果不纳入营商环境指数的总分之中,而是作为附加的结果,提供参照作用。该指标的分指标内容见表 8－11。

表 8－11　劳动力市场监管指标的具体内容

一级指标	二级指标	三级指标
劳动力市场监管	雇佣	是否禁止为永久性工作签订固定期限合同?
		一份固定期限合同规定的最长期限(月份数量)
		所有固定期限合同规定的最长期限(月份数量)
		全职员工的最低工资(美元/每月)
		最低工资与员工人均增加值的比率
	工作时间	标准的工作时日
		每周最多工作多少天
		夜间工作的加班费(每小时工资的百分比)
		每周休息日的加班费(每小时工资的百分比)
		超时工作的加班费(每小时工资的百分比)
		夜间工作是否有限制

续表

一级指标	二级指标	三级指标
劳动力市场监管	工作时间	未孕和非哺乳期女性是否被要求和男性工作同样的夜间时长
		每周休息日工作是否有限制
		超时工作是否有限制
		聘期1年的员工的平均带薪年假时间(工作天数)
		聘期5年的员工的平均带薪年假时间(工作天数)
		聘期10年的员工的平均带薪年假时间(工作天数)
		带薪年假时间(工作天数)
	裁员规则	见习期间的最长时间(月份数量)
		法律是否允许裁掉多余人员?
		如果一位工作者被解雇,是否通知第三方?
		如果一位工作者被解雇,是否需要第三方批准?
		如果九位工作者被解雇,是否通知第三方?
		如果九位工作者被解雇,是否需要第三方批准?
		是否有再培训或再分配?
		对冗余员工是否有优先权规则?
		对再就业是否有优先权规则?
	裁员成本	裁员的告知期间(对于一位聘期1年的员工,在工作期间)
		裁员的告知期间(对于一位聘期5年的员工,在工作期间)
		裁员的告知期间(对于一位聘期10年的员工,在工作期间)
		裁员的告知期间(工作期间)
		裁员的遣散费(对于一位聘期1年的员工,在工作期间)
		裁员的遣散费(对于一位聘期5年的员工,在工作期间)
		裁员的遣散费(对于一位聘期10年的员工,在工作期间)
		裁员的遣散费(工作期间)

续表

一级指标	二级指标	三级指标
劳动力市场监管	工作质量	是否有同工同酬?
		雇佣时是否有性别歧视?
		法律是否要求带薪或无薪产假?
		产假的最短时期(自然日)
		产假员工是否得到100%的工资?
		一年中是否有5天带薪病假?
		员工入职一年后,是否有失业保障?
		失业保障期间的最低补助(按月计)

(二)评估方法

每一个指标都对应着一份详细的调查问卷。这些问卷题量丰富、专业性强,普通人是回答不了的,只能由专业人士作答。世界银行发放问卷的对象包括律师、会计师、商业咨询人员、建筑师、货运代理人、政府官员等,这些人被称为问卷信息提供者(questionnaire informants),以回答问卷的形式提供信息。另外一类提供信息的人群被称为补充信息提供者(supplemental informants),他们不回答问卷,而是接受世界银行工作组的咨询,以补充或纠正相关的信息。提供信息的人员数量,总体上是比较少的。从公开信息来看,2007年和2008年的世界银行营商环境报告,一共调查了5000个人,分布在175个和178个经济体中,每个经济体平均28个信息提供者。2018年报告一共调查了16,079个人员,分布在190个经济体中,每个经济体平均84个信息提供者,每个指标平均8个信息提供者。2019年的报告征集了超过13,800名专业人士的意见。

对于每个经济体,世界银行在2015年以前的做法是选择该经济体中最大的商业城市进行调查,中国的调查城市是上海。从2015年开始,世界银行对于11个人口超过1亿的经济体(孟加拉国、巴西、中国、印度、印度尼西亚、日本、墨西哥、尼日利亚、巴基斯坦、俄罗斯和美国)的数据采集范围,扩大到该国的第二大商业城市。这 11 个经济体的最终结果得分,是根据该国两个最大商业城市的人口数量,取其加权平均值。中国的数据由北京、上海两个城市所组成,上海的权重为 55% ,北京为 45% 。经济体的营商环境报告数据和排名每年都会更新。在《2018 营商环境报告》中,除了纳税指标的数据收集完成于 2016 年 6 月 1 日以外,其他指标的数据收集都完成于 2017 年 6 月 1 日。2019 年报告的评估时期为 2017 年 6 月至 2018 年 4 月。

调查问卷收集完之后,世界银行工作组会基于法律文件和补充信息提供者的咨询意见,对调查问卷进行有效化处理,剔除不合格的问卷数据。在计算过程中,每个指标的权重均等。具体的计算方法是前沿距离分数(Distance to Frontier,DTF)法。该方法从 2005 年开始使用,可以显示当前每个经济体距离“前沿水平”的差距,有助于评估经济体随着时间推移在监管环境上的绝对改进。前沿距离反映在 0 ~ 100 的区间里,0 代表最差表现,100 代表前沿水平。例如,假设某个经济体在 2017 年得到 75 分,这表示该经济体距离最高水平(经济体历年以来的最佳表现)相距 25 个百分点,如果在 2018 年获得 80 分,则表示该经济体正在进步。DTF 法的计算公式是:(最差表现 - y)/(最差表现 - 最佳表现)。[1] 2019 年“营商环境前沿距离”(doing business distance to frontier)的名称改为“营商环境便利度分数”(ease of doing business score),以更好地反映衡量标准的主要理念——表明一个经济体相对于最佳监管实践的位置。[2]

二、中国营商环境的大数据

本部分首先介绍世界银行对于中国营商环境评估的数据,然后介绍中国本土发起的营商环境评估事例,特别是其中最具影响力的“中国分省市场化指数”和“中国分省企业经营环境指数”。

---

〔1〕“y”是指被测量国家的表现。

〔2〕参见世界银行集团旗舰报告:《2019 年营商环境报告》第 16 期,第 3 页。

（一）世界银行对于中国的评估

世界银行对于中国的评估，包括了中国内地、香港特别行政区和台湾地区。图 8－2 反映了 2006 年以来，中国内地、香港特别行政区、台湾地区的排名变化情况。

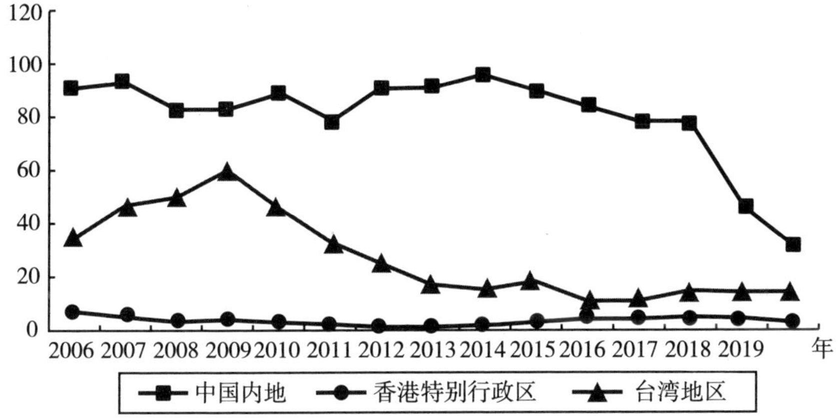

图 8－2

从图 8－2 来看，中国香港特别行政区的排名遥遥领先于内地和中国台湾地区，其营商环境在全世界都是顶尖级的。中国台湾地区的排名情况起伏较大，深受该地区执政力量变化的影响。中国内地的排名相对靠后，但是自 2014 年以来有了很明显的进步趋势：从 2014 年的 96 名，前进到 2019 年的 46 名，短短 5 年时间前进了 50 个名次，特别是 2018～2019 年，一举前进了 32 个名次，进步飞快！

（二）世界银行对于中国 30 个城市的评估

2008 年世界银行曾出版了一份独立的《2008 年中国营商环境报告》，反映了中国 4 个直辖市和 26 个省会城市 2016 年的营商环境便利指数。该项研究评估了 4 个指标：开办企业、登记财产、获取信贷（设立和登记担保物）、执行合同。表 8－12、表 8－13 反映了这 30 个城市在各个指标领域的得分。[1]

表 8-12　2008 年中国 30 个城市"开办企业"和"登记财产"得分

城市	开办企业				登记财产			
	程序（数量）	时间（天数）	成本（当地人均 GDP 百分比）	排名	程序（数量）	时间（天数）	成本（财产价值百分比）	排名
北京	14	37	3.2	6	10	59	3.1	12
长春	14	37	9.5	10	8	55	4.2	8
长沙	14	42	14.6	22	10	53	6.9	24
成都	13	35	19.1	19	11	39	3.9	11
重庆	14	39	9.5	17	7	28	7.0	9
福州	12	40	6.7	7	7	37	4.1	3
广州	13	28	6.3	3	8	35	3.7	2
贵阳	14	50	26.6	30	9	77	12.6	28
海口	13	38	12.1	13	10	76	4.8	23
杭州	12	30	5.7	1	8	50	3.7	7
哈尔滨	14	42	11.9	18	8	55	6.1	14
合肥	14	42	19.4	27	10	46	5.6	17
呼和浩特	14	48	7.9	11	11	47	4.6	18
济南	13	33	6.0	4	8	39	4.1	4
昆明	14	42	13.9	23	9	66	5.4	22
兰州	14	47	14.1	29	10	78	7.8	29
南昌	14	40	14.6	21	10	50	6.1	20
南京	12	31	5.8	2	7	31	4.6	5
南宁	14	46	16.5	28	12	66	6.8	30
上海	14	35	3.1	5	4	29	3.6	1
沈阳	14	41	6.0	9	12	51	3.1	14

[1] See The World Bank Group, *Doing Business in China* 2008, pp. 38 - 39.

续表

城市	开办企业				登记财产			
	程序（数量）	时间（天数）	成本（当地人均 GDP 百分比）	排名	程序（数量）	时间（天数）	成本（财产价值百分比）	排名
石家庄	14	42	9.8	16	10	58	5.2	21
太原	14	55	9.3	20	10	62	5.4	26
天津	14	41	3.7	8	5	42	4.4	6
乌鲁木齐	13	44	9.0	14	11	45	4.2	13
武汉	13	36	13.6	15	9	60	6.2	25
西安	14	43	15.2	25	8	50	5.1	10
西宁	14	51	12.0	23	8	69	5.3	19
银川	14	55	12.0	26	10	59	4.4	16
郑州	13	41	11.6	12	11	60	5.1	27

表 8－13　2008 年中国 30 个城市“获取信贷”和“执行合同”得分

城市	获取信贷（设立和登记担保物）			执行合同		
	时间（天数）	成本（贷款价值百分比）	排名	时间（天数）	成本（索赔额百分比）	排名
北京	15	2.7	7	340	9.6	9
长春	22	3.3	21	540	18.4	25
长沙	20	3.7	20	382	26.6	27
成都	12	3.2	11	295	35.5	23
重庆	15	5.0	19	286	14.8	8
福州	7	2.3	1	342	13.7	12
广州	11	2.4	3	120	9.7	1
贵阳	17	6.9	25	397	23.0	24
海口	14	5.1	18	310	14.5	11
杭州	11	3.0	8	285	11.2	3

续表

城市	获取信贷(设立和登记担保物)			执行合同		
	时间（天数）	成本（贷款价值百分比）	排名	时间（天数）	成本（索赔额百分比）	排名
哈尔滨	13	3.1	10	290	31.5	20
合肥	20	2.8	14	300	41.8	26
呼和浩特	15	3.3	16	330	23.7	19
济南	10	2.9	4	210	22.0	5
昆明	18	4.0	23	365	36.4	29
兰州	20	8.0	29	440	29.9	30
南昌	17	5.9	24	365	16.5	15
南京	10	2.1	2	112	13.6	2
南宁	47	3.9	30	397	17.1	20
上海	8	2.9	4	292	9.0	4
沈阳	20	2.8	15	260	24.8	10
石家庄	15	2.8	9	397	12.2	14
太原	16	2.9	12	300	26.4	18
天津	14	2.7	6	300	11.3	5
乌鲁木齐	24	3.4	26	392	20.5	22
武汉	13	3.3	12	277	33.1	17
西安	21	4.0	28	235	21.7	5
西宁	20	3.8	22	458	24.8	28
银川	25	3.6	27	270	28.7	13
郑州	16	3.3	17	285	31.5	16

世界银行按照这些城市所在的区域，将其划分为六类：东南（福州、广州、杭州、南京、上海）、环渤海湾（北京、天津、石家庄、济南）、东北（长春、哈

尔滨、沈阳)、中部(合肥、长沙、南昌、武汉、郑州)、西南(成都、重庆、贵阳、海口、昆明、南宁)、西北(呼和浩特、兰州、太原、乌鲁木齐、西安、西宁、银川),并且通过图8-3反映了我国各个区域的营商环境便利指数及其所实施过的改革数量。[1]

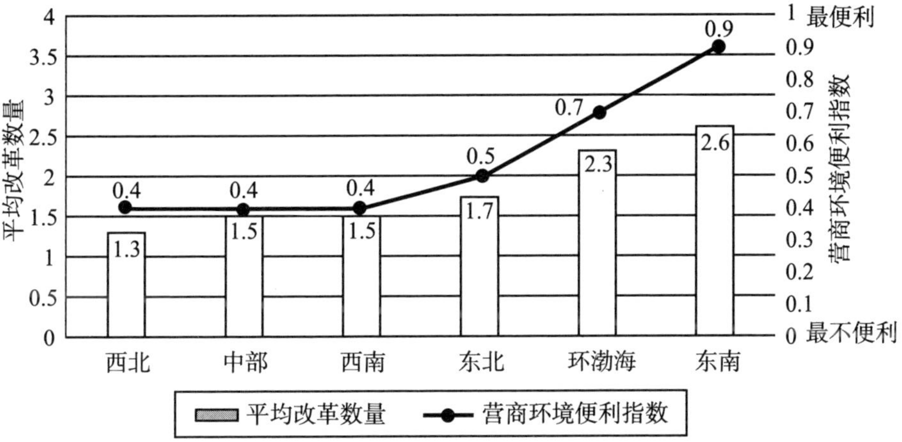

图8-3

《2008年中国营商环境报告》指出,尽管各城市的表现存在较大差异,但在改善营商环境方面,全国各地都有创新,通过借鉴国内其他多个城市正在进行的改革实践,中国所有城市的营商环境都能在多个方面得到改善。如果把所有最佳做法应用到一个城市,那么以这个城市为代表的中国营商环境整体排名将从当年的87位升至63位。

(三)中国2018~2019年营商环境各项指标分值

《2008年中国营商环境报告》对于中国的评估虽然详细,但毕竟是10多年前的评估了。这10多年,中国的营商环境和世界银行的评估指标都发生了不少变化。2017~2018年,是中国取得进步最大的一年,具有转折性的历史意义,值得记录。在这一时期,中国政府开始积极对接世界银行营商环

---

[1] See The World Bank Group, *Doing Business in China* 2008, p.5.

境指数。下面将通过两个表格,详细展示中国在2018~2019年各个指标的得分和排名状况。表8-14反映的是纳入总分计算的10个指标的分值。

表8-14 2018~2019年中国营商环境各指标的得分和排名

一级指标	二级指标	上海		北京		中国排名	
		2018年	2019年	2018年	2019年	2018年	2019年
开办企业	开办企业手续:男性(数量)	7	4	7	4	93	28
	开办企业时间:男性(天数)	22	9	24	8		
	开办企业成本:男性(人均收入百分比)	0.6	0.7	0.7	0.0		
	开办企业手续:女性(数量)	7	4	7	4		
	开办企业时间:女性(天数)	22	9	24	8		
	开办企业成本:女性(人均收入百分比)	0.6	0.7	0.7	0.0		
	最低实缴资本(人均收入百分比)	0.0	0.0	0.0	0.0		
办理施工许可证	程序(个)	23	19	23	22	172	121
	时间(天)	279	169.5	208	137.5		
	成本(人均收入百分比)	7.6	2.4	7.9	3.7		
	建筑质量控制指标	10.0	12.0	9.0	10.0		
获得电力	程序(个)	5	3	6	3	98	14
	时间(天)	145	34	141	34		
	成本(人均收入百分比)	355.8	0	356.2	0		
	供电可靠性和电费透明度	6	6	6	6		
登记财产	程序(个)	4	4	4	3	41	27
	时间(天)	28	9	9	9		
	成本(财产价值百分比)	3.6	4.6	3.1	4.6		
	土地管理质量指数	19.0	23.5	17.5	24.0		

续表

一级指标	二级指标	上海		北京		中国排名	
		2018年	2019年	2018年	2019年	2018年	2019年
获得信贷	合法权利力度指数	4	4	4	4	68	73
	信贷信息深度指数	8	8	8	8		
	信贷登记机构覆盖率（成年人百分比）	95.3	98.1	95.3	98.1		
	信用局覆盖率(成年人百分比)	21.4	0	21.4	0		
保护少数投资者	披露程度指数	10	10	10	10	119	64
	董事责任程度指数	1	1	1	1		
	股东诉讼便利度指数	4	5	4	5		
	股东权利指数	6	7	6	7		
	所有权和管理控制指数	3	4	3	4		
	公司透明度指数	9	9	9	9		
纳税	纳税(次)	9	7	9	7	130	114
	时间(小时)	207	142	207	142		
	总税率和社会缴纳费率（占利润百分比）	67.1	67.7	67.6	61.4		
	报税后流程指标	49.08	50.00	49.08	50.00		
跨境贸易	出口时间:边界合规(小时计)	23	23	29	29	97	65
	出口所耗费用:边界合规(美元计)	533	305	425	325		
	出口时间:单证合规（小时计）	14	8	30	10		
	出口所耗费用:单证合规(美元计)	90	70	78	78		
	进口时间:边界合规(小时计)	72	48	117	48		
	进口所耗费用:边界合规(美元计)	790	335	690	315		
	进口时间:单证合规(小时计)	54	24	80	24		
	进口所耗费用:单证合规(美元计)	150	120	196	125		

续表

一级指标	二级指标	上海		北京		中国排名	
		2018年	2019年	2018年	2019年	2018年	2019年
执行合同	时间（天数）	485	485	510	510	5	6
	成本(标的额的百分比)	15.1	—	17.5	—		
	成本(占索赔额百分比)	15.1	15.1	17.5	17.5		
	司法程序质量指数	15.5	15.0	14.5	16.0		
办理破产	回收率(百分比)	36.9	36.9	36.9	36.9	56	61
	时间(年)	1.7	1.7	1.7	1.7		
	成本(资产价值的百分比)	22.0	22.0	22.0	22.0		
	结果(零散销售或持续经营)	0	0	0	0		
	破产框架力度	11.5	11.5	11.5	11.5		

表8－15是“劳动力市场监管”指标2019年的调查情况，不纳入总分计算。

表8－15　2019年劳动力市场监管指标的调查情况

一级指标	二级指标	三级指标	上海	北京
劳动力市场监管	雇佣	是否禁止为永久性工作签订固定期限合同？	否	否
		一份固定期限合同规定的最长期限(月份数量)	没有限制	没有限制
		所有固定期限合同规定的最长期限(月份数量)	没有限制	没有限制
		全职员工的最低工资(美元/每月)	353.3	291.9
		最低工资与员工人均增加值的比率	0.3	0.3
		试用期最长(月)	6.0	6.0
	工作时间	标准的工作时日	8.0	8.0
		每周最多工作多少天	6.0	6.0
		夜间工作的加班费(每小时工资的百分比)	34.0	0.0
		每周休息日的加班费(每小时工资的百分比)	100.0	100.0
		超时工作的加班费(每小时工资的百分比)	50.0	50.0

续表

一级指标	二级指标	三级指标	上海	北京
劳动力市场监管	工作时间	夜间工作是否有限制	否	否
		每周休息日工作是否有限制	否	否
		超时工作是否有限制	否	否
		聘期1年的员工的平均带薪年假时间(工作日数)	5.0	5.0
		聘期5年的员工的平均带薪年假时间(工作日数)	5.0	5.0
		聘期10年的员工的平均带薪年假时间(工作日数)	10.0	10.0
		带薪年假时间(工作日数)	6.7	6.7
	裁员规则	法律是否允许裁掉多余人员?	是	是
		如果一位工作者被解雇,是否通知第三方?	是	是
		如果一位工作者被解雇,是否需要第三方批准?	否	否
		如果九位工作者被解雇,是否通知第三方?	是	是
		如果九位工作者被解雇,是否需要第三方批准?	否	否
		是否有再培训或再分配?	是	是
		对裁员是否有优先权规则?	是	是
		对再就业是否有优先权规则?	是	是
	裁员成本	裁员的告知期间(对于一位聘期1年的员工,在工作期间)	4.3	4.3
		裁员的告知期间(对于一位聘期5年的员工,在工作期间)	4.3	4.3
		裁员的告知期间(对于一位聘期10年的员工,在工作期间)	4.3	4.3
		裁员的告知期间(工作期间)	4.3	4.3
		裁员的遣散费(对于一位聘期1年的员工,在工作期间)	4.3	4.3
		裁员的遣散费(对于一位聘期5年的员工,在工作期间)	21.7	21.7
		裁员的遣散费(对于一位聘期10年的员工,在工作期间)	43.3	43.3
		裁员的遣散费(工作期间)	23.1	23.1

从上述得分来看,从2018~2019年,在10个指标中,中国有7个指标取得了明显进步:“开办企业”从第93名上升至第28名,前进了65个名次;“办理施工许可证”从第172名上升到第121名,前进了51个名次;“获得电力”从第98名上升至第14名,前进了84个名次;“登记财产”从第41名上升至第27名,前进了14个名次;“保护少数投资者”从第119名上升至第64名,前进了55个名次;“纳税”从第130名上升至第114名,前进了16个名次;“跨境贸易”从第97名上升至第65名,前进了32个名次。进步之大,举世瞩目!

不过,中国在这次评估中也有3个指标排名下滑,“获得信贷”从第68名下滑到第73名;“执行合同”从第5名下滑到第6名;“办理破产”从第56名下滑到第61名。通过数据对比可以发现,下滑的原因不是中国的相关制度恶化,而是和2018年保持一致;但是,当前世界竞争非常激烈,“不进则退”,中国的相关金融体制改革和司法改革还需要提速。中国的七大指标,虽然进步明显,但是有些指标的当时排名仍然很落后,如“办理施工许可证”排在第121名、“纳税”排在第114名。一年之后,世界银行的《2020年营商环境报告》显示:“办理施工许可证”突飞猛进,前进到第33名,“纳税”前进到第105名,“获得信贷”下滑到第80名。中国的财税和金融改革任重而道远。

除了世界银行的评估以外,其他一些国外公司也开展营商环境评估,如美国的科尔尼管理咨询公司(A. T. Kearney)2019年年初发布世界首个针对城市的《全球城市营商环境指数》(Global Cities Business Environment Index),涉及全球45个国家的100座城市,包括中国的20个城市。中国本土也涌现了一些营商环境评估,如粤港澳大湾区研究院发布《2017年中国城市营商环境报告》,中央广播电视总台编撰了《中国城市营商环境报告2018》,万博经济研究院联合中国财富网发布了《中国营商环境指数报告》,普华永道中国、财新智库、数联铭品与新经济发展研究院联合发布的《中国城市营商环境质量报告》,上海华夏社会发展研究院发布的《中国营商环境指数报告》,等等。

上述这些营商环境指数都受到世界银行营商环境指数的影响。本书在此介绍具有中国特色的、类似于营商环境指数的、在经济学界影响很大的两个指数:中国分省市场化指数和中国分省企业经营环境指数。这两个指数都是中国著名"智库"——中国经济体制改革研究会领导的国民经济研究所研发的,由经济学家王小鲁、樊纲、马光荣、胡李鹏编制。这些指数直面中国的特色问题,调查数据更为宽广,清晰地展示了中国各省、直辖市、自治区的相对差距,有着重大的参考意义。

中国市场化指数课题从 2000 年开始进行,至今已持续 19 年,公开出版了 7 个报告。市场化指数由 5 个方面的指数组成:政府与市场的关系、非国有经济的发展、产品市场的发育程度、要素市场的发育程度、市场中介组织的发育和法治环境。这些指数的计算,全部基于权威机构的统计数据或企业调查数据,指数分值范围是 0 ~ 10 分,10 分是某一方面市场化程度最高的省份的分数,最低的则是 0 分。[1] 表 8 – 16 反映了 2008 年以来中国各省的市场化程度。

表 8 – 16　2008 年以来中国各省的市场化程度

地区	市场化排名指数(分)					市场化排名				
	2008 年	2010 年	2012 年	2014 年	2016 年	2008 年	2010 年	2012 年	2014 年	2016 年
浙江	7.78	8.18	9.28	9.73	9.97	3	3	2	2	1
上海	8.14	8.79	8.70	9.77	9.93	1	1	5	1	2
广东	7.52	7.73	8.33	9.30	9.86	4	5	6	5	3
天津	6.59	7.06	9.02	9.29	9.78	8	6	3	6	4

〔1〕 参见王小鲁、樊纲、胡李鹏:《中国分省份市场化指数报告》(2018),社会科学文献出版社 2019 年版,前言,第 1 ~ 4 页。

续表

地区	市场化排名指数(分)					市场化排名				
	2008年	2010年	2012年	2014年	2016年	2008年	2010年	2012年	2014年	2016年
江苏	7.84	8.59	9.94	9.64	9.26	2	2	1	3	5
福建	6.79	6.72	7.33	8.09	9.15	7	8	7	7	6
北京	7.24	7.94	8.75	9.37	9.14	5	4	4	4	7
重庆	6.04	6.22	6.94	7.80	8.15	10	10	9	8	8
山东	6.89	6.75	7.24	7.76	7.94	6	7	8	9	9
湖北	5.40	5.50	6.21	7.16	7.47	18	15	13	11	10
河南	5.89	6.08	6.34	6.85	7.10	12	12	11	13	11
安徽	5.92	6.12	6.25	7.40	7.09	11	11	12	10	12
四川	5.78	5.75	6.03	6.52	7.08	13	13	16	16	13
湖南	5.35	5.47	5.70	6.78	7.07	19	16	18	14	14
江西	5.45	5.61	5.68	6.74	7.04	17	14	19	15	15
辽宁	6.32	6.24	6.53	6.88	6.75	9	9	10	12	16
吉林	5.72	5.42	6.06	6.27	6.70	14	17	15	19	17
陕西	4.33	3.92	5.11	6.29	6.57	25	25	23	18	18
广西	5.68	5.13	6.19	6.48	6.43	15	18	14	17	19
河北	5.50	4.98	5.44	6.03	6.42	16	19	21	21	20
黑龙江	4.84	4.78	5.94	6.16	6.14	20	21	17	20	21
山西	4.29	4.51	4.79	5.15	5.66	26	23	24	23	22
海南	4.43	4.68	5.46	5.87	5.28	24	22	20	22	23
宁夏	4.14	3.83	4.28	5.15	5.14	27	26	27	24	24
贵州	4.44	3.53	4.33	4.81	4.85	23	27	26	27	25
内蒙古	4.66	4.46	5.19	4.96	4.80	21	24	22	25	26
云南	4.49	4.94	4.39	4.81	4.55	22	20	25	26	27
甘肃	3.72	3.28	3.26	3.86	4.54	28	28	28	28	28
新疆	3.51	2.81	2.87	3.45	4.10	29	29	29	29	29
青海	2.95	2.37	2.55	2.53	3.37	30	30	30	30	30
西藏	1.27	0.39	0.02	0.71	1.02	31	31	31	31	31
平 均	5.45	5.41	5.94	6.50	6.72					

图 8－4 更为直观地反映了各省的排名状况，图中的数据是最新的。

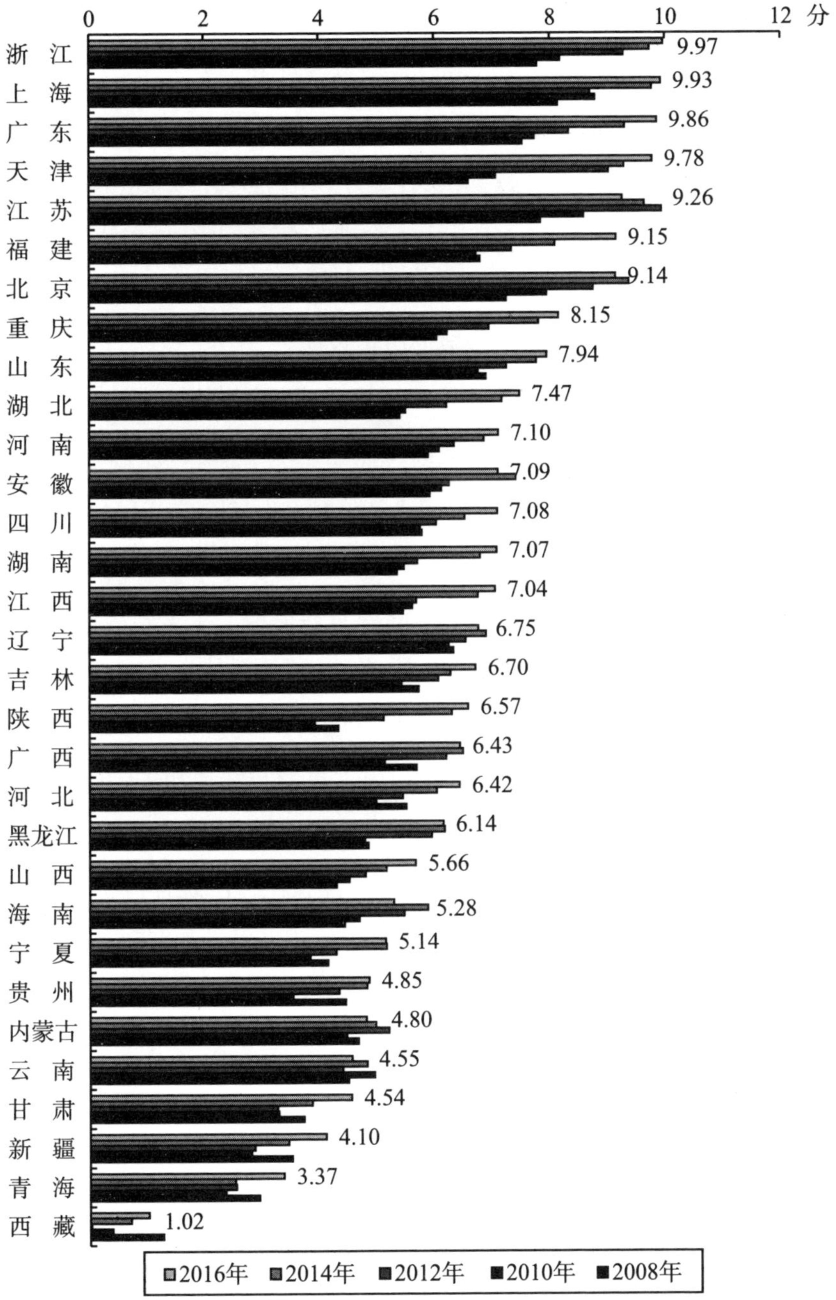

图 8－4

企业经营环境指数的编制,始于 2006 年,至今已出版了 3 个报告。该指数由 8 个方面的指数构成:政策公开、公平、公正;行政干预与政府廉洁效率;企业经营的法治环境;企业的税费负担;金融服务和融资成本;人力资源供应;基础设施条件;市场环境与中介服务。由于很多影响企业经营环境的因素无法量化,缺乏相关的统计数据,或者统计数据不具有跨地区、跨行业,该指数的基础数据完全来自对全国几千家企业的调查问卷,同时也参考了一些统计数据。指数的分值是 1 ~5 分,分别对应很差、较差、一般、较好、很好 5 个层级。[1] 图 8 -5 反映了该指数的历年数据。

营商环境、市场化指数、企业经营环境的指标,都包括法治指标在内。有些营商环境或经营环境指标本身就是法律指标。世界银行的 11 个营商环境指标,有 4 个指标属于典型的法律指标:保护中小投资者、执行合同、办理破产、劳动力市场监管。其余 7 个指标都或多或少地受到法律制度的影响,4 个指标——开办企业、登记财产、纳税、跨境贸易能够完全受到法律的规制,余下的 3 个指标——办理施工许可证、获得电力、获得信贷在接受法律调整的同时,也受到技术或经济因素的影响,不过法律制度的影响居于主要地位。简言之,世界银行的营商环境指标,绝大多数与法律相关,几乎可以等同于"法治环境指标"。

营商环境指标本身与法治指标有着很大的相关性,统计分析可以验证这一观点。笔者选取了世界正义工程法治指数和世界银行营商环境指数在同一时间、针对同一对象的指数得分进行计算。这个时间是 2017 年的评估,2018 年发布。两类指数评估的国家数量各不相同,但是有 109 个国家为两类指数共同评估。本书的研究就选择了这 109 个国家在 2017 年度的法治指数排名和营商环境指数排名,通过相关系数(Correlation coefficient)的计算发

---

[1] 参见王小鲁、樊纲、马光荣:《中国分省企业经营环境指数 2017 年报告》,社会科学文献出版社 2017 年版,第 1 ~6 页。

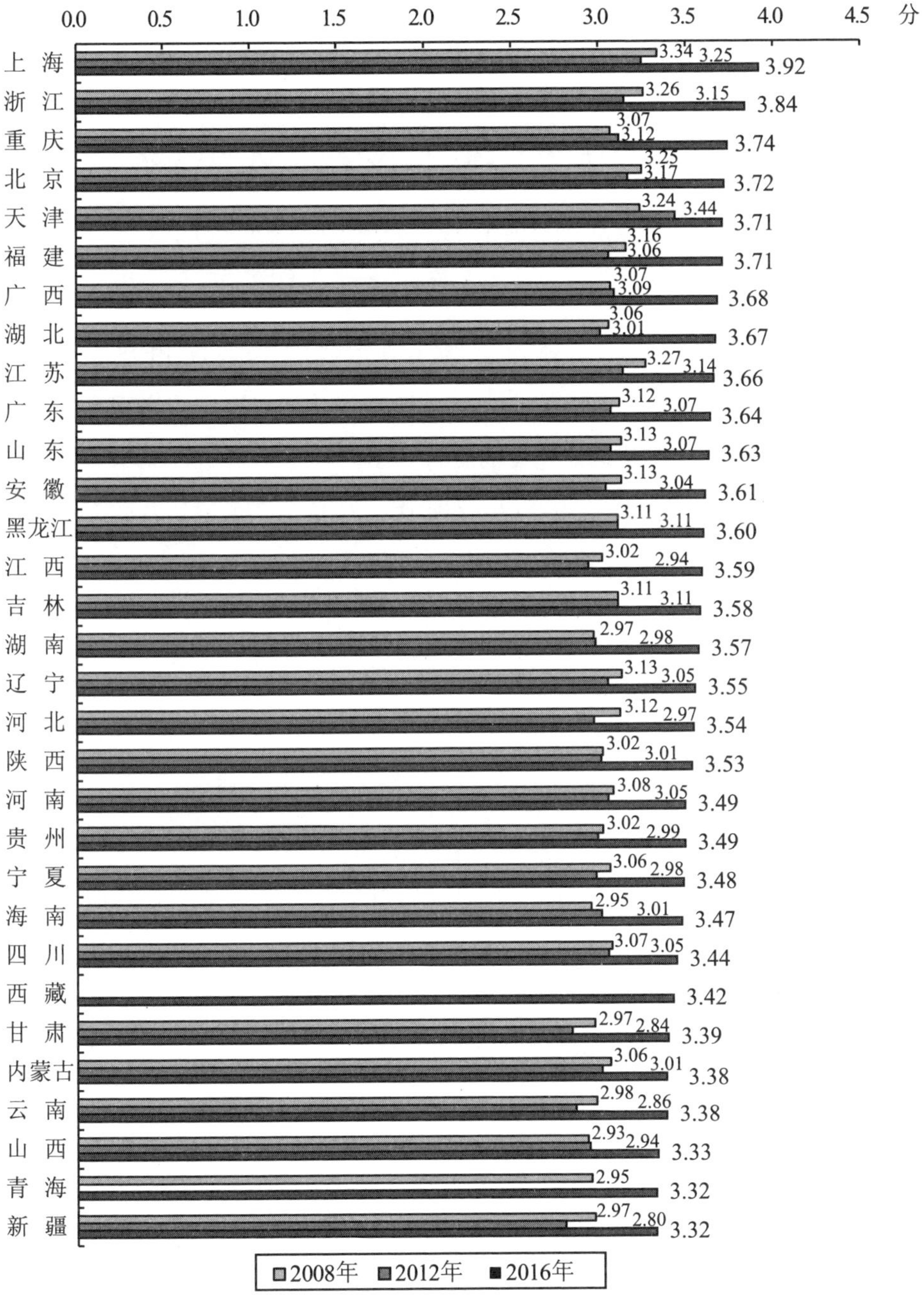

0.0
0.5
1.0
1.5
2.0
2.5
3.0
3.5
4.0
4.5
分
上海 3.34 3.25 3.92
浙江 3.26 3.15 3.84
重庆 3.07 3.12 3.74
北京 3.25 3.17 3.72
天津 3.24 3.44 3.71
福建 3.16 3.06 3.71
广西 3.07 3.09 3.68
湖北 3.06 3.01 3.67
江苏 3.27 3.14 3.66
广东 3.12 3.07 3.64
山东 3.13 3.07 3.63
安徽 3.13 3.04 3.61
黑龙江 3.11 3.11 3.60
江西 3.02 2.94 3.59
吉林 3.11 3.11 3.58
湖南 2.97 2.98 3.57
辽宁 3.13 3.05 3.55
河北 3.12 2.97 3.54
陕西 3.02 3.01 3.53
河南 3.08 3.05 3.49
贵州 3.02 2.99 3.49
宁夏 3.06 2.98 3.48
海南 2.95 3.01 3.47
四川 3.07 3.05 3.44
西藏 3.42
甘肃 2.97 2.84 3.39
内蒙古 3.06 3.01 3.38
云南 2.98 2.86 3.38
山西 2.93 2.94 3.33
青海 2.95 3.32
新疆 2.97 2.80 3.32
2008年
2012年
2016年

图 8 – 5

现其相关性。图 8 –6 反映了这 109 个国家的法治指数排名与营商环境指数排名曲线。

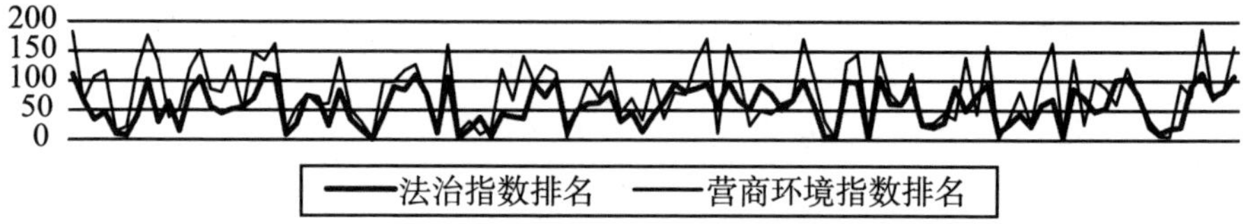

图 8 –6

计算结果表明:法治指数与营商环境指数的 Pearson 相关系数为 0.7246,两者有着很高的正相关性。[1] 营商环境建设可以在很大程度上促进法治建设,但也离不开法治建设的支持。2019 年 2 月习近平总书记在中央全面依法治国委员会第二次会议上郑重强调,“法治是最好的营商环境”,清楚地表明了两者之间的关系。

三、营商环境建设的兴起

营商环境建设在中国的兴起,主要有三大原因:一是经济转型的需要;二是经济困境的倒逼;三是国际竞争的刺激。下面分别详述这三大原因。

(一)经济转型的需要

中国经济正在全面步入新常态的阶段,开始从经济高速增长转向经济高质量发展。这也是任何一个发达经济体必经的阶段。在经济高速增长阶段,我国的成本优势比较明显,劳动力、土地、环境等生产要素的低成本吸引了大量的投资,一些东部地区还享有各种政策优势,如今我国的“人口红利”“政策红利”逐渐弱化,环境问题日益严峻,成本优势不再,急需向经济高质量发展转型,依赖“人才红利”“创新红利”来驱动经济社会发展,成本优势需

〔1〕 Pearson 相关系数的范围是 –1 到 1。负数表示两者负相关,0 表示两者完全不相关,正数表示两者正相关。0.7 以上表示两者高度正相关。

要转型为制度优势,才能吸引人才、吸引资金、吸引项目。[1] 营商环境建设,因此成为中国经济高质量发展的必然选择。

广东省是中国最早开展经济转型的省份,也是最早实施营商环境建设的省份。2008 年以来,广东省就开始了"腾笼换鸟"战略,推动产业结构调整和产业升级。2012 年 10 月广东省委、省政府发布了《广东省建设法治化国际化营商环境五年行动计划》,要求"全省各地力争通过 5 年努力,基本建立法治化国际化营商环境制度框架,形成透明高效、竞争有序、公平正义、和谐稳定、互利互赢的营商环境"。广东的改革特点,是以顶层设计的方式"全面开花",5 年期间在诸多领域取得重大突破,如率先试行注册资本认缴制、"年检"改"年报"工作、纠纷解决制度改革、法律服务制度改革、法院执行工作改革等,这些都走在了全国前列,而且改革经验还得到了法律化,如《广东省商事登记条例》《广东省市场监管条例》等创新性法规。有些改革经验已经上升为国家的顶层设计,2018 年我国《公司法》的修订就吸纳了广东的不少做法。

（二）经济困境的倒逼

最近几年,我国的经济下行压力加大,一些地方甚至面临较为严重的经济困境,东北成为地方经济衰退的典型代表。在经济困境面前,地方不得不改革创新、突破重围。以辽宁省为例,2015 年辽宁省全省经济明显下滑、GDP 增速全国排名倒数、财政收支矛盾突出,2016 年颓势不减,再加上腐败大案频发,媒体上唱衰东北的声音起伏不断,"投资不过山海关"广为流传。种种恶劣局面,使辽宁省"背水一战"。2016 年 12 月辽宁省人大常委会通过了《辽宁省优化营商环境条例》,这是全国范围内第一部关于营商环境的地方性法规,也是中国第一部关于营商环境的综合性法律文件。该条例的出台,使辽宁营商环境建设有了坚强的法律保障。2017 年年初,辽宁省政府经

---

〔1〕 参见国务院研究室编写组:《十三届全国人大二次会议〈政府工作报告〉辅导读本 2019》,人民出版社、中国言实出版社 2019 年版,第 212 页。

中编办批准,在原中小企业局的基础上成立了营商环境建设监督局,这也是全国第一个营商环境建设专职机构。辽宁省还把 2017 年确定为“优化营商环境建设年”。如今,辽宁的营商环境不断改善,直接带来了市场主体和民间投资的增加。除此之外,另一东北大省黑龙江也于 2018 年 10 月组建营商环境建设监督局,2019 年 1 月通过了《黑龙江省优化营商环境条例》。其他一些经济发展缓慢的省市,例如甘肃省、天津市,均把营商环境建设作为改革重心。

除了经济发展困境明显的省市以外,中国经济第三大省山东省也以强烈的危机感,主动开展了系统性的营商环境建设。山东省其实是国内最早提出建设营商环境的省份之一,2013 年年初,时任省长郭树清就提出“创造国内领先的营商环境”。此后,山东省派出多个调研组深入香港特别行政区、广东省等地调研。2013 年 6 月 14 日山东省工商局向社会公示了《关于进一步发挥职能优化市场环境的意见》,提出了 30 条意见,包括松绑多项注册登记限制、简化年检程序、放宽个体业户“免登记”范围等。不过,山东省的这一改革似乎成效不彰,营商环境建设缓慢。“山东会不会成为下一个东北”的话题广为流传。2018 年年初,山东省委书记刘家义在山东省全面展开新旧动能转换重大工程动员大会上发表了著名的讲话,流露出强烈的危机意识,如“如果我们的发展方式涛声依旧,产业结构还是那张旧船票,就永远登不上高质量发展的巨轮”“标兵渐行渐远,追兵越来越近,发展形势逼人,竞争态势逼人”等。2018 年 9 月山东省政府办公厅印发《山东省营商环境评价实施方案》,仿照世界银行的指标和方法,开展了“以评促建”的运动。2019 年山东省人大常委会和省政府的立法工作计划,明确要求制定出台《山东省优化营商环境条例》。

(三)国际竞争的刺激

我国有着很强的忧患意识,对于国际竞争的刺激非常敏感。改革开放之所以出现,一个重要原因就是国家因封闭落后而被“开除球籍”的忧患感。

当前国际经济贸易格局发生了深刻变化,国际竞争日益激烈,这一竞争很大程度上就是营商环境的竞争。[1] 哪个国家的营商环境好,人才、资金、项目就流向哪里,外资、内资都一样。世界上不仅仅是中国重视营商环境建设,其他很多国家早已开展了营商环境建设。法国作为西方典型的发达国家,早在世界银行营商环境评估开始之后不久,就主动对接世界银行的评估指标,为此不惜改变自己悠久的法系传统,10 多年来法律制度都发生了很大的变化。[2] 一些新兴国家也在迅速猛追,2012 年俄罗斯的营商环境全球排名第 120 位,之后开始大力改革,2019 年已经上升到第 31 名;印度在 2017 年度全球排名第 130 位,2018 年提升到第 100 位,2019 年排名第 77 位,两年的时间进步了 53 名。国际激烈的制度竞争,也是刺激我国政府大力开展营商环境建设的一大动力。

(四)中国营商环境建设与评估的全面开展

中国营商环境建设最早始于地方,2017 年之后被中央政府全面接纳、统筹推进。中央政府开展营商环境建设的动力,是经济转型、经济困境和国际竞争共同作用的结果。最早出现的是经济困境。2013 年新一届中央政府刚刚成立,我国经济发展就面临重大挑战:全球经济整体低迷、国内经济下行压力增大、财政收入增速下滑迅速。在这种形势下,党中央、国务院开启了"简政放权、放管结合、优化服务"(简称"放管服")的重大改革。这场改革本质上是一种迈向法治的政府改革:"简政放权"使政府的权力受到更大的约束、市场主体享受到了更多的自由权利;"放管结合"促使政府履行不可或缺的监管职责、公平合理地行使权力;"优化服务"促使政府更好地保障市场主体和社会公众的基本权利。

---

〔1〕 参见国务院研究室编写组:《十三届全国人大二次会议〈政府工作报告〉辅导读本 2019》,人民出版社、中国言实出版社 2019 年版,第 213 页。

〔2〕 详细研究,参见 Daniel Oto-Peralías and Diego Romero-Ávila, *Legal Traditions*, *Legal Reforms and Economic Performance*: *Theory and Evidence*, Springer, 2017。

营商环境建设,最初是“放管服”改革中的一个“不起眼”的内容。2013年11月党的十八届三中全会通过的《中共中央关于全面深化改革若干重大问题的决定》提出:“建设法治化营商环境。”2015年10月党的十八届五中全会公报提出“完善法治化、国际化、便利化的营商环境”。不过,2013~2017年,中央政府尚未出台具体的营商环境建设措施。直到2017年7月17日,习近平总书记在中央财经领导小组第十六次会议上指出:“北京、上海、广州、深圳等特大城市要率先加大营商环境改革力度。”随后,代表着中国营商环境国际形象的北京、上海先后出台了系统的实施方案,对标世界银行,对各项指标出台专项政策和配套文件,实施系统的综合性改革。2017年9月北京市出台《关于率先行动改革优化营商环境实施方案》,2017年年底,上海市委市政府出台了《上海市着力优化营商环境加快构建开放型经济新体制行动方案》。营商环境建设开始在全国轰轰烈烈地开展了。

2018年以来,营商环境建设成为中国政府最关注的主题之一。2018年国务院首次常务会议的议题,就是部署进一步优化营商环境。该会议直接针对世界银行的10个营商环境指标而展开——这种商讨对接国际治理指标的最高层会议,在中国历史上可能还是第一次。该会议提出:对企业开办、纳税、施工许可、水电气报装、不动产登记等事项大幅精简审批、压缩办理时间,降低通关环节费用,大力推动降电价,对提升办理建筑许可和跨境贸易便利度开展专项行动。这些措施涉及世界银行的6个指标,涵盖了“获得信贷”以外的、国务院职权范围内的所有事项;其余3个指标,保护少数投资者、执行合同、办理破产主要属于司法机构的事项。该会议还提出:借鉴国际经验,抓紧建立营商环境评价机制,逐步在全国推行。至此,营商环境评价,开始在全国范围内试验、推行。全国各地纷纷掀起了营商环境建设和评价的高潮。

国家发展与改革委员会法规司具体承担了研究建立中国营商环境评价机制的任务。此次会议之后,国家发展和改革委员会会同国家统计局、中国科学院、中国社会科学院、国家信息中心、城市和小城镇改革发展中心等机构,初步构建了中国营商环境评价体系,并在北京、上海、深圳、厦门等 12 个城市开展了首批试评价,营商环境评价指标得到了调整和修订。为进一步核验调整修订后的评价指标,国家发展和改革委员会又在天津、重庆、广州、南京、三亚等 10 个城市进行第二批试评价,并根据反馈进行修改,以尽快形成可在全国推行的营商环境评价体系、建立常态化评价机制。2019 年《中国营商环境评价实施方案(试行)》印发实施,将在 40 个城市开展营商环境评价。[1] 可以预料,这一全国性的营商环境评价体系,必定会对各个地方政府产生重要的引导和激励作用。

在全国性的营商环境评价正式开展之前,一些地方政府和社会机构已经开展了营商环境评估。评估的方式,主要由政府自主开展,如 2018 年 9 月山东省政府办公厅印发《山东省营商环境评价实施方案》,2018 年 11 月安徽省发展与改革委员会、安徽省统计局、安徽省人民政府服务中心出台《安徽省营商环境评价指标体系(2018 年试行版)》,2019 年江西省也参照世界银行营商环境评价体系制定出台营商环境评价指标体系,福建省宁德市研究制定“营商环境指数”。有些政府则委托第三方评估,如 2018 年年初河南自贸区开封片区委托毕马威国际咨询公司评估其营商环境,2018 年年底贵州省投资促进局委托厦门大学和贵州财经大学对省级层面和 9 个市(州)、88 个县(市、区、特区)开展营商环境评估工作,海南省政府也计划每年委托第三方对海南营商环境进行评估。社会机构开展的营商环境评估也已有一些,本章第二部分已介绍,不再赘述。

---

[1] 参见《国家发展改革委有关负责人出席国务院政策例行吹风会　介绍优化营商环境工作情况》,载国家发改委法规司网:http://fgs.ndrc.gov.cn/gzdtn/201904/t20190410_933010.html,2019 年 4 月 20 日最后访问。

四、营商环境建设与评估的启示

(一)营商环境建设对于中国法治建设的启示

营商环境建设的兴起,与中国法治建设有着相似的历程。中国法治化建设有三个推动力量:中央、地方和社会。在改革开放初期,底层社会的推动力量最大,如中国的农村改革、乡镇企业和私营经济的兴起;后来随着国门的开放和地方竞争的勃兴,很多地方不断发起创新试验,如深圳经济特区,为中国贡献了很多法治经验;最近这几年,中央的"顶层设计"成了推动法治中国建设的主力。中国的营商环境建设,也有着类似的兴起机制:地方先行试验、社会呼吁"倒逼"、中央统筹推进。我国的很多营商环境改革措施,都是地方创造的,如广东的商事制度改革、上海的负面清单管理制度、浙江的"最多跑一次"改革、江苏的"不见面"审批改革、安徽的"涉企收费进清单、清单之外无收费"改革、天津的"双随机一公开"抽查等。这些创新受到中央的鼓励和认可,进而扩散到全国。社会舆论的讨论,2018 年年初发生的一些企业家网上投诉政府的事件,[1]都产生了一些倒逼作用。中央政府则承担统筹各方经验、统一推进的任务。

营商环境建设之所以能在近年来迅速兴起,"热度"超过法治建设,甚至法治都服务于营商环境(法治是最好的营商环境),是因为营商环境建设能够带来"真金白银"的实惠:吸引投资、发展企业、增加税收和就业,等等。脱离了实质价值的"法治",也就是形式法治,能够给国家和社会带来的功效是很有限的,用德国社会学家卢曼(Niklas Luhmann)的理论,法律系统的功能是对于规范性期待的稳定,[2]也就是实现期待的规范化、发挥稳定的功能。

---

〔1〕 这类事件包括中诚信董事长毛某某投诉黑龙江省亚布力滑雪旅游度假区管委会事件,山东省德州市皇明集团董事长黄某实名举报德州市委书记事件,等等。

〔2〕 参见[德]鲁曼:《社会中的法》,李君韬译,台北,五南图书出版股份有限公司 2009 年版,第 152~184 页。

我国已经是一个高度稳定的国家,“秩序与安全”指标在国际上也是名列前茅,如果将法治的功能限定于形式法治的建设,那么法治的潜能将会受到很大限制。法治建设最终可能就缩减为“平安建设”了。

法治建设应该与其他领域的建设结合起来,如政治建设、经济建设、社会建设、文化建议、生态环境建设,等等。营商环境就是法治与经济建设结合而成的产物。上述这些领域都是实践中的制度,都有自己独特的内容,能够赋予法治丰富的实证价值,如政治领域的民主制度、社会领域的福利制度、生态环境领域的绿色发展制度,等等。法治的介入,可以为这些领域的建设提供稳定、持续、规范化的保障,同时吸纳这些领域的实质价值,转化为法治的实质价值,丰富法治的内涵,实现“双赢”。对于中国而言,推动更为实在的政治、经济、社会、生态环境等制度建设,比推动相对抽象的法治建设更容易着手,建设成效也更加直接。北欧四国都是世界上法治最发达的国家,那里的法治理论大多主张实质法治的观念,法治可以被解释为包括某种物质内容。[1] 这是值得我们注意的。

营商环境建设的负责机构,也值得法治建设借鉴。目前,我国各地营商环境建设主要由政府负责,有些地方由党委负责,政府可以设立专门的营商环境建设机构或办公室,司法机构、相关国企、银行等都参与其中,从而构成了一个参与主体相当广泛的“共治”格局。以世界银行营商环境指标为例,在我国对应的主要牵头机构如表 8 – 17 所示。

表 8 – 17　世界银行营商环境指标与中国牵头对接机构

世界银行指标	中国主要牵头机构
开办企业	市场监督管理部门
办理施工许可证	住房和城乡建设部门

〔1〕 See Juha Raitio, “Does the concept of rule of law have any material content? – A Nordic Point of View”, *Maastricht Journal of European & Comparative Law* 24, 2018, p. 6.

续表

世界银行指标	中国主要牵头机构
获得电力	国家能源局[1]
登记财产	自然资源部门
获得信贷	金融监管部门、银行
保护少数投资者	证券监管部门、法院
纳税	财政、税务部门
跨境贸易	海关
执行合同	法院
办理破产	法院

注意,上述指标,在实践中仅仅依赖一个部门是不够的。以第一个指标“开办企业”为例。在我国,开办企业一般需要经过工商登记、公章刻制、税务领票、社会保险登记等几个环节。这就需要市场监管部门、公安部门、税务部门、人力资源社会保障部门的共同参与。“办理施工许可证”在我国涉及的部门更多,除了住房和城乡建设部门以外,还涉及发展改革、自然资源部门、规划、消防、人防、环保、文物、水利、气象、地震、地铁等众多部门和企事业单位。“执行合同”看似是法院一家的事,但是仅仅依赖法院执行完全不行,长期的法院“执行难”早就说明了这些。目前,在我国,“执行合同”涉及的部门更为广泛,公安、市场监管、交通、旅游、人力资源社会保障、税务、海关、应急管理、发展改革、财政等行政部门都会涉及,此外党的组织部门、纪检部门也会介入,铁路、银行、银保监、电力等企事业机构也会参与,甚至最新的国家机构——监察委员会也会涉及。

营商环境建设主体的多方性,为法治建设提供了较好的借鉴。在2018

[1] 具体工作由国家电网有限公司、南方电网有限责任公司、内蒙古电力(集团)有限责任公司等电网企业分工负责。南方电网公司的经营范围为广东、广西、云南、贵州和海南5个省(自治区),其余26个省、自治区和直辖市是国家电网公司的经营范围,内蒙古电力(集团)有限责任公司是全国唯一独立的省级管理电网企业,负责除赤峰、通辽、呼伦贝尔、兴安盟之外自治区其余8个盟市供电营业区的电网建设、经营、管理工作。

年3月中共中央《深化党和国家机构改革方案》设立全面依法治国委员会之前，各地法治建设议事协调机构大多设在政法委、司法行政部门或政府法制办，其他机构的参与程度不高，法治建设最后成了平安建设、法制宣传教育或政府法制工作。新的法治议事协调机构的成立，以及相关的党和国家机构改革，为法治建设主体的权威性、参与主体的多元性提供了强大的组织保障。未来的法治建设可以吸取营商环境建设的经验，扩大党政机构、司法机构、相关企业和人民群众的参与程度，让法治建设成为所有人的事业，而不仅仅是政法机构的事业。

（二）营商环境评估对于中国法治评估的启示

在中国所有的评估中，营商环境评估可以说是最为独特的，也是效果最大的。营商环境评估成功地把指数评估、绩效评估和定性评估有机结合在一起。中国在国际层面上对接世界银行的营商环境指数评估，在国内则采取绩效评估的方式，推动下级政府开展营商环境建设，并且主动开门迎接第三方的专门评估——这些评估既有指数评估也包括定性评估，从而发挥了详细的诊断功能。

国际指数评估，有助于建立国际共识、树立国际标准，有助于各个国家在世界体系中找到自己的位置，有助于各个国家之间进行对比和交流，发挥激励作用。国际指数的编制，往往基于比较成熟的学术研究成果，具有较大程度的普适性和影响力，值得我国认真对待。对接国际指数评估，可以直接汲取国际的先进经验，推进我国的改革步伐。世界银行营商环境指数，让我们看到了自己多年来忽视或想不到的问题，激励我们主动改变一些积弊，对于我国改善自己的投资贸易环境助益甚大，同时也有助于宣传中国的改革成就、扩散中国的改革经验，帮助中国吸引投资和项目。

当然，国际指数评估也有局限性，如体现西方的理论话语、评估结果不够准确，等等。这需要我国主动参与构建国际指数，加强与相关组织的沟通交流，帮助其提供精准的调查文本和材料。中国2018年之后营商环境指数大幅度上升的一个原因,就是中国政府主动与世界银行沟通交流,如国家发展和改革委员会法规司与世界银行营商环境评估机构加强交流座谈,并安排世行代表一行参观考察政务服务大厅——这是发改委首次向外宾展示政务服务大厅运行情况。[1] 2018 年 3 月,财政部与世界银行共同主办、上海市承办了"优化营商环境的国际经验及对中国的启示"高级别研讨会,同年 11 月,北京市政府、财政部联合世界银行,主办了优化营商环境高级别国际研讨会,这些都强化了各方之间的了解和交流,减少了不少"冤枉分"。[2]

国际指数的指标评估的事项都是很有限的,如果仅仅是为了应付指数评估而改革,那么该评估对于中国的意义就有限了,虽然短时期内能够拉高评估的分值。仅仅对照指标而改革,会丧失对于中国问题复杂性的关注,致使营商环境建设内容失之过窄。举个例子:"获得电力"是世界银行的评估指标,中国企业在这一方面障碍较多,供水、供气或供暖对于企业也非常必要,除了供电之外,供水、供气、供热、通信等直接关系公共利益的公用企业,也应该纳入改革的范畴。这些公用企业大都属于垄断性企业,现实中存在审批时间长、资费标准模糊、效率较低等问题。世界银行对于营商环境的评估,虽然能够反映出营商环境的关键机制和核心环节,但是反映不了营商环境的全貌。营商环境是以企业为中心的,围绕企业的设立、运行和发展而展开,顾及不到企业以外的其他环境。其他环境因素,诸如政治环境、经济环境、社会环境、自然环境、宗教环境甚至文化环境,都可能成为影响营商环境的特殊因素。每个国家、每个地方的环境都不一样,都存在自己的特殊问题。营商环境建设,既要对照国际标准,也要结合本地的具体问题,以"对症下药"。以中国为例,根据中国经济体制改革研究会国民经济研究所的研

---

[1] 参见国家发改委法规司:《法规司主要负责同志会见世界银行〈营商环境〉全球指标与分析局代表并一同参观委政务服务大厅》,载 http://www.ndrc.gov.cn/gzdt/201712/t20171208_870052.html,2019 年 4 月 25 日最后访问。

[2] 参见罗培新:《如何正确理解世行营商环境评估指标》,载界面新闻网:http://www.jiemian.com/article/2033924.html。2019 年 4 月 1 日最后访问。

究，影响企业经营的最主要因素见表8－18。[1]

表8－18 影响中国企业经营的最主要因素

因素	发生频次	发生率(%)
一、人力资源供应	240	18.0
1. 在当地找到需要的技术人员是否容易	106	7.9
2. 在当地找到需要的管理人员是否容易	78	5.8
3. 在当地找到需要的熟练人员是否容易	56	4.2
二、行政干预与政府廉洁效率	203	15.2
4. 行政审批、行业准入和其他政府干预是否过多	82	6.1
5. 各种登记注册审批手续是否简便易行	65	4.9
6. 当地党政官员是否廉洁守法	35	2.6
7. 企业经营者与政府及官员打交道时间比例	21	1.6
三、企业的税费负担	196	14.7
8. 企业的法定税负是否合理	130	9.7
9. 税务机关是否依法征税	25	1.9
10. 税外收费及集资摊派	41	3.1
四、金融服务和融资成本	190	14.2
11. 企业能否通过正常渠道得到银行贷款	96	7.2
12. 企业能否从其他正规或民间渠道得到融资	53	4.0
13. 银行贷款一般年利率	28	2.1
14. 其他渠道融资借款一般年利率	13	1.0
五、市场环境	178	13.3
15. 所在行业市场需求是否旺盛	80	6.0
16. 企业是否面临过度竞争的压力	98	7.3

[1] 参见王小鲁、樊纲、马光荣：《中国分省企业经营环境指数2017年报告》，社会科学文献出版社2017年版，第13～14页。

续表

因　　素	发生频次	发生率(%)
六、企业经营的法治环境	128	9.6
17. 公检法机关执法是否公正和有效率 18. 企业合同通常能否正常履行 19. 企业及经营者财产和人身安全有无保障 20. 企业知识产权、技术、品牌能否得到保护	50 37 16 25	3.7 2.8 1.2 1.9
七、政策公开、公平、公正	124	9.3
21. 政策和规章制度公开透明 22. 政策执行和行政执法公正 23. 对不同企业的公平国民待遇	38 33 53	2.8 2.5 4.0
八、中介服务条件	53	4.0
24. 当地律师、会计师、技术服务、物流服务等条件 25. 当地行业协会的发展对企业是否有帮助	16 37	1.2 2.8
九、基础设施条件	24	1.8
26. 电水气供应 27. 铁路公路运输 28. 其他基础设施	10 7 7	0.7 0.5 0.5
合计	1336	100.0

注:表中所列障碍因素中,有些因素是正向的,例如"政策公开、公平、公正",被列为障碍因素的含义是没有做到公开、公平、公正。

上述影响因素,有些包括在世界银行的评估指标中,如行政干预、企业税费负担、金融服务和融资成本等,有些则不在,如第一大影响因素"人力资源供应"。针对这一问题,我国就需要在世界银行营商环境指数之外,利用自己的绩效评估了。绩效评估是上级政府管理下级政府的重要方式,可以使下级的行为与相关指标联系起来,建立激励和约束机制,使下级的行为聚焦于评估指标,从而贯彻上级的政策意图。绩效评估的指标一般都很多,注重细节,充分体现上级评估者的意图。绩效评估恰好能够弥补指数评估的局限，对于指数以外的其他问题进行评价。当前，我国一些地方政府发起的营商环境评估，就充分意识到了这一点，如河南自贸区开封片区的营商环境评价指标体系，既参考了世界银行的指标体系，又结合自身的发展阶段和现实基础，从企业自身生命周期和企业发展外界影响因素两条主线，制定了开封片区营商环境特色评价指标体系，形成了政府效能、政务服务、企业负担、法治环境、要素支撑、开放程度、产业配套、宜居环境 8 个一级指标，政务公开、执法情况、跨境贸易等 31 个二级指标，以及 69 个三级指标和 101 个四级指标组成的系统性指标体系，充分发挥了中国绩效评估的专长。

定量评估与定性评估是可以并存的，样本量较少的评估，应该尽可能地发挥定性评估的优势，详细地进行"全面体检"。我国一些地方就充分做到了这一点。再以河南自贸区开封片区为例，片区管委会主动邀请毕马威咨询公司，采取座谈会与问卷两种形式，走访政府主管部门、企业，组织召开座谈会，对企业进行线上和线下问卷调研，形成 10 余万字评估调研资料及数据，出具专门的开封片区营商环境调研报告。该报告对于开封片区营商环境的改革提供了细致而精确的指导。

我国的法治评估也可以尝试这种有机结合的方式。联合国的法治指标项目由最权威的国际组织所制定，理论上是最佳的对接标准，但是该指标项目的影响力目前还不够。影响力越来越大的世界正义工程法治指数，如今已有越来越多的国家进行对接，可以作为我国法治指数的参照。世界正义工程法治指数与世界银行营商环境指数，有着很强的正相关性。借鉴该法治指数，对于提升我国的营商环境建设也有着很大的帮助，同时有助于认识自我、了解国际法治动态，为我国参与国际法治体系建设、提升本国的法治话语权提供必要的帮助。

由于中国特殊的国家体制和法治体系，我国在借鉴国际标准的同时，更应该制定中国特色的法治评估体系。目前我国虽然有各种地方性的法治评估指标体系，但是还缺乏一个权威性的全国性法治评估指标体系。全国营商环境评价体系的实践表明,制定一个类似的全国法治评估体系,还是有必要的,它可以充分贯彻中央的法治决策部署、为各地的法治建设提供更为明确的指引,同时还可以强化地方党政机构的法治建设责任,引导地方形成优化法治环境的良性竞争,充分发挥法治绩效评估的优点。此外,营商环境评估还具有大力鼓励第三方评估、定量评估与定性评估兼重的优点,这些都值得我国的法治评估学习。

除了独立的法治评估以外,营商环境评估展现了一种不算新鲜、但是效果显著的法治评估方式:法治建设与经济建设、政治建设、社会建设、生态环境建设等相融合,使法治在经济、政治、社会、生态环境等背景下接受评估,既促进了经济、政治、社会、生态环境等领域的建设,也促进了法治在这些领域的发展。这其实也是国际法治评估的经验:目前国际上只有两类独立的法治评估,其他法治评估都附属在相关治理领域,这不是没有理由的。附属性的法治评估,在我国也有着广阔的发展空间,这也需要中国的法学家们积极与社会科学界合作。总之,法治评估本身就是社会科学理论与方法影响法治的结果,法治评估也可以立足于更大的经济、政治、社会背景,更好、更全面地发挥治理功能。

参考文献

一、中文论文

1. 白建军:《大数据对法学研究的些许影响》,载《中外法学》2015 年第 1 期。

2. 才圣、杜宴林:《地方法治:中国传统"封建"政治思路的现代表达》,载《东北师大学报》(哲学社会科学版)2015 年第 5 期。

3. 陈林林:《法治指数中的认真与戏谑》,载《浙江社会科学》2013 年第 6 期。

4. 陈柳裕、王坤、汪江连:《论地方法治的可能性——以"法治浙江"战略为例》,载《浙江社会科学》2006 年第 2 期。

5. 陈柳裕、唐明良:《"地方法治"的正当性之辩——在特殊性与统一性之间》,载《公安学刊》2006 年第 2 期。

6. 程金华:《未来还未来:反思中国法律大数据的基础建设》,载《中国法律评论》2018 年第 2 期。

7. 城市法治环境评价体系与方法研究课题组:《构建城市法治环境评价指标体系的设想》,载《中国人民公安大学学报》2002 年第 5 期。

8. 仇立平:《上海法治建设指标体系的理论和构想》,载《社会》2003 年第 8 期。

9. 戴耀廷:《香港的法治指数》,载《环球法律评论》2007 年第 6 期。

10. 邓圩:《广东首次“体检”法治政府》,载《人民日报》2014 年 10 月 27 日。

11. 丁轶:《承包型法治——理解“地方法治”的新视角》,载《法学家》2018 年第 1 期。

12. 封丽霞:《认真对待地方法治——以地方立法在国家法治建设中的功能定位为视角》,载《地方立法研究》2016 年第 1 期。

13. 冯玉军:《中国法律规范体系与立法效果评估》,载《中国社会科学》2017 年第 12 期。

14. 付子堂、张善根:《地方法治实践的动力机制及其反思》,载《浙江大学学报》(人文社会科学版)2016 年第 4 期。

15. 付子堂、张善根:《地方法治建设及其评估机制探析》,载《中国社会科学》2014 年第 11 期。

16. 韩业斌:《当代中国地方法治竞争的现状与动力》,载《法学》2017 年第 10 期。

17. 韩振文:《分析法学与法诠释学的对垒破除及其反思——以德沃金的法律解释观为例》,载《河北法学》2016 年第 7 期。

18. 侯学宾、姚建宗:《中国法治指数设计的思想维度》,载《法律科学》(西北政法大学学报)2013 年第 5 期。

19. 侯学宾:《法治是提升中国经济发展品质的关键》,载《法制与社会发展》2018 年第 1 期。

20. 黄文艺:《认真对待地方法治》,载《法学研究》2012 年第 6 期。

21. 国家行政学院课题组:《法治政府指标体系与作用》,载《中共天津市委党校学报》2014 年第 2 期。

22. 戢浩飞:《法治政府指标评估体系研究》,载《行政法学研究》2012年第1期。

23. 蒋立山:《中国法治指数的理论设计问题》,载《法学家》2014年第1期。

24. 金善达:《法治指数评估的制度建设路径研究——基于系统论的分析视角》,载《上海政法学院学报》2014年第5期。

25. 李晟:《“地方法治竞争”的可能性——关于晋升锦标赛理论的经验反思与法理学分析》,载《中外法学》2014年第5期。

26. 李燕霞:《地方法治概念辨析》,载《社会科学战线》2006年第6期。

27. 李莹:《国内主观社会指标研究概述》,载《前沿》2009年第6期。

28. 林海:《“区域法治先行”概念基础与实践径路的再检讨》,载《南京师范大学学报》(社会科学版)2016年第3期。

29. 刘治斌:《法治路径选择中的地方法治(制)问题》,载《宁夏师范学院学报》(社会科学)2011年第5期。

30. 鲁楠:《世界法治指数的缘起与流变》,载《环球法律评论》2014年第4期。

31. 罗智敏:《“法治国”在意大利:涵义、类型与危机》,载《交大法学》2014年第4期。

32. 马怀德:《法律实施有赖于“法治GDP”的建立》,载《人民论坛》2011年第29期。

33. 孟涛:《法治的测量:世界正义工程法治指数研究》,载《政治与法律》2015年第5期。

34. 孟涛:《论法治评估的三种类型——法治评估的一个比较视角》,载《法学家》2015年第3期。

35. 孟涛、江照:《中国法治评估的再评估——以余杭法治指数和全国法治政府评估为样本》,载《江苏行政学院学报》2017年第4期。

36. 倪斐:《地方法治概念证成——基于治权自主的法理阐释》,载《法学家》2017 年第 4 期。

37. 潘晓珍、王传刚:《法治政府评价指标体系构建》,载《华南理工大学学报》(社会科学版)2017 年 1 期。

38. 彭宗超、李贺楼:《社会指标运动源起、评价及启示》,载《南京社会科学》2013 年第 6 期。

39. 裴佩:《把法治考核"指挥棒"舞起来》,载《四川党的建设》2017 年第 15 期。

40. 钱弘道:《2008 余杭法治指数:数据、分析及建议》,载《中国司法》2010 年第 3 期。

41. 钱弘道:《2012 年度余杭法治指数报告》,载《中国司法》2013 年第 11 期。

42. 钱宁峰:《走向"计算法学":大数据时代法学研究的选择》,载《东南大学学报》(哲学社会科学版)2017 年第 2 期。

43. 秦麟征:《关于美国的社会指标运动》,载《国外社会科学》1983 年第 2 期。

44. 孙笑侠、钟瑞庆:《"先发"地区的先行法治化——以浙江省法治发展实践为例》,载《学习与探索》2010 年第 1 期。

45. 田禾:《法治指数及其研究方法》,载《中国社会科学院研究生院学报》2015 年第 3 期。

46. 夏勇:《法治是什么?——渊源、规诫与价值》,载《中国社会科学》1999 年第 4 期。

47. 殷国伟、穆方平:《论"法治浙江"的法治环境评价体系——以湖州市法治环境评价为个案》,载《湖州师范学院学报》2006 年第 6 期。

48. 杨解君、赵会泽:《法治的界域:由"法治 × ×(区划)"引发的思考》,载《湖南社会科学》2004 年第 4 期。

49. 杨小军、宋心然、范晓东:《法治政府指标体系建设的理论思考》,载《国家行政学院学报》2014 年第 1 期。

50. 杨雪冬:《压力型体制:一个概念的简明史》,载《社会科学》2012 年第 11 期。

51. 姚建宗、侯学宾:《中国"法治大跃进"批判》,载《法律科学》(西北政法大学学报)2016 年第 4 期。

52. 袁曙宏:《关于构建我国法治政府指标体系的设想》,载《国家行政学院学报》2006 年第 4 期。

53. 万江:《中国的地方法治建设竞争》,载《中外法学》2013 年第 4 期。

54. 汪全胜:《法治指数的中国引入:问题及可能进路》,载《政治与法律》2015 年第 5 期。

55. 王敬波:《我国法治政府建设地区差异的定量分析》,载《法学研究》2017 年第 5 期。

56. 王利明:《新时代中国法治建设的基本问题》,载《中国社会科学》2018 年第 1 期。

57. 王英津:《论两岸关系研究中"主权—治权"分析框架的缺陷及替代方案》,载《广西师范大学学报》(哲学社会科学版)2014 年第 5 期。

58. 伍业锋:《统计指标的概念、角色及其抽象》,载《暨南学报》(哲学社会科学版)2011 年第 5 期。

59. 吴华琛:《从"法治国家"到"法治地方"——地方法治研究述评》,载《中共福建省委党校学报》2013 年第 4 期。

60. 张彪、周叶中:《区域法治还是区域法制?——兼与公丕祥教授讨论》,载《南京师范大学学报》(社会科学版)2015 年第 4 期。

61. 张德淼、李朝:《中国法治评估进路之选择》,载《法商研究》2014 年第 4 期。

62. 张德淼、康兰平:《迈向实证主义的中国法治评估方法论——以世界正义工程法治指数建构方法为镜鉴》,载《理论与改革》2015 年第 6 期。

63. 张保生、郑飞:《世界法治指数对中国法治评估的借鉴意义》,载《法制与社会发展》2013 年第 6 期。

64. 张帆、吴大华:《论我国地方法治环境生成评估指标体系的设计——以贵州省为例》,载《法制与社会发展》2013 年第 3 期。

65. 张吉豫:《大数据时代中国司法面临的主要挑战与机遇》,载《法制与社会发展》2016 年第 6 期。

66. 张琼:《法治评估的技术路径与价值偏差——从对“世界正义工程”法治指数的审视切入》,载《环球法律评论》2018 年第 3 期。

67. 张文显:《中国法治 40 年:历程、轨迹和经验》,载《吉林大学社会科学学报》2018 年第 5 期。

68. 周黎安:《晋升博弈中政府官员的激励与合作——兼论我国地方保护主义和重复建设长期存在的原因》,载《经济研究》2004 年第 6 期。

69. 周黎安:《中国地方官员的晋升锦标赛模式研究》,载《经济研究》2007 年第 7 期。

70. 周黎安:《行政发包制》,载《社会》2014 年第 6 期。

71. 周尚君、彭浩:《可量化的正义:地方法治指数评估体系研究报告》,载《法学评论》2014 年第 2 期。

72. 周尚君:《地方法治竞争范式及其制度约束》,载《中国法学》2017 年第 3 期。

73. 周雪光:《行政发包制与帝国逻辑——周黎安〈行政发包制〉读后感》,载《社会》2014 年第 6 期。

74. 周志忍:《公共组织绩效评估:中国实践的回顾与反思》,载《兰州大学学报》2007 年第 1 期。

75. 周志忍:《政府绩效评估中的公民参与:我国的实践历程与前景》,载《中国行政管理》2008 年第 1 期。

76. 周志忍:《我国政府绩效评估需要思考的几个问题》,载《行政管理改革》2011 年第 4 期。

77. 周志忍:《内部控制与外部责任: 论政府绩效评估的目标定位》,载《北京电子科技学院学报》2015 年第 3 期。

78. 周祖成、杨惠琪:《法治如何定量——我国法治评估量化方法评析》,载《法学研究》2016 年第 3 期。

79. 朱广忠:《西方国家政府绩效评估:特征、缺陷及启示》,载《中国行政管理》2013 年第 12 期。

80. 左卫民:《迈向大数据法律研究》,载《法学研究》2018 年第 4 期。

二、中文著作

1. 陈甦、田禾主编:《中国法治发展报告 No. 17(2019)》,社会科学文献出版社 2019 年版。

2. 陈新民:《德国公法学基础理论》,山东人民出版社 2001 年版。

3. 邓世豹主编:《中国法治进程调查报告 2005——以广东省法治环境调查为例》,法律出版社 2006 年版。

4. 杜钢建主编:《法治湖南与区域治理研究》(第 3 卷),世界图书出版公司 2011 年版。

5. 范柏乃:《政府绩效评估与管理》,复旦大学出版社 2007 年版。

6. 国家信息中心:《大数据看改革开放新时代》,商务印书馆 2018 年版。

7. 国务院研究室编写组:《十三届全国人大二次会议〈政府工作报告〉辅导读本 2019》,人民出版社、中国言实出版社 2019 年版。

8. 华宇元典法律人工智能研究院:《让法律人读懂人工智能》,法律出版社 2019 年版。

9. 黄丽云:《福建法治经济建设的理论与实践研究》,法律出版社 2016 年版。

10. 李林:《中国的法治道路》,中国社会科学出版社 2016 年版。

11. 李林主编:《中国依法治国二十年》(1997 ~ 2017),社会科学文献出版社 2017 年版。

12. 李连江:《戏说统计:文科生的量化方法》,中国政法大学出版社 2017 年版。

13. 李忠:《党内法规建设研究》,中国社会科学出版社 2015 年版。

14. 马怀德主编:《政府绩效评估指标体系研究报告》,中国政法大学出版社 2010 年版。

15. 钱弘道主编:《中国法治增长点——学者和官员畅谈录》,中国社会科学出版社 2012 年版。

16. 钱弘道等:《法治评估的实验——余杭案例》,法律出版社 2013 年版。

17. 钱弘道:《法治评估及其中国应用》,人民出版社 2017 年版。

18. 史彤彪:《西方法治思想精义》,黑龙江教育出版社 2019 年版。

19. 田禾、吕艳滨主编:《中国法治发展:成效与展望》(2002 ~ 2016),社会科学文献出版社 2017 年版。

20. 田禾、吕艳滨主编:《实证法学研究》(第 1 期),社会科学文献出版社 2017 年版。

21. 涂子沛:《大数据:正在到来的数据革命》,广西师范大学出版社 2015 年版。

22. 涂子沛:《数据之巅》,中信出版社 2019 年版。

23. 涂子沛:《数文明:大数据如何重塑人类文明、商业形态和个人世界》,中信出版社 2018 年版。

24. 俞可平主编:《国家治理评估——中国与世界》,中央编译出版社 2009 年版。

25. 袁卫、刘超:《统计学——思想、方法与应用》,中国人民大学出版社

2011年版。

26. 王称心主编:《依法治理评价理论与实践研究》,中国法制出版社2006年版。

27. 王称心、蒋立山主编:《现代化法治城市评价——北京市法治建设状况综合评价指标体系研究》,知识产权出版社2008年版。

28. 王光主编:《城市法治环境评价体系与方法研究》,中国人民公安大学出版社2004年版。

29. 王小鲁、樊纲、胡李鹏:《中国分省份市场化指数报告》(2018),社会科学文献出版社2019年版。

30. 王小鲁、樊纲、马光荣:《中国分省企业经营环境指数2017年报告》,社会科学文献出版社2017年版。

31. 吴敬琏主编:《比较》(第56辑),中信出版社2011年版。

32. 吴喜之:《统计学:从数据到结论》,中国统计出版社2013年版。

33. 吴军:《数学之美》(第2版),人民邮电出版社2014年版。

34. 吴军:《智能时代:大数据与智能革命重新定义未来》,中信出版社2016年版。

35. 张志铭等:《世界城市的法治化治理——以纽约市和东京市为参照系》,上海人民出版社2005年版。

36. 张志铭:《中国法治实践的法理展开》,人民出版社2019年版。

37. 郑杭生、李强、李路路:《社会指标理论研究》,中国人民大学出版社1989年版。

38. 张五常:《中国的经济制度》,中信出版社2008年版。

39. 中华全国律师协会:《"一带一路"沿线国家法律环境国别报告》(第1卷),北京大学出版社2017年版。

40. 中国社会科学院国家法治指数研究中心、中国社会科学院法学研究所法治指数创新工程项目组:《四川省依法治省第三方评估报告》(2016),中国社会科学出版社 2017 年版。

41. 中国社会科学院法学研究所、深圳市律师协会联合课题组:《基本解决执行难评估报告——以深圳市中级人民法院为样本》,中国社会科学出版社 2016 年版。

42. 中国行为法学会、中南大学:《中国法治实施报告》(2018),人民法院出版社 2019 年版。

43. 中国政法大学法治政府研究院:《中国法治政府评估报告》(2013),中国人民大学出版社 2014 年版。

44. 中国政法大学法治政府研究院:《中国法治政府评估报告》(2014),法律出版社 2015 年版。

45. 中国政法大学法治政府研究院:《中国法治政府评估报告》(2018),社会科学文献出版社 2018 年版。

46. 周成新、王成义主编:《深圳市法治政府建设指标体系(试行)解读》,深圳出版发行集团、海天出版社 2009 年版。

47. 周黎安:《转型中的地方政府:官员激励与治理》(第 2 版),格致出版社、上海三联书店、上海人民出版社 2017 年版。

48. 周业安、李涛:《地方政府竞争和经济增长:基于我国省级面板数据的空间计量经济学研究》,中国人民大学出版社 2013 年版。

49. 周尚君主编:《法治定量:法治指数及其中国应用》,中国法制出版社 2018 年版。

50. 朱景文:《现代西方法社会学》,法律出版社 1994 年版。

51. 朱景文:《测量法治——中国法治指标研究》,法律出版社 2018 年版。

52. 朱景文主编:《中国法律发展报告:数据库和指标体系》,中国人民大学出版社 2007 年版。

53. 朱景文主编:《中国法律发展报告 2015:中国法治评估指标》,中国人民大学出版社 2016 年版。

54. 朱景文主编:《中国法律发展报告 2016:基于九个省数据的法治指数》,中国人民大学出版社 2017 年版。

55. 朱景文主编:《中国法律发展报告 2018:2015—2017 年中国法治满意度评估》,中国人民大学出版社 2018 年版。

三、中文译著

1. [德]鲁曼:《社会中的法》,李君韬译,台北,五南图书出版股份有限公司 2009 年版。

2. [美]埃里克·弗鲁博顿、鲁道夫·芮切特:《新制度经济学:一个交易费用分析范式》,姜建强、罗长远译,格致出版社、上海三联书店、上海人民出版社 2019 年版。

3. [美]埃维森等:《统计学》,吴喜之等译,高等教育出版社 2000 年版。

4. [美]安德烈·施莱弗、罗伯特·维什尼:《掠夺之手:政府病及其治疗》,赵红军译,中信出版社 2017 年版。

5. [美]艾尔·巴比:《社会研究方法》(第 11 版),邱泽奇译,华夏出版社 2009 年版。

6. [美]阿尔恩特、欧曼:《政府治理指标》,杨永恒译,清华大学出版社 2007 年版。

7. [美]布雷恩·Z. 塔玛纳哈:《论法治:历史、政治和理论》,李桂林译,武汉大学出版社 2010 年版。

8. [美]道格拉斯·C. 诺思、约翰· 约瑟夫· 瓦利斯、巴里·R. 温格斯特:《暴力与社会秩序:诠释有文字记载的人类历史的一个概念性框架》,杭行、王亮译,格致出版社、上海三联书店、上海人民出版社 2013 年版。

9. [美]汉斯·采泽尔、戴维·凯:《用数字证明——法律和诉讼中的实证方法》,黄向阳译,中国人民大学出版社 2008 年版。

10. [美]劳伦斯·纽曼、拉里·克罗伊格:《社会工作研究方法:质性和定量方法的应用》,刘梦译,中国人民大学出版社 2008 年版。

11. [美]莫纳什、沃克:《法律中的社会科学》,何美欢等译,法律出版社 2007 年版。

12. [美]迈克尔·芬克尔斯坦、布鲁斯·莱文:《律师统计学》(第 2 版),钟卫译,中国人民大学出版社 2008 年版。

13. [美]彼得·罗希、马克·李普希、霍华德·弗里曼:《评估:方法与技术》,邱泽奇等译,重庆大学出版社 2007 年版。

14. [美]彼得·蒂尔、布莱克·马斯特斯:《从 0 到 1:开启商业与未来的秘密》,高玉芳译,中信出版社 2015 年版。

15. [美]萨尔金德:《爱上统计学》,史玲玲译,重庆大学出版社 2011 年版。

16. [英]舍恩伯格、库克耶:《大数据时代》,盛杨燕、周涛译,浙江人民出版社 2013 年版。

17. [英]汤姆·宾汉姆:《法治》,毛国权译,中国政法大学出版社 2012 年版。

四、外文文献

1. Adam Przeworski and Fernando Limongi, "Political Regimes and Economic Growth", *Journal of Economic Perspectives* 7, 1993.

2. Åke Frändberg, *From Rechtsstaat to Universal Law-State: An Essay in Philosophical Jurisprudence*, Springer, 2014.

3. Amichai Magen et al., *Promoting Democracy and the Rule of Law: American and European Strategies*, Palgrave Macmillan, 2009.

4. Bertelsmann Stiftung, *BTI 2014-Codebook for Country Assessments*, Gütersloh: Bertelsmann Stiftung, 2014.

5. Blandine Kriegel, *The State and the Rule of Law*, Translated by Marc A. LePain and Jeffrey C. Cohen, Princeton University Press, 1995.

6. Brian Z. Tamanaha, *On the Rule of Law: History, Politics, Theory*, *Cambridge*, Cambridge University Press, 2004.

7. Daniel Kaufmann, Aart Kraay, Massimo Mastruzzi, "The Worldwide Governance Indicators: Methodology and Analytical Issues", *Hague Journal on the Rule of Law* 3, 2011.

8. Daniel Oto-Peralías and Diego Romero-Ávila, *Legal Traditions, Legal Reforms and Economic Performance: Theory and Evidence*, Springer, 2017.

9. David M. Trubek & Alvaro Santos eds., *The New Law and Economic Development: A Critical Appraisal*, Cambridge University Press, 2006.

10. Davis KE et al., *Governance by Indicators: Global Power Through Classification and Rankings*, Oxford University Press, 2012.

11. Hamilton, Kirk ed., *Where Is the Wealth of Nations? Measuring Capital for the 21st Century*, World Bank. 2006.

12. James R. Silkenat et al., *The Legal Doctrines of the Rule of Law and the Legal State (Rechtsstaat)*, Springer, 2014.

13. James J. Heckman et al., *Global Perspectives on the Rule of Law*, Routledge, 2010.

14. Jørgen Møller and Svend-Erik Skaaning, *The Rule of Law: Definitions, Measures, Patterns and Causes*, Palgrave Macmillan, 2014.

15. Kenneth W. Dam, *The Law-growth Nexus: The Rule of Law and Economic Development*, Brookings Institution Press, 2006.

16. Sally Engle Merry et al., *The Quiet Power of Indicators, Measuring Governance, Corruption and Rule of Law*, Cambridge University Press, 2015.

17. Juan C. Botero and Alejandro Ponce, "Measuring the Rule of Law",

The World Justice Project-Working Papers Series No. 001, 2011.

18. Juha Raitio, "Does the Concept of Rule of Law have any Material Content? A Nordic Point of View", *Maastricht Journal of European & Comparative Law* 24, 2018.

19. Katrin Blasek, *Rule of Law in China: A Comparative Approach*, Springer, 2015.

20. Kevin E. Davis, "What can the Rule of Law Variable Tell us About Rule of Law Reforms?", *Michigan Journal of International Law* 26, 2004.

21. Kevin E. Davis, "Legal Indicators: The Power of Quantitative Measures of Law", *Annu. Rev. Law Soc. Sci* 10, 2014.

22. Melissa Thomas, "What Do the Worldwide Governance Indicators Measure?", *European Journal of Development Research* 22, 2010..

23. Michaela Saisana and Andrea Saltelli, "Rankings and Ratings: Instructions for Use", *Hague Journal on the Rule of Law* 3, 2011.

24. Michael S. Scriven, *Evaluation Thesaurus*, SAGE Publications Inc, 1991.

25. Mila Versteeg and Tom Ginsburg, "Measuring the Rule of Law: A Comparison of Indicators", *Law & Social Inquiry* 42, 2017.

26. Mortimer Sellers et al., *The Rule of Law in Comparative Perspective*, Springer, 2010.

27. OECD/EC JRC, *Handbook on Constructing Composite Indicators: Methodology and User Guide*, OECD, 2008.

28. Panel Discussion, "Measuring the Rule of Law", *Sing. J. Legal Stud.* 331, 2012.

29. Paolo Mauro, "Corruption and Growth", *The Quarterly Journal of Economics* CV, 1995.

30. Randall Peerenboom, "The Future of Rule of Law: Challenges and Prospects for the Field", *The Hague Journal on the Rule of Law* 1, 2009.

31. Stephen Humphreys, *Theatre of the Rule of Law: Transnational Legal Intervention in Theory and Practice*, Cambridge University Press, 2010.

32. Terry Miller et al., *2019 Index of Economic Freedom: 25th Anniversary Edition*, The Heritage Foundation, 2019.

33. The United Nations, *Rule of Law Indicators: Implementation Guide and Project Tools*, First edition, 2011.

34. The World Bank Group, *Doing Business in China* 2008.

35. The World Justice Project, *Rule of Law Index* 2008.

36. The World Justice Project, *Rule of Law Index* 2009.

37. The World Justice Project, *Rule of Law Index* 2010.

38. The World Justice Project, *Rule of Law Index* 2011.

39. The World Justice Project, *Rule of Law Index* 2012 – 2013.

40. The World Justice Project, *Rule of Law Index* 2014.

41. The World Justice Project, *Rule of Law Index* 2015.

42. The World Justice Project, *Rule of Law Index* 2016.

43. The World Justice Project, *Rule of Law Index* 2017 – 2018.

44. The World Justice Project, *Rule of Law Index* 2019.

45. Thomas Carothers, "The Rule of Law Revival", *Foreign Affairs* 77, 1998.

46. Tom Ginsburg, "Pitfalls of Measuring the Rule of Law", *Hague Journal on the Rule of Law* 3, 2011.

47. University of Essex-Human Rights Centre, *Map-making and Analysis of the Main International Initiatives on Developing Indicators on Democracy and Good Governance*, 2003.

48. USAID, *Morocco Rule of Law Assessment*, Final Report, September 2010.

49. Vera Institute of Justice, *Developing Indicators to Measure the Rule of Law: A Global Approach*, A Report to the World Justice Project, July 2008.

50. Zhu Jing Wen editor, *China's Rule of Law Index*, William S. Hein & Co., Inc. & Wells Information Services Inc, 2018.

后　记
一段“另类”的学研生涯

这是一本在法学界有点“另类”的书，采取一种新的方式研究法治，还使用了少量数学方法（为避免“吓跑”读者，我尽量避免列举数学公式），主张用数据说话。这种风格，目前在法学界还是比较少见的，虽然最近“数据法学”或“法律大数据”方兴未艾。对于我本人而言，能写出这样一本书，也是出乎意料、然而似乎又是情理之中。这一切，要从 7 年前、甚至 18 年前说起。

18 年前我开始读法学本科，学习生涯经历了人生的最大转折。网上曾有评论，说高考之前的考生都“处于人生知识的巅峰”：上知天文下知地理，外通中外内晓古今，古文英语张口即出，数理化生信手拈来。上了大学之后，每个人就开始往专业化的方向发展了。我也努力适应专业化的学习，不过仍舍不得丢弃中学阶段“综合发展”的方式，课外大部分学习时间都给了法律以外的其他学科，甚至还打算继续学数理化生，但是条件不允许，必须放弃，时间长了，看到数学公式就心生畏惧。考研的时候，法理学成了我的“不二选择”，因为这个学科与法学以外的学科联系最多。这种“综合”的学习方式,一直贯穿了我从本科到博后的学习生涯,自己从中受益颇多,不过,缺陷也很明显,就是自己的“法学味”不足。

7 年前,我完成了“非常法律”这一有些交叉学科色彩的论著之后,准备转向“纯粹”的法学。恰在此时,导师朱景文教授和我聊天,兴致勃勃地谈到了他最近筹划的一个研究:法治指数和法治评估,并让我参与。我的第一反应是,这下子数学躲不掉了。不过,我当时对于定量研究在法学中的应用比较怀疑,法治能量化吗?法治的量化研究有价值吗?我和朱老师谈到了这些疑问,他肯定了法学量化研究的发展前景,对于其他问题当时也不确定。聊完之后,我们又查了一些国内外资料,发现确实存在“法治指数”这个事物,而且之前在国内还“热闹”了一阵,看来法治指数可以尝试研究一下。尽管如此,当时我们对于法律量化的研究还是很怀疑,法学研究难道不是典型的规范研究吗?即使采用社会科学方法来研究法律,不也是定性研究(质性研究)为主吗?这些疑问,当时一直困扰我很久。

到了 2012 年年底,朱老师申报的法治评估课题立项了,这下子量化研究必须“迎难而上”。怎么研究?当时的法学界还很难解决这个问题,我们需要寻求社会科学界的帮助。在朱老师的带领下,我们拜访了中国人民大学中国调查与数据中心主任、著名统计专家袁卫教授,以及该中心常务副主任王卫东副教授,时任中国人民大学统计学院院长赵彦云教授、蒋妍副教授。几位统计学界的权威专家都肯定了我们的研究价值,明确指出定量方法完全可以实现法治的量化研究,法律领域的数据虽然比较少,但是未来肯定会增多,法律的量化研究将会是一个新的领域。此外,几位老师还对我们的研究提供了很多具体的建议和详细的方法指导,中国调查与数据中心、统计学院还分别为我们承担了最初的统计调查和数据量化工作。这些指导和帮助,大大坚定了我们开展法治量化研究的信心。

为了具体开展法治的量化研究,我“硬着头皮”学习了统计学。本来以为，自从学了法律、入了“法门”，我这辈子就与数学“绝缘”了，没想到10多年后又重拾了缘分。一开始学习的时候，文科生学数学的痛苦感觉肯定是有的，痛苦之后恍然大悟的感觉更让人难忘。统计学给人的印象往往是一种纯粹的数学方法，但其背后有着一整套的世界观和思维方式，对于这个世界的本质、随机性和确定性等基础问题都有着科学的理解，其研究方法的严谨性和正确性更是让人赞叹。借助统计学，我们对法学的世界观和方法论会有不一样的理解，可以进行一种“二阶观察”。定量研究的学习，反过来会加深对定性研究和规范研究的理解，产生一种“正反馈”效应。“想了解自己，最好是了解自己的对立面”，这个道理也适用于学习和研究。

2012年我们开始法治量化研究的时候，国内的相关研究还比较少见；我们申报法治评估课题时，可用的相关材料寥寥无几。2013年11月党的十八届三中全会提出“建立科学的法治建设指标体系和考核标准”，实务界对于法治评估的需求迅速增加，我们的研究可谓是正逢其时。7年来，我们推动和参与了一些法治建设和评估的实践活动，见证了中国法治评估运动的兴起和壮大。如今，我收集的法治定量研究成果，已经摆满了一个书架，没想到这几年国内外的积累已经这么丰富，心里即震撼、又欣慰。更令我意想不到的是，大数据的热潮延伸到了法学界，成为法学的一个新热点，这可能会改变中国法学研究的面貌。定量研究之所以在法学研究中长期缺席，主要原因在于法律数据太少。随着人工智能的发展和中国政府、司法机构法律文书的大量公开，法律大数据的发展迎来了前所未有的机遇，法学定量研究的土壤也越来越肥沃，法治的量化研究有望扩大为更为全面的法律量化研究。

本书是我2012～2019年学研生涯的研究记录。最初我压根没有写书的打算，只想搞懂法治评估的基础理论和具体方法。为此，我先后写了几篇关于法治评估理论与方法的文章，产生了一些反响，于是萌生了整理成书的计划。中国人民大学法治评估研究中心成立以后，每年都开展调研统计工作，我每年都得写一些用数据阐述法治的文章,几年下来,也积攒了不少“法治数据”的文稿。2018 年中国人民大学未来法治研究院成立法治大数据研究中心,由我负责,院里建议我出一本相关专著。我整理了一下 2013 年以来写的相关文章,发现这些文章虽然写作时间不同,但是潜意识里都围绕着两个主题:“法治评估”与“法治大数据”,相互之间构成了一个有机互补的整体,初步具备书的样子,于是就以《法治评估与法治大数据》为题进行申报,并于 2019 年年初获得了法律出版社青年法学学术著作出版基金的资助。至此,本书才有了与读者见面的机会。

俗话说,做成一件事,除了“个人努力”以外,还需要“高人指点、贵人相助”。本书的写作比较幸运,一直受到众多“高人”和“贵人”的指点帮助,而且多了不可或缺的“家人相辅”。传统法学研究的“个人化”色彩比较强,一个人可以“搞定”研究的所有过程,而定量研究对于集体的依赖很大(数据的收集本身就是一项集体工程),更离不开各位“高人”和“贵人”的支持。在此,我首先要进行集体性的感谢,感谢中国人民大学法学院、未来法治研究院和法治评估研究中心的同事们,感谢中国社会科学院法学研究所的同仁,正是你们的鼓励、指点、帮助和保障,我才有了这一段“另类”的学研生涯。本书的部分内容曾在刊物上发表(收入本书时,我结合最新的材料和研究予以了修改),在此感谢相关刊物的编辑们,给了我研究的信心和更深刻的研究建议。感谢法律出版社提供宝贵的出版机会。

对于本书而言,除了集体性的感谢,个人性的感谢也是必需的。首先感谢朱景文老师、田禾老师和王轶老师平时对我的帮助,并为本书惠赐序言,使本书增色不少。需要说明的是,朱老师“有感而发”的序言最初长达 2 万多字,为了保持体例的衔接不得不“忍痛割爱”,目前仍有 8000 多字,这可能是他迄今为止写过的最长序言,体现了他一贯的学者本色。感谢我的合作伙伴、中债信用增进投资股份有限公司的统计专家江照同学。我进行统计分析,时常感到捉襟见肘、心里发虚,于是就寻求他的帮助。他总是又快又好地回复了我,复杂繁乱的数据,一经他整理,马上就亮点纷呈。我既叹服定量方法的魅力,也叹服他驾轻就熟的本领。本书第四章,就是我与他合作的产物,在此特别感谢。此外,还要感谢张志铭、史彤彪、冯玉军、吕艳滨、冉井富、钱宁峰、尤陈俊、彭小龙、丁晓东、周尚君、鲁楠、黄丽云、于浩、彭浩、王志、李广德等师友对于我的研究工作的直接帮助。我指导的研究生蔡琳琳、王偲蓓为本书制作了部分图表,在此一并感谢。另外,还要感谢我的家人,本书在修改完善之际,小女刚刚一岁多,正是家人为我分担了繁重的家务,我才得以集中时间完成本书。最后,我更要感谢篇幅所限、无法一一提及的各位高人和贵人,你们都是“幕后英雄”。

“新竹高于旧竹枝、全凭老干为扶持”。本书若有一点贡献,端赖各位老师和老友的指点帮助。我相信,你们的付出和帮助,不仅仅是对本书的贡献,更是对法治的贡献!

孟　涛

2019 年 6 月

图书在版编目(CIP)数据

法治评估与法治大数据 / 孟涛著. -- 北京 : 法律出版社, 2020
ISBN 978-7-5197-3868-6

Ⅰ. ①法… Ⅱ. ①孟… Ⅲ. ①法治-评估-中国 Ⅳ. ①D920.4

中国版本图书馆 CIP 数据核字(2019)第 203343 号

法治评估与法治大数据
FAZHI PINGGU YU FAZHI DASHUJU

孟 涛 著

责任编辑 刘晓萌
装帧设计 李 瞻

出版 法律出版社
总发行 中国法律图书有限公司
经销 新华书店
印刷 天津嘉恒印务有限公司
责任校对 马 丽
责任印制 吕亚莉

编辑统筹 法治与经济出版分社
开本 710 毫米×1000 毫米 1/16
印张 19.5
字数 286 千
版本 2020 年 1 月第 1 版
印次 2020 年 1 月第 1 次印刷

法律出版社/北京市丰台区莲花池西里 7 号(100073)
网址/www.lawpress.com.cn
投稿邮箱/info@lawpress.com.cn
举报维权邮箱/jbwq@lawpress.com.cn
销售热线/400-660-8393
咨询电话/010-63939796

中国法律图书有限公司/北京市丰台区莲花池西里 7 号(100073)
全国各地中法图分、子公司销售电话:
统一销售客服/400-660-8393/6393
第一法律书店/010-83938432/8433　西安分公司/029-85330678　重庆分公司/023-67453036
上海分公司/021-62071639/1636　深圳分公司/0755-83072995

书号:ISBN 978-7-5197-3868-6　**定价**:86.00 元